대치동 입시전문가가 콕 집어주는

대학 합격의 비밀,
개념어휘에
달려 있다

대치동 입시전문가가 콕 집어주는

대학 합격의 비밀,
개념어휘에 달려 있다

1판 1쇄 발행일 2021년 10월 25일
1판 2쇄 발행일 2022년 5월 6일

지은이 김송은

펴낸이 김현숙 김현정
디자인 정계수
일러스트 하재경
펴낸곳 공명
출판등록 2011년 10월 4일 제25100-2012-000039호
주소 03925 서울시 마포구 월드컵북로402, KGIT센터 9층 925A호
전화 02-3153-1378 | 팩스 02-6007-9858
이메일 gongmyoung@hanmail.net
블로그 http://blog.naver.com/gongmyoung1
ISBN 978-89-97870-57-8 (43700)

*이 책은 《대입 어휘의 신》의 개정증보판입니다.

대치동 입시전문가가 콕 집어주는

대학 합격의 비밀, 개념어휘에 달려 있다

김송은 지음

문해력의 핵심은 개념어휘다

"우리는 우리가 아는 것만 볼 수 있다"는 괴테의 말은 참 무섭고도 매력적인 말이다. 뒤집어 말하면 '아는 것이 없으면 보이는 것도 없다', 반대로 말하면 '아는 것이 많으면 눈에 보이는 것도 많다'가 된다.

사람마다 제각기 다른 안경을 쓰고 세상을 바라본다고 상상해보자. 아는 것이 많은 사람의 안경에는 넓고 먼 세상을 조감할 수 있는 망원렌즈에 배율 높은 현미경 렌즈까지 두루두루 장착되어 있다. 이런 안경으로 바라본 세상은 얼마나 흥미진진할까. 세상은 다면체 보석처럼 신비로운 빛을 발산하며 인간의 호기심을 끝도 없이 자극한다. 한번 그 안경을 쓰기 시작하면 점점 아는 것이 많아져 렌즈의 성능도 날이 갈수록 좋아질 것이다.

그러나 아는 것이 적은 사람의 안경을 쓰면 별로 보이는 것이 없다. 단조로운 몇 가지 풍경만이 고요한 세상에서 따분한 일상을 채울 뿐이다. 나는 지금 어떤 눈으로 세상을 바라보고 있을까.

청소년기는 이제 막 커다란 세상과 마주한 내 안의 자아가 지금부터 어디로 가야 할지를 본격적으로 탐색하는 시기다. 수백 갈래로 갈라진 교차로 한가운데에 서서 어느 길로 가야 할지를 요모조모 살피는 중이다. 모든 길은 수상하면서도 유혹적이다. 그 길들에 어떤 위험과 모험이, 어떤 행복과 보람이 숨어 있는지 아직 모른다. 성능 좋은 안경을 쓴 자의 눈에는 길 어귀에 서 있는 표지판이 선명하다. 표지판에 적힌 그 길의 여정과 목적지, 난이도, 만나게 될 풍광, 서식하는 동식물 등을 찬찬히 읽어보면 나와 어울리는 길인지 아닌지 대략 짐작할 수 있다. 깜깜이 안경을 쓴 자의 눈에는 안내문이 보이지 않는다. 간혹 몇 개의 푯말이 걸려 있는 길도 있지만, 그나마도 불친절하고 성글다. 일단 무턱대고 가보는 수밖에 없다.

세상은 하루 빨리 내 길을 정하라고 등을 떠민다. 자신에게 맞는 길을 고르고, 탐험에 필요한 지도와 식량과 장비를 갖추라고 재촉한다. 위험에 대비할 무기와 아이템도 장착하라고 마구 겁을 준다. 그래야 길 끝에서 기다리는 누군가가 더 큰 세상으로 가는 문을 열어줄 수 있다는 것이다.

진로에 대한 성의 있고 진지한 탐색의 흔적이 입시의 당락을 가르는 중요한 관건이 되었다. '자신이 선택한 전공 분야에 대해 얼마나 일관성 있게 관심을 기울이고, 노력을 지속했는지'를 합격의 중요한 기준으로 가늠하겠다는 의미다.

그 과정에서 선택과 심화는 필수다. 일단 선택을 하고, 선택한 것에 대해선 남들보다 더 심화된 관심을 기울여야 한다. 그러나 선택은 늘 주저함을 동반한다. 다양한 정보를 모아 판단의 근거가 든든해야 그 주저함이 사라진다.

결국 많이 알아야 선택도 가능하다. 아는 것이 적을수록 막연하고 무모하며, 아는 것이 많을수록 전략적이고 열의가 넘친다.

이 책은 진로와 전공이라는 삶의 중대한 선택을 눈앞에 둔 학생들에게, 작지만 흥미로운 단서를 제공할 것이다. 분야별로 중요하고 핵심적인 개념과, 최근 각각의 영역에서 사람들의 이목을 집중시켰던 주제어를 다루고 있다.

어쩌면 이 책이 제공하는 지식은 거대한 숲을 헤매는 헨젤과 그레텔의 빵 조각 정도에 불과할지도 모른다. 빵 조각을 들여다본다고 해서 숲에 대해서나 길에 대한 정보가 한눈에 들어오는 건 아니지만 헨젤과 그레텔은 그 작은 단서에 의지해 미로처럼 복잡한 숲에서 집으로 가는 길을 찾아냈다. 위대한 결말도 시작은 작은 우연에서 출발한다.

이 책이 나누는 작은 지식이 누군가에게 호기심을 자아내고, 자신의 길을 선택하는 계기가 될 수 있다면, 이 책의 소임은 그것으로 충분하다.

'아는 만큼 보인다'고 한다. 그런데 도대체 무엇을 알아야 하는 것일까. 이전까지는 친절하게도 학생들이 알아야 할 것이 무엇인지 학교에서 딱 정해주었다. 그 모든 것은 교과서에 담겨 있었다. 교과서 안의 지식들만 꼼꼼히 익히면 어떤 길을 선택하든 길 끝에 놓인 문이 활짝 활짝 잘도 열렸다. 지금은 아니다. 어느새 룰이 바뀌었다. 지금은 스스로 갈 길도 골라야 하고, 가는 방법에 대해서도 고심해야 한다. 그렇게 한 걸음씩 걷다 보면 길의 마지막을 지키고 있는 누군가와 만나게 될 것이다.

그 누군가가 힘겹게 걸어온 자에게 묻는다.

"진짜 이 길을 가고 싶은가? 그만큼 오래 준비하며 탐색했는가?

그 증거는 있는가?"

더 큰 세상으로 가는 문을 열어주는 그들을 편의상 면접관 혹은 입학사정관이라 불러도 좋겠다. 그들은 굳이 시간과 정성을 들여 학생들의 얼굴을 하나씩 들여다본다. 수십만 명의 얼굴을 직접 마주하며 도대체 그들은 무엇을 확인하고 싶은 것일까? 정답이 정해진 질문을 하고 싶었다면, 시험지를 나눠주고 채점하면 될 일이다. 그들이 확인하고 싶은 것은 아마도 직접 얼굴을 봐야 가늠할 수 있는 그 무엇, 학생들의 말과 생각에 배어 있는 열정, 그리고 그 열정을 증명하는 지식과 노력의 흔적들일 것이다.

'아는 만큼 보인다'고 한다. 이 말은 문해력의 핵심 원칙을 요약하고 있다. 문해력이란 말 그대로, 글(文)을 해석(解)하는 능력이다. 글을 통해 생소한 개념을 공부하는 일은 어떻게 가능할까? 비밀은 내가 보유한 상식에 있다. 새로운 지식이 쉽게 소화되려면 그것을 이해하기 쉽도록 잘게 쪼개줄 연관지식이 필요하다. 아는 것이 많은 사람이 뭐든 쉽게 배우는 이유도, 그가 남들보다 지능이 좋아서라기보다 가지고 있는 상식이 풍부하기 때문이다. 문해력이 든든한 사람은 글 읽기가 어렵지 않으니 날이 갈수록 읽은 책이 쌓여간다. 독서량에 비례해 지식도 확대되니 글 읽기 능력도 다시 한 단계 도약한다. 선순환이 시작되는 것이다. 공부라는 것은 결국 새로운 개념을 쉽게 이해하고, 오래 기억하는 일이다. 이 책을 통해 확장된 배경지식은 유능한 학습자로 거듭나기 위한 든든한 밑거름이 되어줄 것이다.

좀 더 현실적인 이야기로 돌아가보려 한다. 이제 입시에 있어 어느 때보다 국어영역의 중요성이 강조되고 있다. 국어영역 시험은 궁극적으로 낯선 글이 전하는 생경한 개념과 처음으로 만나 그 글에 담긴 핵심을 얼마나 정확하게 간파할 수 있는지를 가리는 싸움이다. 시험지에는 언제나 길고 난해한 지문들이 뻣뻣하고 고압적인 표정으로 버티고 있다. 역시 아는 것이 많은 자에게 유리한 싸움인 것이다. 모의고사에서 평소 잘 알고 있던 개념에 대한 지문이 출제된 날 느꼈던, 횡재한 것 같은 기분을 떠올리면 이해가 쉬울 것 같다.

'한 우물만 파라'는 속담은 이제 뭘 모르시는 옛 말씀이 되었다. 세상은 융합형 인재를 요구한다. 인문학적 소양이 풍부한 과학자, 예술적 감수성을 겸비한 공학자, 디자인도 잘하는 발명가 등 다양한 영역에 관심이 포진된 열린 사고의 인재를 갈구하는 시대다. 그런 관점에서 생각해보면 이 책의 내용은 전공을 가리지 않고 알아두면 좋을 기초 상식이고 소양이다.

이 책은 결국 두루 아는 것이 많아 생각의 스펙트럼이 넓은 미래의 융합형 인재를 위한 입문서라 할 수 있겠다.

인생의 가장 중요한 선택의 기로에 선 이 땅의 모든 학생에게 뜨거운 격려와 응원을 보낸다.

김송은

◎ 어휘

1〉 전공과 계열에 따라 기초 상식에 해당하는 어휘를 익힌다. 각 분야에서 기본적으로 알아두어야 할 개념이나, 최근 논란이 되어 많은 사람에게 크게 각인된 이슈들을 다루고 있다. 자신이 선택하고자 하는 진로와 연관된 개념들은 각별히 유념해 공부하는 것이 좋겠다. 각 개념들을 공부하다가 특별히 흥미를 유발하는 내용이 있다면 더 다양한 정보를 탐색해 심화된 학습에 도전해보자. 그 과정을 통해 깊이 있는 지식 체계를 확장한다면 자신만의 든든한 지적 자산이 되어줄 것이다.

2〉 희망하는 진로와 무관한 영역의 어휘들이라 할지라도, 각 개념어들은 국어영역의 비문학 지문에서 빈번하게 다루어지거나, 혹은 출제될 가능성이 높은 배경지식들이다. 그러니 전체 어휘를 모두 정독하기를 권장한다. 각각의 지식들은 제각기 분리되어 조각조각 동떨어진 것이 아니라 하나의 지식이 다른 지식을 이해하기 위한 인식의 바탕을 형성한다. 배경지식이 풍부할수록 독해력도 상승한다는 진리를 명심해야 한다.

3〉 입시의 중요한 관문인 면접에서는 아예 지원 분야의 기초 지식을 묻는 경우도 있고, 구체적으로 질문하지 않더라도 전공 관련 상식이 해박한 사람에게 유리한 질문이 쏟아질 가능성이 높다. 자신의 관심 분야에 대해서라면 더 꼼꼼하게 공부해 두어야 당황하지 않고 준비된 답변을 전달할 수 있을 것이다.

〈한걸음 더〉 대입 논술 만점을 위한 개념어휘 – 핵심적 정의를 중심으로 빠르게 정돈할 수 있도록 개념어들을 추가했다. 각 용어들은 경중을 가릴 수 없이 모두 중요한 지식들이니 누락하지 말고 정확한 의미를 익혀야 한다.

◎ 학문 분야 – 막연하게 알고 있던 전공 분야에 대한 정확한 정의를 확인한다.
◎ 세부 전공 – 구체적으로 선택할 수 있는 세부 전공에는 어떤 것들이 있는지 살펴본다.
◎ 분야별 적합성 체크리스트 – 사람마다 기질과 관심사가 다르듯, 학문 분야별로 유리한 자질과 개성이 있다. 각각의 진로에 필요한 기질이 무엇인지 확인해보고, 자신의 적합성을 확인한다.

〈확인 문제〉 대입 면접 합격을 위한 만점 전략 – 주제어를 학습한 후 확인하는 코너다. 실제로 대학에서 각 분야별로 면접관이 던진 질문 예시를 보면서 올바른 답변이 무엇인지 고민하고 훈련해본다.

1Week 인문과학·어문학 계열에 꼭 필요한 어휘

6Week 예체능 계열에 꼭 필요한 어휘

7Week 공학 계열에 꼭 필요한 어휘

8Week 자연과학 계열에 꼭 필요한 어휘

9Week 의학 보건 계열에 꼭 필요한 어휘

인문과학·어문학 계열에
꼭 필요한 어휘

인문학은 인간의 사상과 문화를 탐구하는 학문 영역이다. 역사, 철학, 윤리 등을 공부하면서 인간과 사회의 기원과 발전, 세계 운행의 원리, 인간의 행동과 규범에 대한 원리 등을 논한다.

어문학은 각 언어에 대한 읽기, 쓰기, 듣기, 말하기 등과 같은 언어 구사에 대한 훈련을 바탕으로, 각 언어가 발딛고 있는 문화와 문학에 관하여 탐구한다.

▶ 관련 전공 학과

어문학, 문예창작학, 스토리텔링학, 통번역학, 사학, 고고학, 문화정보학,

문헌정보학, 철학, 신학, 종교학, 기독교학, 선교학, 미학, 윤리학, 문화인

류학, 문화콘텐츠학 등

▶ 나는 이 계열에 얼마나 어울리는 사람일까? 체크해보자.

☐ 책 읽는 것을 좋아한다.

☐ 역사, 문화, 예술에 관심이 많다.

☐ 감수성이 풍부하다는 얘기를 종종 듣는다.

☐ 글을 쓰거나, 말로 표현하는 언어적 능력이 탁월하다.

☐ 사람들을 관찰하는 것을 좋아한다.

☐ 사고가 논리적이고, 책을 읽을 때 비판적으로 판단할 수 있다.

☐ 여행을 좋아한다.

☐ 외국어를 익히는 데 소질이 있다.

☐ 사람에 대한 호기심이 많다.

☐ 좋아하는 작가가 있다.

▶ **1주차에 나오는 학습 어휘이다. 한눈에 익히자.**

(＊기출문제 포함)

☐ 패러디	☐ 아포리즘	☐ 알레고리
☐ 리비도	☐ 트라우마	☐ 방어기제
☐ 나르시시즘	☐ 피그말리온 효과	☐ 스티그마 효과 ＊
☐ 변증법	☐ 콤플렉스	☐ 카스트제도
☐ 헬레니즘	☐ 밀라노칙령	☐ 카노사의 굴욕
☐ 청교도혁명	☐ 분서갱유	☐ 매판자본
☐ 문화대혁명	☐ 메이지유신	☐ 확증 편향 ＊
☐ 서사	☐ 언어유희	☐ 역설
☐ 하드보일드	☐ 인지 ＊	☐ 고슴도치 딜레마
☐ 문화상대주의 ＊	☐ 투키디데스 함정 ＊	☐ 스노비즘

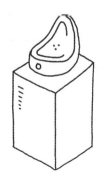

01 패러디 Parody

▶ 정의 : 특정 작품의 소재나 작가의 문체를 흉내내어 익살스럽게 표현하는 수법. 또는 그런 작품.

토네이도를 타고 날아간 도로시는 하늘에서 떨어진 집으로 동쪽 마녀를 죽이고, 여러 친구들과 모험을 떠난다. 우여곡절 끝에 만난 오즈의 마법사는 온몸이 초록색인 서쪽 마녀를 죽여야 집으로 돌아가는 방법을 알려줄 수 있다고 말한다. 결국 도로시는 사악한 서쪽 마녀를 물리치고 행복하게 집으로 돌아간다.

그런데 여기, 또 다른 이야기가 있다. 서쪽 마녀의 입장에서 보면 사정이 다르다. 서쪽 마녀 엘파바는 초록색 피부로 태어난 흉악한 몰골의 여인이다. 그녀는 피부색 때문에 멸시당하는 고통스러운 유년을 보내지만, 마침내 불의와 편견에 맞서 약자의 입장을 대변하는 저항 세력의 리더로 성장한다. 엘파바는 악랄한 마법사였던 오즈 정부로부터 탄압당하던 다른 동물들을 돕는다. 점점 막강해지는 그녀의 위력을 두려워하던 반대파는 엘파바를 '마녀'라 부르게 된다.

앞의 이야기는 프랭크 바움(L. Frank Baum)의 《오즈의 마법사(The wonderful wizard of OZ)》이고, 또 다른 이야기는 그레고리 머과이어(Gregory Maguire)의 《위키드(Wicked)》다. 《위키드》는 《오즈의 마법사》를 패러디한 작품이다.

패러디는 이미 존재하는 다른 작품을 끌어와 자신의 작품으로 재창조하는 것을 말한다. 소설을 비롯한 다양한 장르에서 사용되는 기법이다. 패러디 작품은 원작의 내용을 희극적으로 바꾸거나 원작의 주제의식을 풍자적으로 전복하는 경우가 일반적이다. 완성도 높은 패러디 작품은 원전에 대한 이해를 바탕으로 자신만의 깊이 있는 독자적 세계를 보여준다. 이미 익숙하고 유명한 기성 작품을 새롭게 해석함으로써 독특한 미적 쾌감을 선사하는 것이 패러디가 추구하는 효과다.

그러나 원작의 유명세에 편승할 뿐 별다른 독창성을 보여주지 못할 경우, 패러디는 자칫 모방이나 표절로 변질될 우려가 있다. 엄연히 원작자가 존재하는 저작물을 손쉽게 2차 창작물로 가공한 뒤 패러디라 우기는 경우도 심심치 않다. 심지어 베긴 작품에 대한 소유권마저 주장해 종종 법적 분쟁이 벌어지기도 한다.

패러디는 오래전부터 문학, 영화 등과 같은 서사물뿐만 아니라 음악을 비롯한 다양한 장르에서 관습적으로 사용되었다. 고대 그리스의 무명 시인도 호메로스(Homeros, Homer)의 서사시를 패러디한 적이 있다. 패러디는 영미 문학에서 고유한 문학 기법으로 자리 잡았다. 현대에 들어와서는 영화, 광고, 게임 등 새로운 장르에서도 활발하게 쓰이고 있다.

02 아포리즘 Aphorism

▶ 정의 : 깊은 진리를 간결하게 표현한 말이나 글. 격언, 금언, 잠언, 경구 따위.

'인생은 짧고, 예술은 길다.'

누구나 아는 문장이다. 이것은 히포크라테스(Hippocrates)의 책 《아포리즘(Aphorism)》에 나오는 구절이다. 히포크라테스는 '의학의 아버지'로 널리 알려진 인물이다. 그의 책 《아포리즘》 역시 질병의 진단과 치료법을 다룬 의학서다. '예술'로 번역되는 'Art'는 원전에서는 '기술'의 의미에 가깝다. 위의 문장은 이 책의 서론에 해당하는 내용 중 일부로, 가장 오래되고 유명한 아포리즘으로 손꼽힌다.

아포리즘은 본래 '정의(定義)'를 뜻하는 그리스어 '아포리제인(Aphorizein)'에서 유래된 단어다. 인간의 평범한 삶 속에 잠복되어 있는 지혜를 짧고 번뜩이는 표현에 담아낸 것이 아포리즘이다. 처음에 이 용어는 주로 농학, 의학, 법학 등의 학문 분야에서 간명하게 원리를 요약하는 용도로 많이 사용되었다. 그러다가 차츰 다른 분야로 확산되어 오늘날에는 삶의 진리를 서술하는 격언과 비슷한 진술로 의미가 보편화되었다. 아포리즘에는 삶의 이면에 감추어진 깊은 통찰이 담겨 있다.

아포리즘은 속담, 격언 등과도 유사하지만 속담이나 격언이 그

말의 출처를 알 수 없는 반면, 아포리즘은 그 말의 당사자가 누구인지도 함께 전달된다는 점에서 차이가 있다. '인간은 생각하는 갈대다'라는 유명한 아포리즘은 《팡세(Pensées)》의 저자 파스칼(Pascal)이 남긴 말이고, '죽느냐, 사느냐, 그것이 문제로다'는 셰익스피어(Shakespeare)의 비극 《햄릿(Hamlet)》 중 한 구절이다. 이러한 철학적 아포리즘을 모은 대표적 서적들로는 라 로슈푸코(La Rochefoucauld)의 《잠언집((Réflexions ou sentences et maximes morales)》, 콜리지(Coleridge)의 《내성(內省)의 안내》, 니체(Nietzsche)의 《서광(曙光)》 등이 있다.

03 알레고리 Allegory

▶ 정의 : 어떤 한 주제 A를 말하기 위해 다른 주제 B를 사용해서 그 유사성을 적절히 암시하며 주제를 나타내는 수사법.

말하고 싶은 내용을 직접 표현하는 것이 아니라, 그것과 비슷한 이미지로 돌려 말하는 기법을 의미한다. 알레고리라는 말은 '무언가 다른 것을 말하기(Other Speaking)'의 의미를 지닌 그리스어 '알레고리아(Allegoria)'에서 유래했다. 주로 문학작품에서 많이 활용된다. 작가가 사물이나 동물, 상황 등에 빗대어 자신이 전달하고 싶은 메시지를 에둘러 말하면, 독자는 이를 읽고 겉으로 드러나지 않은 작자의 주제의식을 유추한다. 이 고급한 독서 과정에서 고도의 심미적 효과가 발생한다. 알레고리는 문학뿐 아니라, 가치나 교훈과 같은 추상적 이념을 전달하는 모든 장르에서 풍부하게 활용된다.

하나의 사물이 단일한 가치관과 일대일로 대응하기도 하고, 특정한 상황 자체가 작가가 드러내고자 하는 전체적인 주제의식을 내포하기도 한다. 가령《이솝 우화(Story of Aesop)》의 개미와 베짱이가 각각 '근면함'과 '나태함'이라는 추상적 개념을 대변하고 있다면, 조지 오웰(George Orwell)의《동물농장(Animal Farm)》은 작품 그 자체가 전체주의 사회의 군상을 다각도로 비유한다. 요약하면 알레고리는 진짜 말하고 싶은 것을 말하기 위해 작품 속에 설정된 일차적 의미(보조관념)를 전달하는 척하면서, 이차적으로 더 중요한 것(원관념)을 표현하는 기법이다.

알레고리는 보통 당대의 사회문제에 깊은 관심을 드러내기에 작품이 지목하는 대상이 무엇인지가 비교적 분명하다. 풍자, 비판, 교훈의 목적을 지니고 시대에 전달하고자 하는 메시지를 표출하되, 날것 그대로의 직설적 화법이 아니라 세련된 매개체를 동원해 표현된다는 점에서 알레고리는 작가의 높은 문학적 역량을 요구한다.

04 리비도 Libido

▶ 정의 : 사람이 내재적으로 갖고 있는 성욕 또는 성적 충동. 프로이트 정신분석학의 기초 개념으로 이드(id)에서 나오는 정신적 에너지, 특히 성적 에너지를 지칭.

감수성이 예민했던 청년 베르테르는 약혼자가 있는 샬로테를

짝사랑하다가 끝내 권총으로 자살한다. 생명까지 버릴 정도로 절대적인 그 '사랑'이란 것의 정체는 무엇일까? 눈에 보이지 않는 사랑 하나에 수많은 사람이 목숨을 건다. 비단 인간만의 얘기가 아니다. 동물들도 평생 짝짓기를 위해 살다가 짝짓기가 끝남과 동시에 생을 마감하는 경우가 비일비재하다. 인간을, 동물을 이끌어가는 맹목적인 에너지가 생명체의 어딘가에 숨어 있는 것이다.

프로이트(Freud)는 인간의 내면에 잠재된 강렬한 정신적 에너지를 '리비도'라 지칭했다. 리비도는 '갈망, 욕망'을 뜻하는 라틴어다. 리비도는 인간 정신의 거대한 무의식, 이드(id) 속에 존재하는 본능적인 에너지나 힘이다. 그것은 생명을 가진 유기체 내면에 존재하는 성적 에너지를 말한다. 칼 융(Carl Gustav Jung)은 리비도의 개념을 생명체 안에 꿈틀대는 역동적 에너지 전체로 좀 더 확장했다.

에너지의 속성이 그러하듯, 인간이 성장함에 따라 리비도는 움직이고 변형되며 다양한 모습을 띤다. 프로이트는 이 단계를 '구순기, 항문기, 남근기, 성기기' 등으로 명명했다. 인간이 출생한 후 잠복되어 있던 리비도가 성장 과정에 따라 신체를 옮겨가며 쾌감이 집중되는 것을 단계적으로 나눈 것이다.

프로이트는 이러한 리비도가 초자아(Superego)로 불리는 문명화된 행동이나 관습, 도덕성 등에 의해 억제된다고 보았다. 사회에 적응하고 순응하는 인간을 만들기 위해 자신의 초자아가 내면의 리비도를 억누르는 것이다. 하지만 채워지지 않는 정신적 에너지는 개인에게 불안을 야기하고, 인간은 충족되지 않는 욕구를 분산시키기 위해 다양한 행동을 하게 된다. 이것이 자기방어다. 리비도와 초자아 사이의 적절한 긴장 관계는 사회화된 건강한 인간을 양성하지만, 지나친 자기방어는 억눌린 욕망에 따른 신경증이나 노이로제를 유발하기도 한다.

05 트라우마 Trauma

▶ 정의 : 정신에 지속적인 영향을 주는 격렬한 감정적 충격.

영화 〈아이언맨〉의 토니 스타크는 까칠한 성격 때문에 다른 사람과 어울리지 못하고 불면증에 시달리며, 연인에게조차 예민하게 반응한다. 타고난 성격이 괴팍해서라기보다 목숨을 걸고 싸워야 했던 과거의 고통스러운 기억들이 뇌리에 박혀, 현재도 불안과 두려움에 얽매여 있기 때문이다. 트라우마는 그리스어로 '상처'라는

너, 나와서
이 방정식 풀어봐.

어… 선생님… 저 사실
'수학 트라우마' 환자입니다.

의미의 어원에서 비롯되었다. 의학적으로는 '외상'을 의미한다. 보통은 신체적 상처보다는 심리적이고 정신적인 내면의 상처를 일컫는다. 즉 과거에 벌어진 어떤 충격적이고 고통스러운 사건들이 한 사람의 마음에 남긴 깊은 생채기가 트라우마다.

사건 이후 오랜 시간이 지나면 사건 그 자체는 잊히기도 하지만, 그날과 비슷한 상황이 발생하면 마치 그 사건이 벌어진 때로 돌아간 듯 당시에 느꼈던 감정이 섬광처럼 되살아나기도 한다. 어린 시절 개에게 물렸던 사람이 평생 강아지조차 만질 수 없게 된다든가, 떡을 먹고 심하게 체했던 사람이 웬만하면 떡은 입에 대지 않는다거나 하는 일들이다. 트라우마는 이처럼 사소한 일상적 경험에서 발생하기도 하지만 전쟁이나 자연재해와 같은 대규모 참사에서도 생겨나며, 다른 사람으로부터 받은 정신적, 육체적, 성(性)적 학대와 같은 폭력으로부터도 비롯된다.

끔찍한 트라우마를 지닌 사람들은 평생 정상적인 삶을 살아갈 수 없을 정도로 심각한 정서적 장애를 겪기도 한다. 과거의 경험이 떠오를 때마다 그때와 똑같은 공포와 분노가 엄습하고, 그것에 맞서지 못한 자신에 대해 깊은 무기력을 느끼며, 그 공포에서 벗어나려는 위험한 행동을 저지르기도 한다. 고통을 잊고자 알코올이나 마약에 빠지는가 하면, 고통스러웠던 과거의 자신과 현재의 자신을 분리하려는 무의식적 욕망에 정신적 해리 현상(Dissociation, 과거의 나와 현재의 나를 통합하지 못하는 현상)을 겪는 사람도 있다. 심할 경우, 반복되는 우울증에 시달리다 자해를 저지르기도 한다.

상처의 원인이 까마득한 과거의 기억에서 기인하기에 치유 방법을 찾기도 쉽지 않다. 또한 지극히 개인적인 경험과 감각인 탓에

타인의 공감을 얻기도 어렵다. 영화 〈아이언맨〉에서는 상처를 잊고자 아이언맨 슈트 제작에 몰두하던 토니 스타크가 결국 자신의 내면에 도사린 두려움과 정면으로 마주하며 조금씩 회복된다. 곁을 지켜준 연인의 사랑과 격려가 압도적인 공포와 대응할 수 있는 용기를 준 것이다.

06 방어기제 Defense Mechanism

▶ 정의 : 두렵거나 불쾌한 정황이나 욕구 불만에 직면했을 때 스스로를 방어하기 위해 자동적으로 취하는 적응 행위.

감당하기 어려울 만큼 깊은 슬픔, 분노, 우울, 절망 등의 감정을 느꼈을 때 그 감정에 매몰된 채 오래도록 방치되면 인간은 정신적으로 회복 불가능한 상태에 도달하게 된다. 따라서 사람들은 심각한 정서적 내상을 입기 전에 그 힘든 감정들을 다양한 방식으로 해소함으로써 자신을 상처로부터 방어하고자 노력한다. 이처럼 마음이 고통에서 벗어나기 위해 작동하는 다양한 심리적 메커니즘을 방어기제라 한다. 몸에 상처가 났을 때 신체의 면역기능이 작동되어 상처를 치유하는 것과 같은 원리다. 방어기제는 보통 무의식적으로 일어나는데, 개인의 성격과 특징에 따라 작동하는 방어기제의 종류가 달라진다. 정신분석학에서 설명하는 대표적 방어기제에는 다음과 같은 것들이 있다.

① **억압 Repression**

무의식이 불쾌한 감정과 생각을 그냥 눌러버리는 것이다. 참기 힘든 상황에 대해 아무런 고통을 느끼지 못하거나, 과거에 발생했던 괴로운 일들을 기억하지 못하는 등 마치 괴로운 상황이 없었던 것처럼 무의식이 그 일을 무시한다. 어른들의 학대를 태연하게 받아들이는 아동이나, 어린 시절 발생했던 성폭행 사건을 기억하지 못하는 일 등이 해당된다.

② 부정 Denial

슬프거나 고통스러운 상황에 대해 인정하지 않는 것이다. 무의식의 영역에서 벌어지는 것이 아니라, 이성적으로는 뻔히 사실을 인식하면서도 그렇지 않은 것처럼 슬픔이나 고통을 거부하는 행동을 하는 것이다. 사랑하는 사람이 죽었을 때 장례식까지 다 치르고도 마치 그 사람이 살아 있는 것처럼 행동하는 것 등이 부정의 대표적인 예다. 죽은 가족에게 편지를 쓰고, 그의 물건을 버리지 못하고, 그의 휴대폰을 해지하지 못하고, 그에게 메일을 보내는 행동 등이다.

③ 반동형성 Reaction Formation

불쾌한 감정을 정반대로 표현하는 것이다. 미워하는 대상에게 오히려 더 상냥하게 대하거나, 좋아하는 대상을 괴롭히는 행동 등이 그것이다. 미운 자식 떡 하나 더 주는 마음이 대표적인 반동형성이다. 유난히 허세가 심하고 폭력적인 사람이 실제로는 겁이 많고 두려움을 많이 느끼는 사람이거나, 입만 열면 잘난 척이 심한 사람의 마음속에 깊은 열등감이 자리 잡고 있는 경우 등이 반동형성의 전형적인 사례다.

④ 합리화 Rationalization

자신에게 불행이 닥쳤는데 그 불행을 똑바로 받아들일 힘이 없을 때 사람들은 불행한 상황에 대한 해석을 바꿔버린다. 현실은 바뀌지 않지만 그 현실에 대한 해석이 달라지니 마음이 견딜 힘을 얻는 것이다. 실연당한 사람이 '안 그래도 내가 먼저 차려고 했다'라며 자신을 위로한다든가, 교통사고를 당한 후 '더 큰 사고가 날 뻔한 상황이었는데 운이 좋았다'라고 가슴을 쓸어내리는 경우 등이다. 《이솝 우화》에 나오는 '여우의 신 포도'는 합리화의 고전적인 사례.

⑤ 승화 Sublimation

마음속에 도사리고 있는 부정적 감정을 사회적으로 허용되는 방식으로 바꾸어 표출하는 것이다. 복수심이나 분노가 쌓여 누군가를 때려주고 싶은 마음이 큰 사람이 격투기 선수가 되어 승부욕을 발휘한다든가, 해소되지 않는 슬픔을 문학이나 음악에 담아 예술 작품을 창작한다든가 하는 것이 승화다.

07 나르시시즘 Narcissism

▶ 정의 : 자기 자신을 사랑하는 일. 또는 자기 자신이 훌륭하다고 여기는 일. 그리스 신화의 미소년 나르키소스에서 유래.

신들도 반할 정도로 빼어난 미모를 갖춘 청년 나르키소스는 자신을 짝사랑했던 수많은 님프의 구애를 거절한 대가로 '아픈 사랑의 고통을 겪게 될 것'이라는 예언에 의한 저주에 걸린다. 어느 날 그는 깊은 숲속의 아름다운 샘에서 물을 마시려다, 물에 비친 자신의 모습에 반하게 된다. 물속에서 자신을 바라보는 이가 자신이 아니라 숲의 요정이라고 여기게 된 것이다. 샘 안의 그는 나르키소스의 몸짓과 미소에 화답하며 더할 수 없이 사랑스러운 신호를 보내지만, 정작 나르키소스가 손을 뻗기만 하면 사라져버린다. 결국 나르키소스는 깊은 상실감에 몸부림치다가 죽고, 그 자리에서 수선화로 피어난다.

독일의 정신과 의사 네케(Paul Näcke)는 나르키소스의 신화에 착안해 '나르시시즘'이라는 용어를 만들어냈다. 이후 이 용어를 널리 알린 것은 프로이트였다. 프로이트는 나르시시즘을 '자기 자신에 대한 애착이 강해 스스로가 자기 리비도의 대상이 되는 상태'로 규정했다. 프로이트는 나르시시즘을 인격장애의 일종으로 판단했고, 정신분석학적인 개념으로 수용했다.

프로이트는 아직 자신과 타인을 구별하지 못하는 유아기에 모든 관심이 자신에게 쏠리는 자연스러운 상태를 '일차적 나르시시즘'이라 규정했다. 유아기가 지나면서 인간은 점차 자신에게 집중되었던 관심을 세상과 타인으로 전환하는데, 프로이트는 이 시기에도 어떤 문제로 인해 타인이 아닌 자신에게 관심과 사랑이 되돌아오는 상태를 '이차적 나르시시즘'이라 칭했다.

이는 현대에 들어와 사회현상을 이해하기 위한 하나의 개념으로 자리 잡았다. 자기 효능감의 연장에서 이해할 수 있는 수준의 자기애는 건강한 나르시시즘으로 분류할 수 있지만, 정도가 지나쳐 타인과의 관계를 훼손할 정도로 자신에게 빠져 있는 나르시시즘은 병적 단계라 할 수 있다. 자신이 타인보다 외모나 능력 등이 지나치게 뛰어나다고 믿거나, 자신을 몹시 사랑한 나머지 타인의 존재에 아랑곳하지 않게 되거나, 심지어 자신을 완벽한 사람으로 여겨 자신의 신체에 대해 흥분을 느끼기도 한다.

08 피그말리온 효과 Pygmalion Effect •
스티그마 효과 Stigma Effect

▶ 피그말리온 효과 정의 : 정신을 집중해 어떠한 것을 간절히 소망하면 불가능한 일도 실현된다는 심리적 효과. 그리스 신화의 피그말리온 일화에서 유래.

▶ 스티그마 효과 정의 : 과거의 좋지 않은 경력이 현재의 인물 평가에 미치는 부정적인 영향. 또는 한번 나쁜 사람으로 낙인이 찍히면 의식적·무의식적으로 그렇게 행동하는 현상.

　피그말리온은 그리스 신화에 나오는 조각가의 이름이다. 그는 자기가 조각한 여인의 조각상에 반해 사랑에 빠지고 만다. 피그말리온은 조각상에 이름을 짓고 깊어가는 사랑에 가슴앓이를 하다가 급기야 신에게 사랑이 이루어질 수 있게 해달라는 기도까지 한다. 그의 정성에 반한 아프로디테는 조각상에 생명을 불어넣었고, 조각상은 마침내 피그말리온이 바라던 여인으로 변신한다.

　교사가 학생에게 깊은 관심과 애정을 주며 긍정적인 모습을 기대하면 교사의 기대만으로도 학생들이 변모하게 된다는 것이 피그말리온 효과다. 실제로 샌프란시스코의 한 초등학교에서 무작위로 학생을 뽑아 실험한 결과, 선생님의 기대를 많이 받은 학생들은 얼마 후 다른 학생들보다 성적이 월등히 향상되는 결과를 얻을 수 있었다. 사람이 누군가로부터 지속해서 긍정적인 기대를 받으면 그 기대에 어울리는 사람이 되기 위해 노력하게 되고, 그 노력이 쌓이면 결국에는 기대에 부응하는 사람으로 변화하기 시작한다. 가령, 습관적으로 거짓말을 하던 아이들도 부모나 교사가 자신을 정직한 사람이라고 믿는다는 것을 알게 되면 점차 거짓말을 그만두게 된다는 것이다.

피그말리온 효과는 자신을 바라보는 사람의 기대에 일치하는 모습으로 변해가는 현상을 의미하기에 '관찰자-기대 효과'라고도 하며, 관찰자의 기대가 누군가의 미래를 변화시키기에 '자기실현적 예언'이라고도 한다. 즉 칭찬은 고래에게 자기실현적 예언으로 작용해 고래조차 춤추게 만든 것이다.

반대로 스티그마 효과(낙인 효과)는 부정적 낙인이 찍힌 사람이 점점 더 안 좋은 방향으로 변해가는 현상을 의미한다. 나쁜 편견이나 악의적 비난에 시달린 사람은 점점 위축되다가 효능감을 상실하게 되고, 결국 스스로 지니고 있던 긍정적인 능력조차 발휘하지 못한 채, 실제로 비난을 받은 그 모습에 가깝게 변해가는 것이다. 한번 잘못을 저지른 사람이 과거의 과오로 인해 주변 사람들로부터 반복해서 손가락질받게 되면 개선할 여지도 없이 안 좋은 그 모습으로 자신의 정체성을 규정해버리고 만다. 우연히 범죄에 발을 들인 사람들이 반복적으로 범죄를 저지르는 것도 낙인 효과에서 기인하는 면이 크다.

기출문제

▶ 최근 교육 당국이 표준학력미달자만 따로 모아 보충수업을 실시하는 계획을 발표했다. 그런데 낙인 효과와 같은 부작용에 대한 우려로 반대가 심하다. 본인의 생각은 어떠한가? (2020 공주교육대학교)

09 변증법 Dialectic

▶ 정의 : 문답에 의해 진리에 도달하는 방법. 철학에서 모순 또는 대립을 근본 원리로 하여 사물의 운동을 설명하려는 논리. 인식이나 사물은 정(正)·반(反)·합(合) 3단계를 거쳐 전개.

변증법이 무엇인지 한마디로 정의하기는 어렵다. 오랜 역사 속에서 시대나 사람에 따라 다르게 쓰였던 말이기 때문이다. 고대와 중세 시대까지, 변증법은 서로 다른 의견을 주장하는 사람들이 이성적 대화를 통해 상대방의 의견에서 모순을 찾아내 상대방을 설득시키는 대화술을 의미했다. 변증법을 뜻하는 'Dialektike'는 대화술이나 문답법을 의미하는 그리스어다. 변증법은 제논(Zenon)에 의해 창시되어, 이후 문답을 통해 진리로 다가가려 했던 소크라테스(Socrates)의 변론술로 이어진다.

근대에 들어와 변증법의 의미는 헤겔(Hegel)에 의해 조금 다른 차원으로 확장된다. 상대방의 주장에 내포된 모순을 찾아 결론을 유도하려 했던 대화술로서의 변증법이 논리학과 세계관의 형태로 발전된 것이다. 헤겔의 변증법에서 가장 중요한 개념은 서로 모순된 요소들이 충돌하는 것과 그 요소들이 서로 반발하고 부정함으로써 새로운 요소로 종합되는 것, 즉 정립과 반정립이 상호 충돌을 통해 종합되는 '정반합(正反合)'의 운동이다.

정립된 존재나 주장은 그 안에 모순을 내포하고, 그 모순에 의해 대립자가 탄생하여 정립을 '부정'하게 된다. 그러나 대립자라 해도 정립의 모든 것을 전적으로 부정하는 것이 아니라 그중에서 통합

될 수 없는 일부분만 부정하고 나머지는 받아들이게 되는데, 이것이 정반합 운동이다. 결과적으로 정립과 대립자가 서로 통합할 수 있는 것들로 합치되어 더 높은 새로운 차원으로 지양되는 것이 변증법의 개념이다. 이처럼 헤겔에 의해 변증법은 존재 속에 모순이 있다고 생각하는 모든 사상으로 의미가 변화한다.

헤겔의 이러한 관념론으로서의 변증법은 마르크스와 엥겔스에 의해 유물론의 입장에서 계승되면서 자연과 사회의 운동 법칙을 설명하는 과학으로 확립되었다. 그들은 자연과학에서처럼 역사의 발전에도 합법칙성이 존재한다고 보았다. 그는 인류가 보유한 생산력과 생산양식을 시대적으로 구분하고, 각 시대의 모순이 충돌하고 융합하면서 다음 단계의 역사로 나아가는 것이 역사의 필연성이라고 해석했다.

10 콤플렉스 Complex

▶ 정의 : 현실적인 행동이나 지각에 영향을 미치는 무의식의 감정적 관념. 인간의 행위에 큰 영향을 미치는 욕망이나 기억을 뜻함.

인간은 무엇 때문에 살까? 인간이 무엇인가를 욕망하고 성취하게 하는 근본적 에너지를 프로이트는 성적 에너지, 리비도라 여겼다. 프로이트와 동시대를 살았던 심리학자 아들러(Adler)의 의견은 조금 달랐다. 그는 인간이 어떤 행동을 하도록 이끄는 근원적 동기를 열등감이라고 파악했다. 사람은 자신의 열등감을 극복하기 위해서 목적을 향해 도전한다는 것이다. 인간의 내면에 잠복한 이러한 열등감을 아들러는 콤플렉스라 규정했다.

콤플렉스라는 단어 자체의 의미는 '복잡하게 얽혀 있다'는 뜻에 불과하다. 융이 그 개념을 정신분석학 및 심리학에 널리 차용하면서 콤플렉스는 심리학적 주요 개념으로 자리 잡게 되었다.

심리학에서의 콤플렉스란 복잡한 감정이 한 덩어리로 얽혀 있는 것을 말한다. 분명하지 않고 쉽게 파악할 수 없어 뚜렷하게 규정할 수 없는 어떤 감정이 의식이나 무의식에 박혀 있다가, 어느 순간 툭 튀어나와 사람들의 행동과 감정에 영향을 주는 것, 그것이 콤플렉스다. 융은 특정한 단어에 대한 사람들의 반응을 관찰하는 연상검사를 진행하다가 인간 내면의 콤플렉스를 처음으로 발견했다. 콤플렉스는 객관적 상황을 주관적인 시각으로 왜곡시켜 자신의 생각과 감정과 행동에 영향을 끼친다.

지금처럼 열등감과 동의어로 쓰이는 콤플렉스의 개념은 아들러에 의해 정착되었다. 아들러는 열등 복합 이론으로 사람의 인격 발달을 설명했는데 아들러의 열등 복합, 즉 열등 콤플렉스 이론이 널리 퍼지면서 추후에는 콤플렉스라는 말 자체가 열등 콤플렉스를 의미하게 되었다.

어떤 것에 대해 콤플렉스를 지녔다는 말은 그것으로 인해 열등감, 욕구불만, 강박증 모두를 지니고 있음을 뜻한다. 가령, 외모 콤플렉스는 예쁘지 않아 열등감을 느끼고, 예쁘지 않은 자신에 대해 불만을 품고 있으며, 여자는 가급적 예뻐야 한다는 강박증을 지녔음을 표시한다. 그 밖에 신데렐라 콤플렉스는 자신의 인생을 화려하게 만들어줄 왕자를 기다리는 마음을 가리키고, 피터팬 콤플렉스는 어른이 되기를 거부하며 계속 어린아이로 남고 싶어 하는 마음을 뜻한다. 요나 콤플렉스는 현재보다 어머니의 뱃속이 더 편하다는 생각이며, 파랑새 콤플렉스는 자신이 처한 현재의 삶에는 무관심하고 이상적인 미래의 꿈만 좇는 현상을 말한다. 오이디푸스 콤플렉스는 어머니를 사랑하면서 아버지를 경쟁상대로 적대시하는 마음이며, 반대로 엘렉트라 콤플렉스는 딸이 아버지를 사이에 두고 어머니에게 느끼는 시기심을 말한다. 이처럼 사람의 마음속에는 다양한 상황에 따라 수많은 콤플렉스가 존재한다.

인간은 모두 각자의 성장 과정을 겪으며 자기만의 콤플렉스를 가지고 있다. 아들러의 의견처럼 내면에 자리 잡은 콤플렉스가 노력하고 발전하게 하는 원동력으로 작용하면 좋겠지만, 콤플렉스에 대한 지나친 집착 때문에 자신만의 탁월함이나 강점마저 발견하지 못하게 된다면 그것만큼 안타까운 일은 없을 것이다.

11 카스트제도 Caste

▶ 정의 : 인도의 세습적 계급제도. 승려 계급인 브라만, 귀족과 무사 계급인 크샤트리아, 평민인 바이샤, 노예인 수드라 등 네 계급이 기원으로, 현재는 2,500종 이상의 카스트와 부카스트로 나뉨.

신라가 멸망한 원인 중 하나로 알려진 골품제는 사람들을 왕족, 귀족, 평민으로 나누던 신라 시대의 신분 제도다. 혈통의 높고 낮음에 따라 8개로 나뉜 계급은 사회생활 전반에 걸쳐 운신의 범위와 한계를 미리 규정했다. 골품제는 고려의 건국과 함께 이미 천여 년 전에 우리나라에서 사라졌고, 조선의 멸망과 더불어 양반과 상민을 나누던 반상 제도도 역사의 뒤안길로 사라졌다. 인도에는 아직도 세습적 신분제도인 카스트가 남아 있다. 현대에 들어와 공식적으로 카스트에 따른 차별을 금지하는 법안이 마련되었지만, 여전히 카스트는 2천여 년 동안 인도인의 정체성을 형성하는 가장 강력한 힘으로 작동하고 있다.

카스트는 '계급'이라는 뜻의 포르투갈어다. 산스크리트어로는 '바르나'라 부르며, '색깔'을 뜻한다. 총 네 계급으로 분류된다. 가장 높은 계급은 승려 계급인 브라만이고, 다음은 무사계급인 크샤트리아이다. 농민이나 상인은 바이샤 계급, 마지막으로 하인이나 수공업자 등이 속한 수드라가 있다. 이 네 개의 계급 어디에도 속하지 않는 달리트 계급과 트리발 계급 사람들은 주로 불가촉천민으로 분류된다. 이를 기본으로 하여 각 계급 간 결혼으로 세분된 카스트가 2,500개 이상 존재한다.

2017년 인도에서는 불가촉천민 달리트 출신의 코빈드(Kovind) 대통령이 당선되었다. 그는 당선 소감에서 "힘겹게 일하는 모든 인도 국민을 위해 일하겠다"는 포부를 밝혔다. '핍박받는 자'라는 의미의 달리트 계급에서 대통령이 나왔다는 사실은 인도 사회의 변화를 기대할 만한 중대 사건이었다. 하지만 2년 뒤인 2019년, 달리트 출신 아동이 길에서 용변을 보던 중 상위 계급 남성에게 맞아 숨지는 끔찍한 일이 발생했다. 12세, 10세 소년들의 집에는 화장실이 없었고, 공동화장실 사용도 허락되지 않았다. 법이 금지하고 대통령이 바뀌어도 해소되지 않는 카스트의 악습이 인도 사회에 얼마나 뿌리 깊은지를 보여주는 사건이었다.

하지만 정작 인도인들은 카스트의 폐해에 대해 심각하게 생각하지 않는다. 그 이유는 국민 대다수가 속한 힌두교가 사람을 계급으로 나누는 것을 당연히 여기고 있기 때문이다. 힌두교 교리에 의하면, 현재의 낮은 계급은 전생에서 올바르게 살지 않은 업보다. 천민들이 현세에서 당하는 차별과 무시는 자신에게서 비롯된 것이기에 마땅히 감내해야 할 일이고, 만약 높은 계급으로 올라가고 싶다면 유일한 방법은 지금 주어진 계급에 충실하게 살다가 다시 태어나는 방법뿐이라는 것이다.

세계적으로 우수한 두뇌와 높은 잠재력을 보유하고 있는 나라 인도가 그 역량에 미치지 못하는 발전 양상을 보이는 결정적 이유 중 하나는 이처럼 사회에 깊이 뿌리내린 악습인 카스트 때문이다.

12 헬레니즘 Hellenism

▶ 정의 : 기원전 334년 알렉산더 대왕의 동방 원정에서부터 기원전 30년 로마의 이집트 병합 때까지 그리스와 오리엔트가 서로 영향을 주고받으며 생긴 역사적 현상.

기원전 336년은 고대 그리스 역사상 가장 넓은 영토를 정복한 알렉산더 대왕이 왕위에 오른 해다. 그는 그리스 영토를 넘어 동방으로 진출해 페르시아 제국을 무너뜨렸고, 남쪽으로는 이집트를 정벌해 파라오까지 되었다. 광대한 영토를 정벌한 알렉산더는 다양한 민족으로 구성된 제국을 통일하기 위해 융합 정책을 구상한다. 이질적인 민족을 하나로 통치하기에 유리하다고 판단했기 때문이다. 그는 아시아의 종교와 관습은 유지하면서 그리스 문화에 동방의 문화를 혼합한다. 그가 정복한 지역 곳곳에는 알렉산드리아라는 이름의 도시들이 탄생했고, 그곳이 그리스 문화를 보급하는 기점이 되었다. 그 결과로 오리엔트 문화와 그리스 문화가 융합된 새로운 문화가 탄생했는데, 이것이 헬레니즘 문화다.

헬레니즘이라는 용어는 19세기 독일의 역사가 드로이젠(Droysen)이 이 시기를 묘사하며 "헬레니무스(그리스화)가 진행된 시간"이라고 표현하면서 등장했다. 그 '시간'이란 알렉산더가 왕위에 오른 기원전 336년부터 그의 사후 마케도니아, 시리아, 이집트 등 세 조각으로 분열되었던 영토가 마침내 로마에 병합된 기원전 30년까지 대략 300년의 세월을 의미한다. 알렉산더 사후 이집트를 지배한 프톨레마이오스는 알렉산드리아를 이집트의 수도로 삼았다. 아라비아, 인도, 아프리카를 비롯한 각지의 상인들과 학자들이 이집트의 알렉산드리아로 모여들었다. 세계적 상업도시로 성장한 이곳은 수십만 개의 파피루스가 집결된 헬레니즘 문화의 중심지가 되었다.

이전까지 도시국가, 즉 폴리스의 시민으로 살았던 사람들은 이제 단란한 공동체적 질서가 무너진 대제국의 국민으로 살아야 할 처지에 놓이게 되었다. 지속된 정복 전쟁 때문에 불안감도 높은데 거기에 낯선 동방 문화까지 받아들여야 했던 것이다. 국가와 민족의 개념은 붕괴하고 남은 것은 자기 자신뿐이었다. 이런 환경에서 사람들은 개인의 감정과 본능, 행복에 대해 숙고하기 시작한다.

이처럼 헬레니즘 문화의 가장 중요한 특징은 모든 것의 바탕에 개인으로서의 인간이 등장했다는 점이다. 모든 것은 사람으로부터 시작되었다는 생각이 확대되면서 개인의 인격이 중시되었고, '나'

라는 존재가 세계의 중심이 된다. 이러한 인본주의적 세계관은 점차 보편적 인간성에 대한 철학으로 발전해서 후에 개인의 금욕을 강조한 스토아학파와 정신적 쾌락을 추구한 에피쿠로스학파로 이어진다. 서구의 개인주의 문화는 이처럼 머나먼 헬레니즘 시대에 뿌리를 두고 있다.

개인의 경험과 행복을 중시했던 헬레니즘 문화는 실용성을 추구하며 아르키메데스(Archimedes)와 유클리드(Euclid)로 대표되는 자연과학으로 발달해 천문학, 수학, 의학 등이 발전했다. 예술에서도 영웅과 신들을 다루었던 그리스 시대와 달리 영웅이 아닌 인간들의 구체적 육체에 대한 묘사가 강조되었다. 미로의 비너스상, 라오콘 군상 등이 이 시대의 특징을 생생히 보여준다. 헬레니즘 문화는 인도의 간다라 미술의 성립에 이바지했고, 이는 중국을 거쳐 우리나라에까지 영향을 미쳤다.

13 밀라노칙령 Edict of Milan

▶ 정의 : 서기 313년에 로마의 콘스탄티누스 대제가 밀라노에서 발표한 칙령. 기독교를 공인한 것으로, 로마 제국의 종교 정책의 전환점을 이룸.

서기 313년, 고구려 미천왕은 낙랑을 점령했다. 같은 해, 유럽에서는 서양 역사상 커다란 분수령이 될 엄청난 사건이 벌어진다. 로마제국에서 기독교에 대한 박해가 종식된 것이다. 250년 가까이 탄압받던 기독교는 이 사건 이후 본격적으로 서양의 정신적, 문화적, 영적 중심을 차지하며 지배적 종교로 세력을 확장하기 시작한다. '이 사건'이란 현(現) 이탈리아의 북부 밀라노에서 황제의 포고령, 즉 밀라노칙령이 발포된 것이다.

밀라노칙령은 로마제국의 서방을 다스리던 콘스탄티누스 1세와 제국의 동방을 다스리던 리키니우스가 밀라노에서 협의한 조약이다. 핵심 내용은 종교 예배나 제의에 대해 로마제국이 중립적 입장을 취한다는 것이다. 제국의 모든 사람에게 신앙의 자유를 허락하고, 기독교인들에게도 법적 권리를 보장해주며, 전에 몰수했던 교회의 재산도 돌려주고 보상하도록 했다.

그전까지 고대 지중해 유역의 국가들은 여러 신을 섬기는 다신교의 전통이 강했다. 콘스탄티누스 황제 자신도 태양신을 숭배했다. 그런데 1세기 중엽 유일신을 섬기는 기독교가 전파되면서 다신교와 갈등이 생겨났다. 로마제국의 네로 황제는 황제에게 복종을 거부하는 기독교 신자들을 가혹하게 처형하며 박해했다.

그런데 콘스탄티누스 황제는 어떤 연유로 밀라노칙령을 선포하게 된 것일까? 4세기 초, 로마는 황제의 권위가 떨어져 여러 세력이 자리다툼을 하던 시기였다. 콘스탄티누스 황제는 실추된 황제의 권위를 되찾는 방법을 모색하던 중 기독교라는 새로운 돌파구를 찾게 된다. 당시 가난한 사람과 천한 사람 모두에게 구원을 약속했던 기독교는 그 시절의 민중들에게 엄청난 인기를 끌고 있었다. 그는 밀라노칙령을 반포함으로써 다수의 민중을 자신의 편으로 만들고자 했다. 그의 전략은 적중했고, 그로 인해 콘스탄티누스 황제는 황제 중의 황제인 '대제'라는 이름까지 얻는다.

밀라노칙령이 반포된 이후 기독교인들의 사회적 지위는 향상되기 시작했다. 콘스탄티누스 황제는 기독교에 우호적인 정책을 시행했고, 적극적으로 기독교를 장려했다. 교회는 비약적 발전을 거듭해 나중에는 제국의 종교로 세력을 확장한다. 밀라노칙령 이후 서양 세계는 기독교적 세계로 급속도로 전환한다. 밀라노칙령은 그 시발점이 된 중대한 사건이었다.

14 카노사의 굴욕

▶ 정의 : 1077년에 신성로마제국의 황제 하인리히 4세가 카노사에 있던 교황 그레고리우스 7세를 방문해 파문을 취소해 줄 것을 간청한 사건.

　1077년 1월, 이탈리아의 카노사성 문 앞에는 한 남자가 맨발인 채로 눈밭에 무릎을 꿇고 있었다. 그는 중세 독일의 국왕이자 신성로마제국의 황제인 하인리히 4세였다. 성 안에는 얼마 전 그에게 파문을 선언한 교황 그레고리우스 7세가 있었다. 눈밭에서 비참하게 용서를 비는 황제를 사흘이나 버려둔 후에야, 마침내 교황은 못 이기는 척 황제를 성으로 들였다. 황제에게 씻을 수 없는 굴욕을 안긴 세계사적 사건, '카노사의 굴욕'이다.

　중세 초기까지만 해도 국왕과 교황은 각자 세속의 영역과 정신의 영역으로 나뉘어 평화롭게 공존했다. 그러나 왕과 교회가 각자의 영역에서 안정기에 들어서자, 두 세력은 서로 다른 야심을 품게 된다. 가톨릭은 유럽 민중들을 종교적으로 결속시키며 점점 세력을 키웠는데, 왕들도 이전보다 왕권이 강화되는 시대를 원한 것이다. 이러한 두 욕망이 정면으로 충돌하게 된 계기는 국왕과 교황 중 누가 성직자 임명권을 갖게 될 것인지에 대한 결정이었다.

그때까지 성직자를 임명하는 권한은 국왕이나 제후들에게만 주어졌었다.

그레고리우스 7세가 선공을 날렸다. 앞으로는 교황만이 성직자를 임명할 수 있다고 발표한 것이다. 신성로마제국의 황제였던 하인리히 4세는 자신에게도 신이 내린 권한이 있음을 내세워 교황과의 전면전을 선포한다. 결국 황제는 교황을 폐위하고, 교황은 황제를 파문하는 맞불작전이 벌어졌다. 그런데 둘의 충돌을 곁에서 지켜보던 여러 세력이 교황의 손을 들어주면서, 황제는 패배를 인정하고 교황에게 굴욕적으로 무릎을 꿇게 된 것이다. 황제가 교황 앞에서 무릎을 꿇고 용서를 간청한 이 일은, 중세 시대 종교가 얼마나 막강한 권력을 지녔는지를 단적으로 보여주는 사건이라 할 수 있다.

15 청교도혁명 Puritan Revolution

▶ 정의 : 1649년에 영국에서 청교도가 중심이 되어 일어난 시민혁명. 크롬웰이 인솔한 의회파가 왕당파를 물리치고 공화정치를 시행하면서 혁명이 절정에 이르렀으나, 1658년 크롬웰이 죽자 1660년 왕정으로 되돌아 감.

유럽 변방의 작은 섬나라인 잉글랜드를 '해가 지지 않는 대영제국'으로 성장시킨 엘리자베스 1세 여왕은 평생 결혼하지 않았고 결국 자식 없이 세상을 떠났다. 그녀가 죽자 스코틀랜드의 왕 제임스가 잉글랜드 왕으로 즉위했다. 제임스 1세는 '왕의 권리는 신으로부터 받은 것이고, 국왕은 법 위에 있다'고 하며 의회를 무시하고 독단적으로 행동했다. 제임스 1세의 아들 찰스 1세가 왕위를 물려받자 국왕의 전횡은 더욱 심해졌다. 의회는 1628년 의회의 허락 없이 왕이 마음대로 세금을 거둘 수 없다는 것을 주된 내용으로 하는 권리청원을 왕에게 보냈다. 그로 인해 찰스 1세와 의회의 갈등은 더욱 극심해져, 왕은 아예 의회를 해산시키고 오랫동안 의회를 열지 않았다.

하지만 스코틀랜드에서 봉기가 일어나자 군사자금을 마련해야만 했던 찰스 1세는 11년 만에 할 수 없이 의회를 재소집한다. 의회로서는 왕에게 복수할 절호의 기회를 맞이한 것이다. 의회는 왕의 소집을 거부했고, 결국 1649년 왕을 지지하는 왕당파와 의회를 지지하는 의회파 사이에 내전이 발생한다. 이것이 바로 청교도혁명이다. 크롬웰이 이끄는 의회파 대다수가 청교도였기 때문이다. 퓨리턴(Puritan), 즉 청교도는 전통 복음주의를 따르던 브리튼 섬의 개신교 신자들을 의미한다. 싸움은 의회파의 승리로 돌아갔고, 크롬웰의 군대는 찰스 1세를 처형한 뒤 공화국을 선포한다.

16세기 중엽부터 영국 사회에서 지배력을 키워온 젠트리 세력은 귀족의 지위는 없지만, 자신의 가문을 이룬 유산 계층을 말한다. 주로 전문직에 종사한 이들의 경제력은 막강했다. 이들은 영국의 자본주의를 이끄는 중심 세력으로 성장하면서 영국의 역사와 함께 발전한다. 신사를 뜻하는 '젠틀맨'은 이들로부터 유래된 말이다. 젠트리는 대부분 청교도였고, 이들이 청교도혁명을 주도한다. 왕조가 중심이 된 구시대의 전제정치를 막고, 영국 사회에 입헌적 전통을 수립한 중요한 세력도 이들이다. 이후로 영국에서는 이들을 중심으로 근대사회의 바탕을 이루는 민주주의적 사상이 다양하게 전개되었다. 청교도혁명은 '영국 최초의 시민혁명'이라는 역사적 의의를 지닌다.

16 분서갱유 焚書坑儒

▶ 정의 : 중국 진(秦)나라의 시황제가 학자들의 정치적 비판을 막기 위해 실용서 몇 종류만 제외하고 대다수의 서적을 불태우고 수많은 유생들을 구덩이에 묻어 죽인 일.

이슬람 급진 무장 세력 IS의 만행이 극심하던 2015년, 전 세계를 경악하게 만든 한 영상이 공개되었다. 영상 속 사람들은 기원전 3천 년 전부터 제국이 존재하던 고대 아시리아의 수도 니네베에서 역사적 가치가 높은 유물들을 망치로 깨부수고 고서를 불태웠다.

자신과 생각이 다른 세력에게 적개심을 드러내며 용납하지 않겠다는 극단적 태도를 과시한 것이다. 세계 언론은 그들의 이런 행동을 '현대판 분서갱유'라며 강하게 비난했다.

분서갱유는 서적을 불태우는 '분서'와 유생을 구덩이에 파묻는 '갱유'가 합쳐진 말이다. 주로 다른 세력의 의견을 강압적으로 제압하고자 반대 의견의 근원을 색출해서 뿌리 뽑는 정치적 행위를 표현하는 데 사용된다.

광활한 중국 땅에 흩어져 있던 봉건국가들을 최초로 통일한 사람은 진나라의 시황제였다. 통일 후 그가 가장 크게 관심을 기울인 것은 전국에 분산되어 있던 권력을 자신에게 모아 강력한 중앙집

권적 국가를 만드는 것이었다. 시황제는 이를 위해 화폐, 문자, 도량형을 통일하고, 군현제를 시행해 대륙을 군과 현으로 나누고 황제의 지배 아래에 두었다.

그전까지 봉건 제후들을 찾아다니며 입신을 꾀했던 전국의 유생들은 군현제가 도입되는 바람에 출셋길이 막혀버렸다. 그들은 황제의 군현제를 반대하고 다시 봉건제로 돌아갈 것을 주장했다. 진나라의 승상이었던 이사(李斯)는 황제의 정책에 대한 유생들의 반발이 그들의 학문으로부터 비롯된 것이라고 보았다. 시황제는 이사의 생각을 받아들여, 의술과 농경 관련 책을 제외하고 사상을 논하는 모든 책을 불태우라고 명령한다. 이것이 '분서의 사건'이다.

말년의 시황제는 미신에 빠져 불로장생의 묘약을 구해준다는 방술사에게 의지했다. 하지만 불로장생 약을 구할 수 없던 그들은 결국 시황제를 속이고 도망치기 일쑤였다. 유생들은 이런 시황제의 어리석음을 비난했다. 방술사에 속은 시황제는 그 분노를 자신의 실정을 조롱한 유생들에게 돌렸다. 분서의 사건 다음 해인 기원전 212년, 황제는 함양 지방의 유생 460명을 잡아 생매장했는데 이를 '갱유'라 한다.

분서갱유는 서적과 지식인을 대대적으로 말살해서 진 왕조 이전의 문화를 모조리 파괴했던 전대미문의 사건이었다. 진나라는 강력한 법가 사상으로 대륙을 통일하고자 했으나 오히려 지식인들의 지지를 잃었고, 다양한 사고를 금기시하는 바람에 생산적 조언이 사라진 나라로 선락했다. 중국 최초의 통일국가로서 강력한 통일을 꿈꿨던 진나라는 건국 15년 만에 허망히 멸망한다.

17 매판자본 買辦資本

▶ 정의 : 외국의 독점자본에 의존해 기업 활동을 보장받으면서 그들에게 예속되어 도움을 제공하는 토착 자본.

'매판'이라는 말의 의미는 시대에 따라 다르다. 기원은 중국 명나라까지 거슬러 올라간다. 명청 시대의 매판은 직업의 일종으로, 궁중에서 필요한 물건을 조달하던 상인을 뜻했다. 당시 중국이 외국과 교역을 시작하자 영사관 등에 외국인들이 살기 시작했고, 매판은 그곳에 거주하는 외국인들을 위한 거래 중계를 담당했다. 매판들은 외국인에게 필수품을 공급하기도 하고, 그들이 고용한 중국인들을 감독하기도 했다.

1842년 청나라가 난징조약을 통해 외국에 자유항을 열면서 매판의 역할은 더욱 커진다. 서양 열강의 기업들은 매판을 고용해 중국과의 상거래 업무나 중국 상인들에 대한 조율을 맡겼다. 청일전쟁 이후 열강의 중국 침략이 본격화되자 자본력을 확보한 매판들은 열강의 편이 되어, 중국에서 서양 자본이 무역을 확대할 수 있도록 도왔다. 그들은 중국의 이익을 희생하고 열강의 이익을 도모하는 대신 그 이익을 분배받았고, 점점 위세를 떨치게 된다. 마침내 매판자본은 외국으로부터 차관, 원조, 철도 등의 자본을 끌어들인 대가로 중국을 지배하는 재벌기업으로 성장한다.

중국에서 기원한 매판자본이라는 말은 이후 일반적인 의미로 내용이 확장된다. 식민지나 후진국에서 외국자본을 끌어들여서 국가의 이익을 팔아 자신의 이익을 구축하는 반민족적 자본을 매판

자본이라 일컫는다. 저개발 국가에 침탈하고 싶어 하는 선진 자본
주의 국가의 지배집단과 야합해 자국에서의 정치적, 경제적 지배
력을 장악하고, 그렇게 획득한 권력을 이용해 자신들의 권세를 도
모하고 외국자본의 착취를 조장하는 자본이 매판자본이다.

18 문화대혁명 Cultural Revolution

▶ 정의 : 1966년에 중국에서 시작한, 대규모 사상 · 정치 투쟁의 성격을 띤
권력 투쟁.

   1958년, 중국의 국가주석인 마오쩌둥(毛澤東)은 낙후된 중국 경
제의 비약적인 발전을 꾀하고, 이를 통해 사회주의국가 건설을 가
속하고자 '대약진운동'을 전개한다. 전문가도 아닌 농민을 동원해
중공업의 발전을 이루고자 했던 대약진운동은 소련을 경쟁자로
의식하며 무리하게 진행된 나머지 참담히 실패한다. 그 결과, 나라
의 기반을 이루던 농촌은 몰락했고 중국 경제는 대대적으로 무너
져 수천만 명이 아사(餓死)하는 최악의 사태에 이른다. 마오쩌둥은
결국 대약진운동이 실패했음을 인정하고 국가주석을 사임한다.

   이후 1960년부터 대약진운동의 부작용을 수습하고 국가 경제
를 정상화하고자 류사오치(劉少奇)와 덩샤오핑(鄧小平)이 중국의 지
도부로 부각된다. 정치적 권력을 실추한 마오쩌둥은 자신의 권력
회복을 위한 또 다른 방안을 모색하는데, 이것이 바로 1966년 시
작된 '문화대혁명'이다. 마오쩌둥은 당시 중국이 당면한 위기가 대
약진운동의 부작용이 아니라, 중국에 만연한 관료주의나 구시대의

낡은 문화 때문이라고 주장하기 시작한다. 그는 교묘하게 자신이 받아야 할 비난의 화살을 다른 곳으로 돌리면서 네 가지 낡은 것, 즉 사상, 문화, 풍속, 습관의 변혁을 외쳤다. 즉 낡은 '문화'의 '혁명'적 변화를 주장한 것이다. 그는 이를 위해 중국의 젊은이들을 동원해 홍위병을 만든다. 10대 학생으로 구성된 홍위병들은 문화대혁명이 본격화된 이후 2년 동안 중국 역사에 길이 남을 만한 만행을 저지른다.

수천만 명이 굶어 죽는 절망적인 현실에 불만을 품은 젊은 홍위병들은 '낡은 사상을 가진 모든 세력을 제거하겠다'는 야심으로 점점 과격해졌다. 그들은 떼로 몰려다니며, 수천 년 동안 이룩한 중국의 문명을 '낡은 것'이라고 싸잡아 파괴하기 시작했다. 마오쩌둥의 비호를 등에 업고 있었기에 누구도 그들을 막을 수 없었다. 유서 깊은 절, 사당, 사원, 궁궐들은 부서졌고, 어른들은 기성세대라는 이유로 구타당하거나 살해되었다. 눈에 보이는 유형 문화재들은 불탔고 예술가, 학자, 정치가, 교수 등 수많은 지식인들이 숙청당했다. 마오쩌둥은 이 처참한 행태를 묵인했고, 사태는 갈수록 광기에 휘말렸다.

결국 국가주석 류사오치는 홍위병들에게 고문당한 후 후유증으로 사망했고, 덩샤오핑도 홍위병에게 끌려가 강제노동에 동원된다. 마오쩌둥은 다시 정치 일선으로 복귀한다. 하지만 흥분한 홍위병들의 화살은 이제 권력의 실세로 돌아온 마오쩌둥을 겨냥하기 시작했다. 노련한 마오쩌둥은 홍위병들의 관심을 농촌으로 돌렸고, 결국 홍위병들은 농촌으로 흩어져 소멸하고 말았다.

문화대혁명을 거치며 중국에서는 지식인의 대다수가 전멸했다.

무지막지한 살육 이후 다시는 마오쩌둥에게 도전하는 세력이 없었고, 마오쩌둥은 죽을 때까지 권력을 누린다. 문화대혁명은 공식적으로 1969년에 종식이 선언되었지만, 실제로는 1976년 마오쩌둥의 죽음으로 완전히 끝이 났다.

문화대혁명이 지나간 후, 중국인들은 수천 년 역사를 지닌 전통과 문화를 자신들의 손으로 철저하게 파괴했다는 사실을 충격적으로 깨닫는다. 후대의 중국인들과 역사학자, 심지어 중국 공산당들도 이 기간을 국가적 재난으로 평가했다. 중국 공산당은 마오쩌둥 사후인 1981년에 '문화대혁명은 마오쩌둥의 과오였다'고 공식적으로 인정했다.

19 메이지유신 明治維新

▶ 정의 : 19세기 후반 일본의 메이지 천황 때 에도막부를 무너뜨리고 중앙집권 통일국가를 이루어 일본 자본주의 형성의 기점이 된 변혁의 과정.

1853년, 미국의 페리 제독이 검은 배를 이끌고 일본에 당도한다. 당시 일본은 250년 넘게 나라의 문을 닫아걸고 쇄국정책을 고수하고 있었다. 일본을 지배하던 에도막부는 얼마 후 미국의 힘에 굴복해 불평등조약을 맺으며 외부와의 교역을 시작한다. 곧이어 여러 서구 열강들이 본격적으로 일본을 침략하기 시작했고, 막부의 권위는 점차 곤두박질쳤다. 막부 정권의 지배력이 약해지자 지금까지 천대받던 하층 사무라이들은 또 다른 구심점을 세우고 혁명적 신정권을 세운다. 그들이 내세운 구심점은 그때까지 껍데기

명분에 불과했던 천황이었다.

새 정권의 군주로 추대된 이는 메이지 천황이었다. 유신은 '낡은 제도를 고쳐 새롭게 한다'는 뜻이다. 메이지 천황은 그의 개혁 세력들과 함께 45년여의 세월에 걸쳐 일본의 근대화를 이끈다. 이 전방위적인 개혁을 메이지유신이라고 한다.

천황을 앞세우고 개혁을 이끈 신진 세력들은 국가 전체를 과감하고 신속하게 뜯어고친다. 지방 영주들에게 분산되어 있던 권력을 중앙으로 모으고, 천황의 거처는 교토에서 막부가 있던 도쿄로 이동한다. 메이지 시대의 가장 큰 관심사는 서양의 선진 문물을 적극적으로 받아들이는 것이었다. 대규모 사절단이 서양에 파견되었고, 그들이 외부에서 접한 문물과 제도들이 일본으로 쏟아져 들어왔다. 가장 큰 변혁은 신분제도가 철폐된 것이었다. 해방된 천민들은 자본주의의 근간을 이루는 평민이 되어 국가에 노동력을 제공했다. 근대식 학교가 설립되었고, 근대식 산업이 육성되었다. 근대적 은행이 생겨났고, 국토 여기저기에 철도가 놓였다. 문화에도 근대화의 바람이 불어 그동안 중심을 차지했던 유교와 불교문화는 서구적 사상에 자리를 양보하게 되었다.

이 모든 개혁이 불과 20년도 안 되는 시간에 전격적으로 감행되었다. 메이지유신으로 인해 일본은 근대적 산업국가의 초석을 다지는 데 성공했다. 관심을 밖으로 돌리던 일본은 자신들이 미국과 불평등조약을 맺었던 방법을 그대로 조선에 적용했고, 마침내 조선은 강화도에서 일본과 불평등조약을 맺고 개항하기에 이른다.

20 확증 편향 Confirmation Bias

▶ 정의 : 자신의 가치관, 신념, 판단 등과 일치하는 정보에만 주목하고 그 외의 정보는 무시하는 사고방식.

최근 카카오가 모바일 다음의 뉴스에서 언론사를 선택할 수 있는 기능을 추가했다. 사용자의 정치적 선호도에 따라 보기 싫은 언론사를 자동으로 제외하고, AI의 알고리즘에 의해 추천된 뉴스만을 제공하는 것이다. 이에 따라 소비자는 나의 관점에 일치하는 기사만 선택적으로 접할 수 있게 된다. 개인의 취향을 존중한다는 긍정적인 측면도 있지만, 한편으로는 이러한 서비스로 인해 이용자의 확증 편향이 더욱 증폭될 수 있다는 우려도 만만치 않다.

확증 편향이란 편향된 생각을 확인하고 싶은 심리를 말한다. 편향은 어느 한쪽으로 기울어진 생각이다. 사람들은 자신의 가치관이나 경험에 따라 자기만의 개별화된 신념을 지니기 마련이다. 그리고 본능적으로 자신의 그 신념이 올바르다는 것을 확인받고 싶어 한다. 그래서 자신의 생각과 일치하는 정보와 상반되는 정보가 동시에 주어질 때 자기 생각을 옹호하는 의견을 더 믿게 되는 것이다. 흔히 '보고 싶은 것만 본다'는 심리적 상태다.

소셜미디어의 발달은 확증 편향을 더욱 강화시켰다. 고도화된 AI는 SNS에 산재된 개인의 정보를 취합해 내 입맛에 맞는 정보만으로 나만의 세상을 구축할 수도 있다. 그 왕국에서 정보의 진위나 객관성 따위는 의미를 상실한다. 검증되지 않은 주장이나 가짜뉴스라도 내 견해를 뒷받침한다면 가치를 지닌다.

권력자나 책임자가 확증 편향에 빠져 있을 경우 더 무서운 결과를 낳는다. 1941년 태평양 함대 총사령관은 일본이 진주만을 공습할 수 있다는 가능성을 여러 번이나 보고받았음에도 불구하고, 그것이 불가능하다는 확증 편향에 빠져 모든 경고를 무시했다. 결국 미국은 2천 명 이상의 사상자가 발생하는 큰 피해를 입었다.

확증 편향의 위력을 교묘하게 활용하는 것이 언론이다. 2016년 도널드 트럼프와 힐러리 클린턴의 대선 격돌에서 등장한 가짜뉴스는 대중의 확증 편향을 더욱 극대화했다. 언젠가부터 국민들의 정치적 견해가 분명하게 둘로 갈라지는 경향이 확산된 것도 선동적 언론과 대중의 확증 편향이 만난 결과물이라 할 수 있다.

기출문제

▸ SNS에서 정보 전달 규제에 대한 입장을 말해보시오. (2019 경희대학교)

▸ 확증 편향에 대하여 설명해보시오. (전남대학교)

▸ 학교에서 이루어지는 독서토론교육에 대해, 이러한 방식의 교육이 교사의 편향된 사고를 아이들에게 주입시킬 위험성이 있다는 주장도 나오고 있다. 이에 대한 입장은? (공주교육대학교)

〈한걸음 더〉
대입 논술 만점을 위한 개념어휘

■ 서사 : 줄거리가 있는 말이나 글을 의미한다. 시간의 흐름에 따라 변화하는 인물의 행동이 만드는 이야기의 줄거리가 서사다. 서사문학은 현실에 있을 법한 이야기를 작가의 상상력으로 창작한 소설, 희곡, 시나리오 등을 말한다. 인간에게는 이야기에 매료되는 본능이 있다. 《아라비안나이트》에서 셰에라자드의 목숨을 구한 것도 이야기에 이끌리는 인간의 본능이다. 서사적 요소는 문학뿐만 아니라 음악, 미술, 게임, 광고 등 다양한 장르에서 다양하게 활용되고 있다.

■ 언어유희 : 문자 그대로 말을 가지고 노는 것이다. 동음이의어(同音異義語)를 이용한 방법(바나나 먹으면 나한테 반하나?), 비슷한 발음의 각운을 이용하는 방법(리, 리, 리 자로 끝나는 말은? 괴나리 보따리 댑싸리 소쿠리 유리 항아리), 도치법으로 문장이나 단어의 앞뒤를 바꾸는 방법(닮은 살걀, 문 들어온다 바람 닫아라) 등이 있다. 단순한 음향적 재미를 주는 용도로 사용되기도 하지만, 날카로운 풍자와 기지를 표현하는 수사법이 되기도 한다.

■ 역설 : 언뜻 들으면 모순적으로 느껴지는 표현이지만, 한편으로는 어떤 진실을 담고 있는 독특한 표현이다. 수사법으로서의 역설은 양립 불가능해 보이는 두 단어를 함께 사용해 현상에 담긴 미묘한 진리를 부각하는 역할을 한다. 오류와 진실 간의 긴장감이 오히려 복합적인 상황을 더 정확하게 표현하는 것이다. '고독한 군중', '찬란한 슬픔의 봄', '살아 있는 죽음' 등이 그 예다.

■ 하드보일드 Hard-Boiled : 냉혹하고 비정한 현실에 대해 감상에 빠지지 않고 건조하고 간결하게 서술하는 기법이다. 문학이나 영화에서 냉정하고 폭력적인 세계를 묘사하되, 인물의 감정이나 도덕적 판단을 덧붙이지 않고 차갑고 무감각하게 표현하는 것이다. 하드보일드는 제1차 세계대전 때 미국 신병훈련소의 교관들을 부르던 별칭이었다. 이들이 입었던 뻣뻣하게 다림질한 제복을 하드보일드라 했다. 1930년 전후로 미국 문학에 등장했으며, 대표적인 작가는 헤밍웨이(Hemingway)다. 그의 하드보일드 작품들은 '비정한 문체'라고도 불렸다.

■ 인지 : 인식 행위와 관련된 과정을 의미한다. 즉 인간의 정신적 과정 중에서 감정이나 의지와 구별되는 의식적 과정 모두를 말한다. 인지 과정은 본질적으로 판단이며, 인간은 판단을 통해 어떤 대상을 이해하고 구별하며 새로움을 발견한다. 간단히 말해, 인지는 지식을 구성하는 모든 의식적 과정을 포함한다.

기출문제

▸ 언어는 왜 중요한가? (2019 건국대학교)
▸ 비주얼씽킹(Visual Thinking)의 정의는 무엇이며, 이에 대해 어떻게 생각하는가? (2019 건국대학교)

■ 고슴도치 딜레마 : 독일의 철학자 쇼펜하우어(Schopenhauer)의 에세이집에서 유래한 심리학 용어다. 추위를 피해 온기를 나누고자 서로에게 다가선 고슴도치들이 서로의 가시에 찔리는 바람에 멀리 떨어져 있을 수밖

에 없는 상황을 빗댄 것으로, 인간 본연의 독립성과 일체감에 대한 이중적 욕망을 나타낸다. 인간은 이기심을 전제로 한 내향적 고립주의를 지닌 한 편, 본능적으로 타인에 대한 연대감도 갈구한다. 쇼펜하우어의 영향을 받은 철학자 키르케고르(Kierkegaard)는 현대인들을 "동토에 버려진 가시 돋친 고슴도치와 같다"고 표현했다. 실제의 고슴도치들은 바늘이 없는 머리를 맞대고 온기를 나눈다고 한다.

■ 문화상대주의 : 사람들이 살아가는 사회적 환경이나 자연적 환경이 다르기에, 그들이 만들어낸 문화도 다를 수밖에 없음을 인정해야 한다는 의견이다. 1930년대 미국의 사회학자인 베네딕트(R. Benedict)와 허스코비츠(M. Herskovits)가 처음 제시한 이 주장은 이후 문화인류학의 기본 자세가 되었다. 한 사회의 문화는 그 사회에 속한 인간들이 생존하기 위해 적응하고 진화하며 축적된 사회 풍습이다. 그 사회에 속하지 않은 입장에서 자기 민족의 문화가 타민족의 것보다 우월하다는 생각에 빠져버리면 타민족의 문화를 미개한 것으로 배척하는 자문화중심주의에 빠지게 된다.

기출문제

▸ 문화상대주의적 관점의 단점은 무엇인가? (2019 동국대학교)
▸ 문화상대주의의 중요성을 본인이 지원한 학과와 관련지어 답변하시오. (2017 인하대학교)

■ 투키디데스 함정 Thucydides Trap : 투키디데스는 고대 그리스의 역사가로, 아테네와 스파르타의 전쟁을 다룬 《펠로폰네소스 전쟁사》를 썼다. 미

국의 정치학자인 그레이엄 앨리슨은 2017년의 저서 《예정된 전쟁》에서 기존의 패권 국가인 스파르타와 신생 강대국인 아테네의 충돌처럼, 미국과 중국의 세력 다툼은 피할 수 없는 것이라 주장했다. 그는 이런 필연적 상황을 '투키디데스의 함정'이라 명명했다. 세계 최강대국으로 군림해온 미국과, 급격히 미국을 추월하는 중국은 다양한 영역에서 주도권 다툼을 벌이고 있다. 지난 500년 역사상 이런 충돌은 16차례 발생했고, 중국과 미국은 이제 17번째 충돌을 눈앞에 둔 위태로운 상황이라는 것이 그의 분석이다.

기출문제

▸ 미중 무역 전쟁에 대해 어떻게 생각하는가? (2020 서울대학교)

▸ 미중 무역 분쟁이나 환율 전쟁에 대해 어떻게 생각하는가? (경북대학교)

■ **스노비즘** Snobbism : 스놉은 18세기까지 하층민을 뜻하던 영어 단어다. 산업혁명이 발생하자 영국의 스놉들에게 경제적 풍요가 찾아온다. 갑자기 생겨난 부에 힘입어 평민들은 스스로를 신사인 척, 학식이 많은 척, 부자인 척, 온갖 허세를 부리기 시작한다. 영국의 소설가 윌리엄 새커리가 1848년 《속물 열전》이라는 책에서 이들의 속물근성을 묘사하며 스노비즘이라는 말이 탄생했다. 한국인 최초로 오스카 연기상을 수상한 배우 윤여정은 수상 소감에서 영국인의 허식을 꼬집어 세계적으로 화제가 되었다.

〈확인 문제〉

대입 면접 합격을 위한 만점 전략

주제어를 학습한 후 다음의 질문에 대답해보자.

❶ 다음의 주제어 중에서 새롭게 익힌 단어를 골라 √표를 하자.

01 패러디		02 아포리즘		03 알레고리	
04 리비도		05 트라우마		06 방어기제	
07 나르시시즘		08 피그말리온 효과		09 스티그마 효과	
10 변증법		11 콤플렉스		12 카스트제도	
13 헬레니즘		14 밀라노칙령		15 카노사의 굴욕	
16 청교도혁명		17 분서갱유		18 매판자본	
19 문화대혁명		20 메이지유신		21 확증 편향	
22 서사		23 언어유희		24 역설	
25 하드보일드		26 인지		27 고슴도치 딜레마	
28 문화상대주의		29 투키디데스 함정		30 스노비즘	

❷ 가장 흥미 있는 주제어를 정한 후, 그 용어에 대한 정의와 관련된 확장 개념을 정리해보자.

❸ 수록된 <면접, 논술 기출 질문> 중 하나를 정해서, 면접관에게 답변한다고 가정하며 자신만의 논리를 전개해보자.

❹ 위의 주제어 중에서 과목별 에세이를 작성한다면 어떤 것을 선택할 것인가? 그 내용은?

2week

사회과학 계열에
꼭 필요한 어휘

인간이 만들어낸 도덕, 종교, 법, 정치, 경제 등 인간 사이에서 발생하는 사회적 현상과 인간의 행동을 탐구하는 학문 분야다. 사회과학은 자연과학처럼 과학적 방법을 사용하여 현상을 연구하는 경험과학에 속하지만, 그 연구 대상이 인간과 사회이기에 연구자의 가치관이 한층 더 중요하다.

▶ 관련 전공 학과

정치외교학, 사회학, 사회복지학, 노인복지학, 문화인류학, 심리학,

신문방송학, 언론정보학, 언론홍보학, 미디어학, 아동학, 아동복지학,

청소년지도학 등

▶ 나는 이 계열에 얼마나 어울리는 사람일까? 체크해보자.

☐ 사회 전반의 다양한 현상들에 관심이 많다.

☐ 뉴스나 기사 읽는 것을 좋아하고, 실제로 규칙적으로 읽는다.

☐ 이 세상에 어떤 일들이 벌어지는지 궁금하다.

☐ 뉴스나 책을 볼 때 보도되는 내용 이면에 어떤 진실이 숨어 있는지 의심
  스럽다.

☐ 새로운 사람을 만나는 것을 좋아한다.

☐ 논리적이라는 말을 많이 듣는다.

☐ 다른 사람들에게 내 생각을 설득력 있게 전달할 수 있다.

☐ 다양한 시각을 지닌 사람들과 토론하는 것을 좋아한다.

- □ 아노미
- □ 고독한 군중 ＊
- □ 유리천장 ＊
- □ 하우스 푸어 ＊
- □ 노블레스 오블리주 ＊
- □ 님비 현상·핌피 현상 ＊
- □ 코쿠닝
- □ 고령화사회
- □ 라마단
- □ 공동화현상·도넛현상 ＊
- □ 해비타트
- □ 하인리히 법칙
- □ 엠바고
- □ 골든타임
- □ 옐로저널리즘·황색언론 ＊
- □ 팟캐스팅 ＊
- □ 가짜뉴스 ＊
- □ 미디어 결정론 ＊
- □ 옴부즈맨
- □ 핵사찰 ＊
- □ NGO ＊
- □ 포퓰리즘 ＊
- □ 마키아벨리즘 ＊
- □ 레임덕
- □ 젠트리피케이션 ＊
- □ 거시·미시 ＊
- □ 다원주의 ＊
- □ 파시즘 ＊
- □ 이데올로기
- □ 제국주의
- □ 미디어 ＊
- □ 페미니즘 ＊
- □ PPL ＊
- □ DMB ＊
- □ DMZ
- □ EEZ
- □ 일국양제 ＊
- □ 뉴미디어 ＊
- □ 제노포비아 ＊
- □ 비건 패션 ＊
- □ 성인지 감수성 ＊
- □ 네카시즘 ＊
- □ 뉴트로

01 아노미 Anomie

▶ 정의 : 사회 구성원들이 간직해왔던 규범이나 가치관이 주변 환경의 변화로 더 이상 의미 없어지면서 자기 통제력을 잃는 현상.

타임슬립(time slip) 드라마가 유행이다. 주인공이 불현듯 과거나 미래의 시공간에 떨어지고, 그들이 낯선 환경에서 만들어내는 해프닝이 시청자의 흥미를 자아낸다. 인물들이 당황하는 이유는 현재와는 다른 거리 풍경 때문만은 아니다. 드라마의 재미는 낯선 시대의 윤리에 적응하지 못하는 주인공이 여기저기에서 좌충우돌하며 느끼는 심리적 갈등에서 유발된다. 잘 나가던 커리어우먼이 조선 시대로 돌아가 남존여비 사상을 강요받는다거나, 왕족이나 귀족으로 살던 인물이 현대의 백수가 되어 된통 무시당한다거나 하는 설정은 그것만으로도 이미 엄청난 혼란을 장전하고 있다. 도대체 이 세계에서는 어떻게 생각하고 행동하는 게 정상인지 파악되기 전까지는 아무것도 할 수 없는 것이다.

이처럼 한 사람이 어떤 사회에 적응하고 평온하게 살아가기 위해서는 그 사회에 정착된 윤리와 규범이 마음속에 자연스레 자리 잡고 있어야 한다. 아노미는 그 규범이 사라진 상태, 즉 무규범 상태를 말한다. 'Anomie'의 'a'는 '없다', 'Nomie'는 '규범'을 의미한다. '무법, 무질서'를 뜻하는 그리스어에서 유래했다. 정리하면 아노미 현상은 규범이 없는 상태다. 규범이란 한 사회에서 인간이 행동하거나 판단할 때 마땅히 따르고 지켜야 할 기준으로 관습, 도덕, 법 등이 여기에 속한다. 프랑스 사회학자 뒤르켐(Emile Durkheim)은 아노미를 '급격한 사회 변동으로 인해 그전까지의 규범이 흔들리고 새로운 규범이 확립되지 않아 혼란한 상태'로 정의했다.

사람이 아노미 상태에 빠지면 어떤 일이 벌어질까? 옳은 일과 옳지 않은 일에 대한 판단을 내리지 못해 혼란스러워진다. 이것은 굉장히 심각한 일이다. 규범은 공기 중의 산소처럼 한 사람이 그 사회에 평온하게 적응할 수 있도록 가치관의 산소와 같은 역할을 하기 때문이다. 가치관이 무너지면 인간은 삶의 목적을 상실하고 공허함이나 절망을 경험하며, 무기력과 자포자기가 지속되다가 심하면 자살을 감행하기도 한다.

모든 것이 빠르게 변해가는 현대사회에서는 기존의 사회규범도 급속도로 붕괴한다. 앞선 규범이 무너지면 새로운 시대에 맞는 규범이나 철학이 확립되어야 하는데, 외부의 변화 양상과 비교하면 인간 내면의 규율들은 그 속도를 따라잡기 어렵다. 그러다 보면 아무런 규범이 없는 상태, 즉 아노미 상태에 빠지는 것이다.

급격히 몸집을 불린 거대도시에서는 다양하고 강력한 범죄들이 발생하고, 예전의 공동체적 사회에서 경험할 수 없었던 인간소외 문제가 심화하기도 한다. 굳건하던 신념들은 무너지고 조금씩 규범이 해체된다. 가령, 돈만 벌 수 있다면 무슨 짓을 해도 괜찮다거나, 능력이 없는 것이 문제지 능력만 있다면 갑질이든 원조교제든 뭐라도 하고 싶다든가 하는 생각 등이 그런 것이다. 옳고 그름을 판단할 수 있는 윤리적 기준을 상실했기 때문에, 결국 욕망을 이룰 수 있다면 어떤 방법이든 상관하지 않게 되어버린다.

02 고독한 군중 The Lonely Crowd

▶ 정의 : 미국의 사회학자 리스먼(Riesman, D.)이 지은 책 속의 개념. 외관상의 사교성과는 달리 내면적 고립감에 번민하는 산업사회 대중의 심리.

미국의 사회학자 데이비드 리스먼(David Riesman)이 1950년에 쓴 책의 제목이지만, 점차 현대사회의 현상을 표현하는 용어로 널리 사용되었다. 리스먼이 파악한 현대사회의 한 특징은 '고독'과 '군중'이라는, 얼핏 공존하기 어려운 속성을 지닌 기묘한 존재가 등장한 것이다. 이 책에서 리스먼은 현대인이 지닌 '외부 지향성'이라는 특징에 주목한다. 현대인은 이전 시대 사람들에 비해 타인의 생각과 관심사에 지나치게 촉각을 곤두세우고 살아간다. 다른 사람들이 어떻게 살고 무엇을 좋아하는지를 예민하게 관찰하며, 그들보다 뒤떨어지지 않기 위해 노력한다. 그러다 보니 자신만의 고유한 내면세계는 갈수록 황폐해지고 점점 고독감이 밀려온다. 서로

닮아 비슷한 모습을 한 군중이 탄생하지만, 정작 개인은 모두 고독한 것이다.

1950년대 미국 사회의 모습에서 시작된 통찰이지만, 무려 70년이 지난 현재 우리의 모습과도 매우 닮았다. 몇 년 전부터 급속도로 유행하게 된 SNS(사회관계망 서비스)를 통해 현대인은 그전 시대에서는 상상할 수 없을 만큼 많은 '친구'들과 관계를 맺게 되었다. 아침에 눈을 뜨는 순간부터 우리의 일상은 수많은 친구들과 '공유'되며 촘촘한 인간관계의 그물망에 얽힌다. 원하지 않아도 나를 바라보는 타인의 시선을 의식하지 않을 수 없게 되었으며, 세상 사람들이 서로를 어떤 식으로 비판하거나 칭송하는지 실시간으로 확인할 수 있는 시공간에 놓이게 된 것이다. 만나본 적도 없는 수천 명의 SNS 친구들이 내 일상의 사소한 행복에 축복과 부러움을 남발한다.

이제 현대인은 타인의 시선을 의식하는 수준을 넘어 타인의 시선에 비친 내 모습이 자기 삶의 대부분을 차지하게 되는 기형적 상태에 도달했다. 진지하고 솔직한 내면을 나누는 경험이 사라지고, 부러움을 유발하기에 적당한, 허세 가득한 일상이 탄생한다. 현실의 진짜 자기와 SNS 속의 가짜 자신이 분리되면서 사람들은 그 간격만큼 황폐한 고독을 느낀다. 진정한 군중 속의 고독인 것이다.

기출문제

▶ 집단지성과 군중심리에 대해 설명해보시오. (2020 서울대학교)

03 유리천장 Glass Ceiling

▶ 정의 : 주로 여성의 고위직 진출을 가로막는, 보이지 않는 장벽.

"軍(군) 유리천장 깼다, 여성 '투스타' 탄생."

2019년 11월, 육해공군을 통틀어 여군 최초의 투스타 장군이 탄생했다는 보도가 발표되었다. 육군 항공작전사령관에 처음으로 여성 사령관이 취임한 것이다. 같은 기간 현대의 직장인을 대상으로 한 여론조사에 따르면, '회사에 유리천장이 존재한다'고 느끼는 사람이 전체의 3/4이 넘는다는 결과가 나왔다. 도대체 유리천장이란 무엇일까?

유리천장이라는 말은 1970년대 미국의 한 일간지에서 **'보이지 않는 차별로 인해 여성이 직장에서 승진하지 못하는 현상'**을 표현하기 위해 처음으로 사용되었다. 겉으로 보기에는 평등한 것 같지만, 눈에 보이지 않는 천장이 가로막혀 있는 것처럼 여성은 사회에서 더 높은 지위로 올라가기 어렵다는 것을 비유적으로 표현한 말이다.

이 말이 처음 등장한 이후 50여 년이 흘러, 이제는 여성의 사회 기여도나 교육 수준이 현저히 높아졌다. 하지만 우리 사회에 가로막힌 유리천장은 아직 깨지지 않고 여전히 공고하다. 2018년 2월 20일, '유리천장방지법'이 국회 본회의를 통과했다. 이 법안은 여성이 승진이나 인사이동 등 인사상의 처우에서 남성에 비교하여 차별되는 일 없이, 그 능력을 정당하게 평가받을 수 있도록 국가기관과 기업이 모두 노력해야 한다는 것을 주된 골자로 한다.

조직에서 중요한 역할은 남성에게 주어지고, 인사평가에서는 남성들에게만 좋은 평가가 돌아가며, 그 결과 여성은 승진에서 누락되고, 고위직은 남성들이 독식하는 현실이 아직도 만연하다. 실제로 국내 기업의 임원 중 여성의 비율은 1.9%로 우리나라의 유리천장은 선진국보다 정도가 심한 편이다. 실제 우리나라는 〈이코노미스트〉에서 발표한 'OECD 국가별 유리천장 지수'에서 매년 꼴찌를 할 정도로 사회적 성차별 문제가 심각하며, 양성평등 문화에 대한 인식도 낮다.

　차별은 단지 여성에게 국한된 것이 아니라 인종, 장애, 사회적 소수자 등 다양한 대상에게 또 다른 유리천장을 드리우고 있다. 차별이라는 것은 차별당하는 사람이 개인적으로 노력하면 극복할 수 있는 차원의 문제가 아니다. 불합리한 차별은 여러 원인과 현상이 중첩되어 발생하는 사회구조적 난제다. 사회적 모순을 개개인의 귀책(歸責)으로 몰아갈 때, 각자의 주관적 경험에 입각한 폭로전이 과열되고, 결국 문제의 본질에서 벗어난 대결과 혐오의 정서가 사회에 만연된다. 성숙한 사회로 진보하기 위해 불합리한 악습들은 어쨌거나 조금씩이라도 개선되어야 마땅하다. 이는 구성원들의 인식과 국가 차원의 제도가 함께 변화되어야 이룰 수 있는 소망이다.

▸ 여성할당제의 의의와 한계에 대해 말해보시오. (2020 연세대학교)

▸ 체육계에는 여성 지도자가 적다. 어째서라고 생각하는가? (2019 경희대학교)

▸ 언어에서의 여성 차별이란 무엇이라고 생각하는가? (2019 중앙대학교)

▸ 기능론과 갈등론의 차원에서 유리천장 문제를 비판하시오. (홍익대학교)

04 하우스 푸어 House Poor

▶ 정의 : '비싼 집에 사는 가난한 사람들'이란 뜻으로 최근 서울과 수도권을 중심으로 무리하게 대출을 받아서 집을 샀다가 대출이자와 빚에 짓눌려 힘겹게 살고 있는 사람들을 말함.

무리하게 빚을 내서 집을 샀지만, 이자를 감당할 만큼 소득이 넉넉하지 못해 가계를 유지하기 어려운 사람들을 뜻하는 신조어다. 부동산 가격이 오르는 분위기에 편승해서 대출금의 이자비용이 구매한 집값의 상승액보다 적을 것으로 계산해 무리해서 집을 매입했지만 소득으로 대출이자를 감당하지 못하거나, 예상보다 대출금리가 인상되거나 주택 가격이 하락하는 경우에 내 집은 보유하고 있지만 빈곤층으로 전락하게 된다.

가령, 자기자본 2억이 있고 2억을 은행에서 대출받아 4억짜리 아파트를 사들였다고 가정하자. 집을 사고 났더니 연달아 오르던 집값의 거품이 꺼지고 아파트 가격이 3억 원으로 떨어져버렸다. 애당초 계획은 일정 기간 대출이자를 갚으면서 버티면 그동안 집값이 오르고, 그 상승액은 지급한 이자비용보다 월등히 높아 집을 되팔아서 대출원금과 이자를 갚고도 시세차액을 챙길 수 있을 거라는 계산이었다. 하지만 기대와 달리 집값이 하락했고, 대출이자를 감당하기 어려워 집을 되팔아 빚을 갚고 싶어도 남는 돈이 원래 갖고 있던 자본보다 적어지기에 이러지도 저러지도 못한 채 생활이 점점 어려워지는 것이다.

집값이 내려가지 않더라도 현재 소득의 상당액을 이자비용에 지출하면 실질적 삶의 질은 집을 구매하기 이전보다 하락하기 마련이다. 그럴 경우, 비록 내 집을 보유하고는 있지만 삶의 질은 집이 없던 시절보다 더 빈곤해져 하우스 푸어가 된다. 치솟는 전셋값을 감당하느라 여유 없이 사는 사람들은 하우스 푸어와 대비되는 의미에서 '렌트 푸어(Lent Poor)'라 한다.

기출문제

▸ 우리나라의 부동산 정책이 반복적으로 실패하는 이유는 무엇이라고 생각하는가? (중앙대학교)

▸ 일본 부동산 거품의 원인은 무엇인가? (서울대학교)

05 노블레스 오블리주 Noblesse Oblige

▶ 정의 : 높은 사회적 신분에 상응하는 도덕적 의무.

프랑스어인 노블레스 오블리주는 '귀족의 의무'라 번역할 수 있다. 사회적 지위가 높은 사람들은 그에 따른 권리와 혜택만 챙길 것이 아니라 사회 지도층으로서 의무를 다하고, 다른 계층보다 더 높은 공익의 자세를 보이라는 것이다. 초기 로마 시대에 왕과 귀족들은 다른 이들보다 더 투철한 도덕성을 지니고 솔선수범하는 것이 귀족의 품격이라 여겼다.

사회적으로 명성이 높으면서 동시에 희생과 헌신으로 역사에 위대한 자취를 남긴 위인들은 노블레스 오블리주를 실천한 이들이라 할 수 있다. 국가에 전쟁이 발발하자 제일 먼저 참전했던 기득권 계층의 행동이나, 막대한 사적 재산을 사회에 환원하는 기업가의 기부 행위 등이 현대의 대표적 노블레스 오블리주다. 최근 대기업 총수들이 실천하고 있는 기업의 '재능 기부' 역시 그 일례라 할 수 있다. 마이크로소프트 창업주인 빌 게이츠(Bill Gates), 버크셔 해서웨이 회장인 워런 버핏(Warren Buffett)은 전 재산의 99% 이상을 기부하겠다고 선언했다.

14세기 영국과 프랑스가 싸웠던 백년전쟁 당시 프랑스의 칼레 지역은 결국 영국군에 패배해 항복하기에 이른다. 영국군은 항복한 칼레의 시민들을 학살하지 않는 대가로, 전쟁에 대한 책임을 지고 처형될 사람 6명을 스스로 정해 내놓으라고 요구한다. 모두가 두려움에 머뭇거릴 때, 칼레에서 가장 부유한 부자가 칼레의 시민들을 위해 자신의 목숨을 내놓는다. 뒤를 이어 법률가, 상인, 시장, 금융인, 학자들이 희생을 자처한다. 모두 칼레에서 명망 있는 귀족들이었다. 이들의 용기에 감동한 영국 국왕은 결국 이들의 목숨을 살려주었다. 로댕은 이들의 헌신을 기념해 '칼레의 시민들'이라는 조각상을 남겼다. 칼레의 시민들은 노블레스 오블리주의 상징으로 후대까지 기억되고 있다.

기출문제

▸ 최근 사회적 양극화, 다문화, 여성 비하 문제 등 사회적 약자에 대한 배려와 공동체 의식이 중요해지고 있다. 사회적 약자 배려의 의미는 무엇이며, 이는 어떻게 이루어질 수 있는가? (2017 성신여자대학교)

06 님비 NIMBY 현상·
핌피 PIMFY 현상

▶ 님비 정의 : 공의 이익에는 부합하지만 자신이 사는 지역에 이롭지 않은 일을 반대하는 이기적인 행동.
▶ 핌피 정의 : 수익성이 있는 사업을 내가 사는 지방에 유치하겠다는 행동으로, 일종의 지역이기주의 현상.

서울 강서구에 있는 서진학교는 장애아동을 위한 특수학교다. 설립 허가 문제를 두고 지역주민들의 거센 항의가 빗발쳐, 2017년 9월에는 장애아동 학부모들이 지역주민들에게 무릎을 꿇고 눈물로 호소해서 화제가 되었다. 그런데도 주민들은 지속해서 민원을 넣어, 개교가 몇 차례나 연기되었다. 서진학교는 아직 문을 열지 못했다.

님비 현상은 '사회적으로 꼭 필요한 시설이라는 것은 알지만, 그것이 내 집 주변에 설치되는 것은 안 된다'는 이기적인 행동이다. NIMBY는 'Not In My Back Yard'의 앞글자를 땄다. 방사능 폐기장, 송전탑, 군부대, 유류 저장고, 쓰레기 소각장, 납골당, 화장터, 정신병원, 노인요양원, 보육원, 교도소, 구치소 등과 같이 위험시설이나 혐오시설로 분류되는 사회 공익 시설을 서로 다른 지방으로 떠넘기려 하는 현상이다. 이로 인해 지역 간에 갈등이 생기기도 하

고, 지역 대표로 선출된 단체장이 지탄을 받기도 한다.

님비 현상은 기피하는 시설이 개설됨으로 인해 환경이 오염되거나, 주민의 건강이 훼손되거나, 부동산 가치가 하락하거나, 지역 발전이 후퇴하거나 하는 것들에 대한 우려 때문에 발생한다. 누구나 그 시설의 수혜자가 될 수 있기에 필요하다는 것은 인정하지만, 그것이 내 집 근처에는 생기면 안 된다는 것이다. 가령, 어린이집이 부족하니 공립 어린이집을 설립해달라며 몇 년에 걸쳐 민원을 넣었던 주민들이, 막상 그 시설이 자신의 집 근처에 들어서기로 결정되자 이번에는 소음과 차량 운행 등의 이유로 개설 반대의 민원을 넣은 사례도 있었다.

반대로 핌피(PIMFY)는 'Please In My Front Yard'의 앞글자로, '제발 우리 집 앞마당에 해주세요'라는 의미다. 지하철, 도서관, 시청, 관공서 등 주민들의 삶에 도움이 되고, 지역경제가 살아나는 시설들을 다른 지역이 아니라 우리 동네에 설립해달라고 요청하는 것이다. 때로 막대한 경제적 이득을 기대할 수 있는 신공항 등의 시설을 유치하기 위해 경쟁하고 있는 지역들 사이에 갈등과 분열이 극단적으로 치닫는 일도 벌어진다.

님비와 핌피는 포퓰리즘(Populism)에 영합하려는 정치가가 유권자의 호감을 얻기 위해 공약으로 이용하기도 하고, 때로는 이미 부와 권력을 가진 측에 더 유리한 쪽으로 실현되기도 한다. 님비 시설들이 대체로 땅값이 싼 시골이나 낙후된 곳에 세워지는 일이 빈번한 것도 이러한 경향을 시사한다. 이를 극복하기 위해서는 위험 시설에 대한 안전성과 친환경성을 확보하고, 기피 시설과 선호 시설을 결합해 주민들이 합리적으로 수용할 수 있는 대안을 마련하는 것이 필요하다.

기출문제

▸ 제주도 영리 병원 설치를 둘러싼 사회 갈등 문제에 대한 본인의 생각은 어떠한가? (2020 서울대학교)

▸ 공동주택에서 애완동물을 키우는 것에 대한 찬반을 말해보시오. (2020 성결대학교)

▸ 노키즈존에 대해 어떻게 생각하는가? (2020 공주교육대학교)

▸ 서울시에서 특수학교 설립에 대한 논란이 많이 있었는데, 이런 문제가 왜 생겨나는가? 이를 해결하기 위한 방안은? (2018 건양대학교)

07 코쿠닝 Cocooning

▶ 정의 : 누에가 고치를 짓는 것과 같이, 현대인들이 위험한 외부 세상에서 달아나 집이나 교회 같은 안전한 장소로 피신하는 사회현상.

미국의 유명한 트렌드 연구가이자 미래학자인 페이스 팝콘(Faith Popcorn)은 저서 《클릭! 미래 속으로(Clicking)》에서 현대인의 은둔 경향을 '코쿠닝'이라 명명했다. 코쿠닝은 '누에고치'를 뜻하는 단어다. 현대인들이 세상과 단절하고 자신만의 공간 속에 머물고 싶어 하는 모습이 누에고치를 닮았다고 해서 붙여진 이름이다.

코쿠닝 현상은 외부의 위험에서 자신을 보호하기 위해 될 수 있는 한 외출을 줄이고, 집 안에서 생활하면서 안락한 환경을 만드는 것에만 관심을 집중하는 경향을 말한다. 미국 언론에서는 2001년 9·11 테러를 겪은 이후 미국 사회에서 이러한 현상이 심화됐다는 분석을 내놓았다. 전쟁의 한복판이 아님에도 극단적인 재앙이 언제든 일상을 덮칠 수 있다는 것을 목격한 후 사람들은 안락한 가정의 소중함에 대해 다시 한 번 절감하게 된 것이다. '외부 세계는 복잡하고 불안정하며, 예측할 수 없고, 자신의 힘으로 통제하기 어렵다'는 생각과, '익숙하고, 편안하며, 자신의 의지로 가꿀 수 있는 가정에 은둔하면 이처럼 상시 노출된 외부 위험에서 벗어날 수 있다'는 생각이 코쿠닝 현상을 일으켰다고 할 수 있다.

현대인들의 코쿠닝 현상이 확대되면서 이를 위한 산업도 특화되고 활성화되는 경향이 두드러졌다. 패밀리 레스토랑, 가족 여행,

역시 이불 밖은 위험해!

가정용 인테리어 용품 등과 관련된 소비가 성장한 것도 이러한 추세와 관련이 깊다. 양초, 방향제, 아로마테라피, 허브 등 가정을 편안하고 안락한 곳으로 꾸미는 상품을 주로 판매하는 한 업체는 코쿠닝 현상의 확대와 함께 급격하게 사세를 확장했다.

최근에는 집 안에 최첨단 디지털 환경을 조성하고, 가정 내에서 업무와 문화생활까지 해결하는 디지털 코쿠닝도 늘어나고 있다. 디지털 기술의 발전에 따라 이제는 더 이상 시끄러운 쇼핑센터나 공연장, 영화관에 가지 않아도 집 안에서 모든 것을 누릴 수 있는 세상이 된 것이다.

08 고령화사회

▶ 정의 : 의학 기술의 발달과 식생활의 향상 등으로 평균수명이 늘어남에 따라 총인구에서 65세 이상인 고령자의 인구 비율이 점차 높아지는 사회.

대한민국은 현재 OECD 국가 중 유일하게 합계출산율이 1명 미만인 초저출산 국가가 되었다. 우리나라의 출산율은 0.98%로, 이는 여성 한 명이 아이를 한 명도 채 낳지 않는다는 의미다. 고령화 진행 속도도 빨라, 이런 추세가 계속된다면 2025년에는 초고령화사회로 진입하게 될 전망이다.

총인구에서 65세 이상의 인구가 차지하는 비율이 7% 이상인 사회를 고령화사회라 한다. 출산율은 줄어들고 의학 기술의 발달로 평균수명이 연장되면서 사회는 점점 노인이 많아지는 나라로 변해가고 있다. 총인구 중 65세 이상 인구의 비율에 따라 고령화사회(7%) → 고령사회(14%) → 초고령사회(20%) 순으로 구분된다. 우리나라를 포함해 유럽이나 일본 등 선진국에서 고령화 추세가 뚜렷하다.

고령화는 그저 국가에 노인 인구가 많다는 통계적 숫자만 의미하지 않는다. 고령화는 그 나라의 미래를 책임질 생산연령 인구가 줄어들어 국가의 지속 가능한 성장 잠재력이 감소하는 심각한 현상이다. 인생에서 돈을 벌 수 있는 시기는 한정되어 있지만, 돈을 쓰는 시기는 영원하기 때문이다. 국가적 차원에서 보면 연금이나 의료비 등 노령인구에 대한 대책을 마련해야 하기에, 부족한 청년층의 노동으로 막대한 노년 인구의 부양을 책임져야 하는 사회적 부담을 짊어지게 된다. 이에 따라 경제성장의 에너지는 침체하고 한편으로는 인구의 다수를 차지하는 노인들의 빈곤, 소외, 질병 등의 문제가 사회의 해결과제로 떠오른다.

정부는 2019년 4월, 범정부 차원의 '인구정책 TF'를 구성해 인구 문제 해결을 위한 정책적 대응 전략 및 방안을 모색하기 시작했다. 출산 장려 정책, 노인들의 경제활동 기간을 연장하는 정년 연장 방안, 노인 일자리 창출, 외국인 노동자 유입 등 다양한 측면에서 대안을 찾고 있다. 그러나 고령화사회로의 변화는 장기간에 걸쳐 여러 가지 복합적 원인이 누적되어 발생한 흐름이기에 겉으로 드러나는 한두 가지 정책으로는 쉽게 해답을 찾을 수 없는 난제라 할 수 있다.

‣ 고령화 대비를 위한 정책을 제시하고, 그러한 정책을 시행했을 때 이익을 보는 기업과 불이익을 보는 기업에 대해 말해보시오. (서울시립대학교)

‣ 세대 간 정보 격차를 해소할 수 있는 방안을 말해보시오. (인천대학교)

09 라마단 Ramadan

▶ 정의 : 이슬람력의 아홉 번째 달로, 한 달간 단식과 재계(齋戒)를 하는 이슬람 국가의 명절.

이슬람교의 선지자인 마호메트가 알라신으로부터 《코란》을 받은 것은 이슬람력으로 아홉 번째 달의 어느 날이었다. '신성한 권능의 밤'이라고도 하는 그날을 기념하기 위해 이슬람 신도들은 특별한 한 달을 보내는데, 이것이 라마단이다. 서기 632년부터 시작되었다. 이슬람 지역은 과거 우리나라처럼 음력을 사용하기에 라마단의 시작은 매년 조금씩 달라진다. 각각의 이슬람 국가가 육안으로 초승달을 관찰해 라마단이 시작되었음을 선포한다.

라마단이 시작되면 이슬람 신도(무슬림)들은 기도와 금욕의 영적인 시간을 보내게 된다. 그들은 매일 다섯 번의 기도를 드리며 코란을 통독한다. 해가 떠 있는 시간 동안은 음식뿐 아니라 음료, 흡연, 성행위 등도 모두 금지된다. 해가 지고 나서야 물이나 대추야자 같은 간단한 음식으로 첫 번째 식사를 한다. 이러한 금욕 기간이 끝나면 축제가 이어져 이웃과 가족끼리 음식과 선물을 주고받는다.

라마단이라는 말은 아랍어로 '타는 듯한 더위와 건조함'을 뜻한다. 이 말은 금식으로 인한 신체의 타는 듯한 갈증과 고통의 의미를 담고 있다. 혹은 라마단 기간 동안 무슬림의 마음이 알라의 말씀으로 뜨거워지는 것을 뜻한다는 의견도 있다. 금식은 단지 배고픔을 감내하는 의무 차원에서 머무는 것이 아니라, 이를 통해 가난하고 힘겨운 사람들의 고통을 함께 나눈다는 의의도 있다. 이 기간 동안 무슬림들은 영적으로 충만해져 서로 다툼이 줄고 평화의 국면에 접어드는 것이 전통이었다.

전 세계 인구의 약 20%를 차지하는 12억의 무슬림은 라마단 동안 함께 금욕과 기도를 실천하면서 자신들의 죄를 빌고, 가난한 사람들과 삶을 나누며, 다가올 천국을 소망한다. 이렇듯 강한 훈련과 공동체 정신의 강조로 무슬림은 다른 어느 종교인들보다 굳은 결속력을 지니게 됐는지도 모른다.

그런데 최근 세계 주요 지역에서 '라마단 테러'가 기승을 부리고 있다. 라마단 기간에 순교하면 알라의 축복을 받는다는 이슬람 교리에 따라, 이 기간에는 이교도를 테러해도 괜찮다는 잘못된 믿음이 범죄를 정당화하고 있다. 대다수의 무슬림은 인내와 내적 평화를 강조하는 라마단 기간에 오히려 테러의 공포가 늘어나는 상황에 대해 탄식하고 있다.

10 공동화현상·도넛현상

▶ 정의 : 도심에 상주하는 인구가 감소해서 도심 한가운데 거주지가 도넛처럼 텅 비게 되는 현상.

　1960년대 중반까지만 해도 중구와 종로구 같은 서울 중심부에는 서울 전체 인구의 10% 이상이 거주했다. 하지만 현재 이곳을 주거지로 삼고 있는 인구는 현저하게 줄어 고작 1% 내외에 불과하다. 반면 이곳에서 낮 동안 경제활동을 하는 사람 수는 예전보다 월등하게 증가했다. 서울의 명동은 1950년대 도시재개발로 인해 고층 빌딩이 건축되고 금융 시설, 백화점, 고급 상점들이 들어서면서 서울을 대표하는 쇼핑 관광지로 변모했다. 도시가 변해감에 따라 명동을 거주지로 삼는 인구는 점점 줄어들었고, 대신 그 자리에 다양한 서비스업이 발달했다.

　이처럼 주간에는 도심을 직장으로 삼는 사람들이 모였다가, 야간에는 사람들이 도시 주변을 둘러싼 주거지역으로 귀가해 도시가 텅 비는 현상을 공동화현상이라 한다. 야간에 사람들이 빠져나가 도시 중심이 텅 빈 모습이 마치 도넛을 닮았다고 해서 도넛현상이라고도 한다. 주로 대도시 핵심 지구에서 많이 벌어진다.

　공동화현상이 벌어지는 가장 기본적인 이유는 집값 때문이다. 도시 중심부의 집값은 외곽보다 몇 배나 비싼 것이 일반적이다. 교통이 발달하여 거주지에서 직장까지 출퇴근이 가능해진 것도 공동화현상이 가속화된 원인 중 하나다. 노선을 확장하고 있는 지하철이나 광역버스, 신도시를 지나는 외곽순환도로의 개통 등 수도

권과 도심을 잇는 교통 편의성은 나날이 증가하고 있다.

공동화현상은 도시 주변에 여러 변화를 초래했다. 상주인구가 감소한 종로 등 일부 지역에서는 4개 동의 동사무소가 통합되었고, 학급당 학생 수가 감소해 학교가 아예 다른 지역으로 이전하는 일도 생겨났다. 출퇴근 시간에는 막대한 인구 이동이 발생해서 엄청난 교통 체증이 벌어지기도 한다. 출퇴근 시간 도시 주변의 병목현상은 사회 전체의 생산성과 효율성에 지장을 줄 만큼 심각한 도시문제로 부각되어 있는 형편이다.

기출문제

▸ 우리나라는 수도권에 자원과 인력이 집중되어 있다. 이 현상의 원인과 문제점을 말한 뒤 해결 방안을 설명해보시오. (강원대 삼척캠퍼스)

11 해비타트 Habitat

▶ 정의 : 사회봉사 활동의 하나로서, 자원봉사자들이 직접 집을 지어 무주택 서민에게 제공하는 운동.

미국의 변호사였던 밀러드 풀러(Millard Fuller)는 가난한 집안에서 태어나 벤처 사업으로 자수성가를 이루어 겨우 29세의 나이에 백만장자 반열에 오르게 된다. 오로지 부자가 되는 일에만 몰두하며 돈을 모으던 중 갑자기 아내가 별거를 요구한다. 아내는, 이기적 욕망에 사로잡혀 봉사와 헌신 없이 살아가는 그의 삶은 아무런 의미가 없다고 선언한다. 밀러드는 아내의 말에 큰 충격을 받고 이후 삶의 방식을 전격 전환한다. 무엇인가 가치 있는 삶을 찾기 시작한 것이다.

이후 밀러드 부부는 자신들이 살아갈 집만 남긴 채 전 재산을 기부한다. 더 나아가 가난한 사람들에게 집을 지어주는 국제 자선단체인 해비타트를 설립한다. 해비타트는 '보금자리'를 뜻하는 말이다. 1973년 아프리카 자이르에서 시작한 해비타트 운동은 활동이 장기적으로 이어질 수 있는 시스템을 구축하며 점차 세계적으로 확산한다. 무작정 공짜 집을 제공하는 방식으로는 한계가 있기에 지속 가능한 활동 방식을 모색하기 시작한 것이다.

일단 공짜 집에 입주하게 될 가정은 집을 짓는 공사에 500시간 이상을 의무적으로 참여해야 하고, 최소한의 건축비를 15년 정도의 장기간에 걸쳐 무이자로 갚아야 한다. 집짓기의 전 과정은 설계에서 막일까지 모두 자원봉사를 통해 이루어지며, 건축에 필요한 각종 설비도 기업의 지원을 받는다. 입주한 가정에서 지급한 건축비는 또 다른 가정의 집짓기를 위한 기초 자본으로 사용되며, 이러한 활동은 꼬리를 물고 연속된다.

해비타트는 사람들에게 '모든 인류가 인간 이하의 삶을 살아가는 것을 용납할 수 없다'는 인류애를 전달한다. 전 세계 90여 국가에서 활동하고 있는 해비타트는 2016년까지 180만 채 이상의 집을 세웠으며 이를 통해 약 980만 명의 사람들이 새로운 희망을 얻었다. 한국해비타트는 1990년대 초에 조직되어 1995년 '사단법인 한국사랑의집짓기운동연합회'라는 이름으로 법인화되었고, 2010년 '사단법인 한국해비타트'로 법인명이 변경되었다.

12 하인리히 법칙 Heinrich's Law

▶ 정의 : 큰 사고나 재해가 발생하기 전에는 반드시 그와 관련한 경미한 사고와 징후들이 여럿 존재한다는 법칙.

1994년 성수대교 붕괴, 1995년 삼풍백화점 붕괴, 2008년 이천 냉동창고 화재, 2014년 세월호 사건, 2019년 강원도 화재……. 대한민국 국민의 기억에 남을 큰 참사들이다.

이러한 사건이 터지고 나면 언론에서는 사건 원인에 대한 전문가들의 이러저러한 분석을 내놓는다. 그리고 한편으로는 안타까움과 탄식과 슬픔이 교차하며 사람들의 머릿속에 한 가지 의문이 남는다. '미리 막을 수는 없었을까?'

1920년대 미국의 한 보험사에서 근무하던 허버트 윌리엄 하인리히(Herbert William Heinrich)도 이와 비슷한 의문을 품었다. 그는 대략 7만 5천 건의 산업재해를 분석한 결과, 한 가지 법칙을 발견한다. '1:29:300법칙'으로 불리는 하인리히 법칙이다.

하인리히가 분석한 바에 의하면, 큰 재해가 발생하기 전에는 그와 관련된 사고나 징후가 반드시 선행된다. 큰 재해 하나가 생겨나기 전에, 작은 재해는 대략 29회, 그보다 더 사소한 문제들은 300회나 생겨난다는 것이다. 가령, 사고로 한 명이 목숨을 잃었다면 그전에 비슷한 이유로 다친 사람이 29명쯤 존재하고, 자잘한 부상을 입은 사람은 300명이나 된다는 의미다. 거꾸로 말하면, 사소한 문제를 대수롭지 않게 여기고 방치하면 그것이 누적되어 상상하기 어려운 끔찍한 재앙을 몰고 온다고 할 수 있다. 항상 재해가 발생할 위험이 도사리고 있는 산업현장에서 하인리히의 법칙은 더욱 시사하는 바가 크다.

실제로 삼풍백화점이 무너지기 전에 크고 작은 숱한 문제들이 붕괴를 예고했다고 한다. 설계 허가에서 공사 과정에 이르기까지 비리와 편법으로 점철되었던 삼풍백화점은 사고가 발생하기 1년 전부터 곳곳에서 균열이 발견되었고, 추락을 경고하는 징후들도 있었다. 직원들의 신고가 빗발쳐도 경영진은 영업을 중단하지 않았고, 결국 역사에 길이 남을 끔찍한 재앙이 벌어지고 말았다.

하인리히 법칙은 비단 산업현장에만 국한되지 않는다. 이 법칙은 개인의 일상에서도 의미심장하다. 우리는 주변에서 사소하게 여기고 간과한 과오들이 누적되어 어느 순간 삶의 중요한 것들을 망쳐버리는 불행으로 되돌아오는 경우를 쉽게 만날 수 있다. 지독히 운이 나빴다고 치부해버리는 큰 불행들이, 알고 보면 스스로 자신의 삶 속에 차곡차곡 쌓아놓은 태만과 나쁜 품행의 결과일 때도 많은 것이다.

13 엠바고 Embargo

▶ 정의 : 일정 시점까지의 보도 금지를 뜻하는 매스컴 용어.

2011년, 우리나라의 삼호 주얼리호가 소말리아의 해적에게 나포되는 사건이 벌어졌다. 대한민국 해군을 주축으로 구조팀이 꾸려져 연합작전이 펼쳐졌고, 사건 발생 6일 만에 선원 모두가 구출되었다. 군사 작전은 1, 2차로 나뉘어 은밀하게 진행되었다. 그런데 사건이 마무리되기 전에 한 언론사에서 이러한 작전 진행 상황을 보도해 사회적으로 커다란 파장을 일으켰다. 특종에 대한 욕심 때문에 해적들에게 주요한 작전 정보를 노출한 것이다. 군 당국이 작전이 마무리되기 전까지는 보도를 자제해달라는 엠바고 요청을 했던 사안이었다.

엠바고는 이처럼 **취재는 하되 정해진 기간까지 보도는 하지 않는 것**을 말한다. 엠바고는 자료를 제공하는 쪽에서 기자단에게 약속된 기간 동안 보도 자제를 요청하는 경우도 있고, 여러 가지 이유로 인해 기자들끼리 합의해 보도 날짜를 미루는 때도 있다. 가령, 정부 기관에서 새로운 정책을 발표할 때 아직 구체적 실행 날짜가 확정되지 않은 경우라면 보도 자료는 미리 배포하지만 보도 시점에 대한 엠바고를 요청하기도 한다. 기업의 새로운 기술이나 신제품에 대한 사전 자료도 발표나 출시 날짜까지 세밀한 정보를 노출하지 않겠다는 전제하에 기자들에게 제공된다.

이처럼 엠바고는 성급한 보도로 인해 국가의 이익이나 국민의 생명에 폐해가 발생하는 상황을 예방한다는 취지에서 도입되었다. 그러나 취지와 달리 그 정도로 중대하지 않은 사실에 대해서조차 과도하게 엠바고를 적용하는 사례가 많아 '국민의 알 권리'를 침해한다는 비판을 받기도 한다. 권력이 편의대로 언론을 장악해 납득할 만한 이유 없이 보도를 제한하는 일이 발생할 수도 있기 때문이다. 한편, 특종 전쟁의 스트레스에서 벗어나기 위해 기자들끼리 단합해 약속한 시각에 함께 기사를 발표하자고 스스로 엠바고를 걸기도 한다. 어떤 사건에 대해 특정한 기점을 시작으로 여러 언론사에서 유사한 기사들이 동시에 쏟아져 나오는 것은 이 때문이다.

14 골든타임 Golden Time

▶ 정의 : 라디오나 텔레비전에서 청취율이나 시청률이 가장 높은 시간대.

　방송에서 시청률이 가장 높은 시간대를 의미하는 용어다. 정확한 표현으로는 프라임타임(Prime Time)이라 한다. 프라임은 '가장 중요하다'는 뜻이다. 방송에서 시청률이 높은 시간대는 광고비가 가장 비싼 시간대이기에, 가장 중요하면서(Prime) 동시에 가장 값비싼(Golden) 시간이기도 하다. 방송사는 인기 프로그램을 골든타임에 편성하면서 서로 시청률 경쟁을 벌인다. 드라이브타임(Drive time), 골든아워(Golden Hour), 피크타임(Peak Time) 등으로도 불리며

한국에서는 '황금 시간대'라고도 한다. 한국은 주로 오후 8시부터 11시 사이에 가장 높은 시청률을 기록하는 것으로 나타났다.

이처럼 골든타임은 다양한 상황이나 영역에서 가장 중요한 시간을 지칭할 때 두루 사용된다. 구급대원들이나 의사들이 말하는 골든타임은 생사를 오가는 위급한 사고 발생 직후에, 생명을 유지하기 위해 응급처치가 이루어져야 하는 최소한의 시간을 의미한다. 골든타임 안에 응급처치가 되어야 환자의 생명을 살릴 수 있다. 환자의 증상과 상태에 따라 시간차는 있지만, 대부분 한두 시간 안에 처치가 되어야 하기에 골든타임보다는 '골든아워'라는 표현이 더 적합하다는 의견도 있다. 위급 상황에서는 소요되는 시간이 곧 생존과 직결되는 문제이기에 구급차와 의료진이 신속히 이동할 수 있는 시스템 구축이 절대적으로 중요하다.

골든타임이라는 말은 '다시는 찾아오지 않을 결정적인 시기'의 의미로도 응용된다. 즉 나머지 시간의 결과를 좌우하는 치명적 순간들을 골든타임이라 표현한다. 치매를 방지하기 위한 골든타임, 탈모를 막기 위한 골든타임, 대학 입시의 결과를 좌우하는 골든타임, 청소년기 학생들의 키 성장을 위한 골든타임, 경제 활성화를 위한 골든타임 등 그 시기를 어떻게 보내는지에 따라 미래의 성패가 좌우되는 모든 시간을 골든타임이라 일컫는다.

15 옐로저널리즘 Yellow Journalism ·황색언론

▶ 정의 : 독자의 관심을 끌기 위해 흥미 본위의 저속하고 선정적인 기사를 주로 보도하는 신문. 또는 그런 신문 논조.

1890년대 미국의 양대 경쟁 저널인 〈월드〉와 〈저널〉 사이에서 벌어진 치열한 주도권 다툼에서 시작된 용어다. 조지프 퓰리처(Joseph Pulitzer)는 뉴욕의 저널 〈월드〉를 인수하면서 자극적인 기사와 대대적인 선전 공세를 통해 미국 최고 발행 부수를 기록한다. 이에, 〈저널〉을 인수한 윌리엄 랜돌프 허스트(William Randolph Hearst)는 〈월드〉를 능가하는 선정주의와 홍보, 특집판 발행 등을 통해 퓰리처의 행보에 맞불을 놓는다. 두 신문은 컬러 만화 연재로 독자의 시선을 끌고자 했는데, 〈옐로 키드〉라는 연재만화는 당시 독자들에게 대단한 인기를 모았다. 두 신문사는 인기 많은 〈옐로 키드〉를 서로 영입하고자 치고받는 싸움을 벌인다. 〈옐로 키드〉로 대변되는 만화 전쟁에서 시작된 양 언론은 이후 더 치열한 선정주의로 치닫는다. 이렇게 **언론이 독자의 주의를 끌고 주도권을 얻고자 선정성 경쟁을 벌이는 것**을 '옐로저널리즘'이라 한다.

　　일명 '황색언론'이라 번역되는 옐로저널리즘은 인간의 원초적 본능을 자극하는 흥미 본위의 기사를 내세운다. 범죄, 성 추문, 엽기 등과 같이 독자의 호기심을 자극할 만한 문제들을 다루며, 자극적인 제목으로 독자의 시선을 낚아채 과장되게 부풀려 보도하는 등 사실관계를 파악하는 언론의 본분에도 허술하다.

　　황색언론은 언론이라는 이름을 내세우고는 있지만, 궁극적으로는 선정적이고 자극적인 스토리로 돈벌이에만 급급한 자본주의의 한 폐해에 해당하는 요소다. 독자들이 주목할수록 언론사가 벌어들이는 광고 수익은 높아지고, 결국은 광고주와 언론사의 이해관계가 얽혀 정경유착의 수단이 되기도 한다. 만연한 옐로저널리즘은 사회의 다양한 진실들을 왜곡하고, 국민의 정당한 관심을 교란해 국가와 사회의 발전에 큰 장애물이 될 수도 있다.

언론의 최대 명예인 '퓰리처상'을 제정한 퓰리처가, 언론인으로서 최악의 수치인 옐로저널리즘의 효시였다는 사실은 아이러니하다.

16 팟캐스팅 Podcasting

▶ 정의 : 인터넷을 통해 영화, 드라마, 음원 등의 콘텐츠를 MP3 플레이어나 PMP, 휴대폰 등의 휴대 기기에 내려받아 감상하는 서비스.

"텔레비전에 내가 나왔으면 정말 좋겠네~ 정말 좋겠네~"하고 동요를 부르던 예전의 어린이들에게, 텔레비전에 얼굴 한번 나오는 것은 그야말로 가능성이 거의 없는 동경 같은 것이었다. 그러나 이제는 달라졌다. 지금은 누구나 유튜브를 비롯한 다양한 매체를 통해 인플루언서(Influencer)가 될 수 있다. 유튜브뿐만 아니라 SNS나 인터넷 방송 플랫폼 등 각종 미디어를 이용해 누구라도 자신만의 메시지를 만들어내고 유통할 수 있게 되었다. 그만큼 청취자들은 원하는 정보나 콘텐츠를 자신의 취향과 니즈(Needs)에 맞게 선택할 수 있는 환경이 된 것이다.

팟캐스팅은 애플의 아이팟(iPod)과 브로드캐스팅(Broadcasting, 방송)의 합성어다. 초창기의 팟캐스팅은 아이팟에서 보고 들을 수 있는 오디오나 비디오 콘텐츠를 의미했다. 2005년 애플의 아이튠즈에서 팟캐스팅 기능을 추가하면서 팟캐스팅은 폭발적으로 성장하기 시작했다. 팟캐스팅은 주로 MP3와 같은 미디어 파일을 웹에 올리고 웹주소를 공개하는 방식으로 배포된다. 시청자는 자신이 원하는 콘텐츠를 검색하고 정기구독을 신청하면 자동으로 방송을 구독할 수 있다. 초기에는 음악을 중심으로 한 라디오 방송이 많았으나, 최근에는 영화나 드라마, 지상파 방송 서비스까지 제공되고 있다.

우리나라에서는 2011년 '나꼼수'라는 팟캐스트가 당면한 정치적 이슈와 맞물려 큰 인기를 끌면서 본격적으로 대중화되었다. 현재는 아이튠즈뿐만 아니라 안드로이드 방식의 팟캐스팅도 들을 수 있는 다양한 사이트가 인기를 끌고 있다. 누구나 팟캐스트 방송을 제작할 수 있도록 전문 스튜디오도 활발하게 운영되어 수천 개의 방송이 제작되는 중이다.

콘텐츠 제작에 참여하는 청소년들도 날이 갈수록 증가하는 추세다. 어학 팟캐스트를 운영하는 한 청소년 제작자는 10만 명 이상의 청취자를 보유하고 있다. 기술의 발전과 매체의 발달은 청소년들의 장래 희망도 바꾸어 놓았다. 어린이들이 선호하는 장래 희망 순위는 이제 유튜버를 비롯한 인플루언서가 상위를 차지하고 있다. 텔레비전에 내가 나오기를 꿈꾸는 정도가 아니라, 마음만 먹으면 프로그램을 기획하고 제작하고 출연하는 것이 어렵지 않은 시대가 된 것이다.

기출문제

▸ 모바일과 SNS 환경에서 자신의 경험을 토대로 만들 수 있는 1인 콘텐츠 아이디어를 구상해보시오. (2019 홍익대학교)

▶ 정의 : 실제 언론 보도처럼 보이도록 가공해 신뢰도를 높이는 방식으로 유포되는 거짓 뉴스.

2016년, 미국 대선에서는 힐러리 클린턴(Hillary Clinton)과 도널드 트럼프(Donald Trump)가 대권을 다투면서 그 어느 선거보다 가짜뉴스가 맹렬한 위력을 떨쳤다. 가짜뉴스는 선거일 3개월 전부터 본격적으로 등장해서 선거 직전까지 막강한 영향력을 행사했다. "힐러리 클린턴 선거 비용의 20%는 테러리스트들이 제공하고 있다", "힐러리를 비롯한 민주당 관계자들은 비밀리에 아동 성매매

트럼프는 지구를
공격하러 온 외계인
으로 밝혀져.

TRUMP IS
AN ALIEN

를 일삼고 있다", "곧 러시아와의 세계대전이 발발할 것이다" 등과 같은 가짜뉴스가 200개가 넘는 가짜 사이트에서 작성되어 SNS로 빠르게 유포되었다. 분석에 따르면, 대선이 진행되는 동안 미국 국민들은 진짜 뉴스보다 이와 같은 거짓 괴담들을 더 많이 클릭했다. 미국 45대 대통령으로 당선된 도널드 트럼프가 언론의 일부 보도를 가짜뉴스라고 주장하면서, 가짜뉴스라는 표현이 대중에게 널리 알려지게 되었다.

가짜뉴스는 **아예 있지도 않았던 일을 마치 사실인 양, 언론사 기사로 포장해 유통하는** 글이다. 허위 내용에 언론사 로고, 기사 형식, 기자 이름 등을 덧붙여 마치 공신력 있는 언론기관의 기사인 것처럼 위장한다. 정치적 주장을 펴는 글들이 기사 형식을 빌어 영향력을 획득하면, 거기에 자신이 믿고 싶은 것만 믿고자 하는 SNS의 확증 편향이 합세해 가공할 만한 속도로 가짜뉴스가 확산된다. 우리나라의 경우도 탄핵과 대선이 이어지는 기간 동안 가짜뉴스의 파장이 커졌다.

가짜뉴스가 확산하는 이유는 디지털 네트워크 시대의 특징과 맞물려 있다. 뉴스가 팩트를 보도하는지보다, 얼마나 많은 사람이 클릭하는지에 따라 뉴스의 가치가 높아지는 것이 디지털 미디어의 특성이다.

대부분의 독자는 소셜 미디어를 통해 뉴스를 접하면서 자신이 원하는 뉴스를 맞춤형으로 선별해 수용하고, 자신의 이념이나 정치 성향과 다른 소식은 회피하는 경향을 보인다. 따라서 가짜뉴스라도 '클릭 수'와 '좋아요'를 많이 얻으면 광고 수익이 높아지고, 성공한 뉴스가 되어버리는 것이다.

우리나라에서도 '가짜뉴스 유통방지법'에 대한 법안이 발의되었지만, 법안이 통과되는 것은 쉬운 일은 아니다. 자칫 그 법이 국가가 개인의 '표현의 자유'를 억압하는 수단으로 변질되거나, 정치권이 언론을 장악하는 명분으로 이용될 수 있기 때문이다.

기출문제

▶ 가짜뉴스가 이슈인데, 가끔 기자의 덕목이나 역량이 부족해서 잘못된 지식을 보도하고 이로 인해 가짜뉴스가 생기는 경우도 있다. 이런 경우 기자는 어떻게 해야 한다고 생각하는가? (2020 인하대학교)

▶ 최근 가짜뉴스의 사례를 말해보시오. (2020 인하대학교)

▶ 가짜뉴스가 많아지고 있다. 가짜뉴스를 없애기 위해서는 누가 책임을 져야 한다고 생각하는가? (2019 중앙대학교)

---

18 미디어 결정론

▶ 정의 : 커뮤니케이션 테크놀로지인 미디어가 사회 변화를 이끄는 역할을 한다는 이론.

1960년대 텔레비전이 본격적으로 사람들의 일상에 등장했을 때 캐나다의 문화비평가 마셜 맥루한(Herbert Marshall McLuhan)은 이 새로운 매체의 영향력에 주목한다. 그는 유명한 저서 《미디어의 이해(Understanding Media)》라는 책에서 미디어의 발전이 인간의 인식에 미치는 영향에 대해 언급하면서, '미디어는 메시지다'라는 명쾌한 명제를 남겼다.

미디어가 단지 내용을 전달하는 매개 수단이 아니라, 어떤 미디어에 담기는지에 따라 전달하고자 하는 메시지 자체가 달라진다는 것이 핵심이다. 즉 같은 내용이라도 TV, 신문, 라디오 등 그것을 담고 있는 매체에 따라 수용자는 내용조차 다르게 받아들일 수 있다는 것이다. 이처럼 미디어가 메시지를 결정하는 것을 '미디어 결정론'이라고 한다.

가령, 똑같은 영화라 할지라도 텔레비전에서 보느냐, 영화관에서 보느냐, 모바일로 보느냐, 인터넷으로 보느냐에 따라 영화가 주는 감흥과 해석은 달라진다. 같은 콘텐츠라도 그것을 구현하는 기술 매체가 콘텐츠의 내용에 간섭하게 되는 것이다. 라디오로 듣는 음악과 뮤직비디오로 접하는 음악이 청취자에게 주는 울림이 달라지는 것도 같은 이유다. 맥루한은 이처럼 메시지와 채널의 결합으로 생기는 미디어의 힘을 '마사지(Massage)'라고 표현하며 미디어의 영향력을 강조하기도 했다.

맥루한은 대중문화에 대한 논의를 본격화한 학자다. 그는 기술 문명으로 대변되는 미디어의 발전이 서구 사회를 비롯한 인간 존재의 사유 방식을 바꾸어놓았다고 주장했다. 그의 주장에 대한 부분적 반론도 있지만, 기술의 발전과 미디어의 다양화가 빠르게 진행되는 현대사회에서 맥루한의 주장은 여전히 유효하다.

▸ 유튜브와 같은 동영상 매체가 활자 책에 비하여 갖는 장점과 단점을 말하고 단점을 보완하기 위한 방안을 말해보시오. (2020 공주교육대학교)

▸ 종이 신문의 구독률이 떨어지고 있는 가운데 온라인 매체가 급부상하고 있다. 종이 신문의 미래는 어떻게 될 것 같은가? (2019 중앙대학교)

▸ 1인 미디어의 장점은 무엇이 있을까? (협성대학교)

19 옴부즈맨 Ombudsman

▸ 정의 : 공무원의 권력 남용에 대한 국민의 불평을 조사하고 국민의 권리가 보호되고 있는지 감시하는 입법부의 조사관.

옴부즈맨은 1809년 스웨덴에서 만들어진 제도다. 옴부즈맨은 '왕의 대리인'이라는 뜻으로, 왕을 대신해서 그 아래 행정기관에 대한 민원을 조사하는 직책을 만든 것이다. 현대에는 국가행정이 부당하게 국민의 이익을 침해했을 때 그것을 조사하고 방지하려는 목적으로 마련되었다.

옴부즈맨의 중요성은 언론기관에 대한 감시에서 한층 강조되었다. 언론이 대중에게 미치는 막대한 파급력을 생각해보면, 언론기관은 그 어떤 조직보다 신중하고 책임 있는 윤리 감각을 견지해야 한다. 그것에 대한 감시의 기능을 담당하는 것이 옴부즈맨이었다. 옴부즈맨은 언론이 저지르기 쉬운 오보와 추측 기사를 방지하고, 독자나 시청자의 비판을 수용하는 창구 역할을 했다.

한국 언론사에서는 1993년 조선일보가 '옴부즈맨 전화'를 설치한 것이 최초였다. 이후 다른 신문사들도 '옴부즈맨', '고충처리인' 등의 다양한 이름으로 이와 비슷한 시도를 했다. 2005년에는 언론중재법의 개정에 따라 '고충처리인'의 제도화가 이루어졌다. 옴부즈맨이라는 명칭은 아니지만, 기능적으로 유사한 역할을 하는 것이 각 행정부의 민원실이다. 민간 기업이나 공사에서도 옴부즈맨의 기능이 다양하게 도입되었다.

그러나 한국 사회에서 옴부즈맨 제도는 그 취지와 목적이 타당함에도 옴부즈맨의 비판과 의견을 내부 고발로 낙인찍는 정서와 맞물려 제대로 정착되지 못했다. 겉으로는 투명한 윤리경영을 표방하던 기업에서 실제로는 분식회계 등을 비롯한 비리를 자행하고 있었고, 이를 폭로한 제보자들은 치명적인 불이익을 받아 회생하지 못한 사례도 많았다.

기관이나 언론사가 정보를 독점하던 과거에 비해 현재는 모든 시민이 잠재적 옴부즈맨의 기능을 수행할 수 있는 기술적, 정서적 환경이 조성되었다. 이러한 환경이 사회의 부정부패를 척결하고 국가를 발전할 수 있게 한다. 부정부패가 만연한 사회에 희망은 없다.

20 핵사찰

▶ 정의 : 국제원자력기구에서, 핵확산금지조약 가입국 가운데 핵무기 개발 의혹이 있는 국가의 관련 시설에 대해 국제법에 따라 벌이는 사찰 활동.

사찰은 '조사하고 살피는 행위'를 뜻한다. 핵사찰은 핵무기 개발을 조사하고 살피는 것이다. 핵무기는 전 세계가 함께 그 확산을 막지 않는다면 인류 전체를 궤멸시킬 수도 있는, 지구상의 가장 큰 위협 중 하나다.

핵사찰은 **핵무기를 개발할지도 모른다는 의혹이 있는 NPT**(핵확산방지조약) **가입 국가에 대해 국제원자력기구**(IAEA)**가 국제법에 따라 조사하는 것**을 의미한다. NPT는 1968년 미국, 소련, 영국 등 전 세계 56개국이 핵무기 보유국의 증가를 막기 위해 체결한 다국간 조약이다. '아직 핵무기를 보유하지 않은 국가들은 앞으로도 핵무기 개발이나 보유를 절대 할 수 없다'는 조항에 따라 약속을 이행하고 있는지 사찰을 받아야 한다.

이미 핵무기를 보유한 국가들은 앞으로 서서히 핵무기를 줄이라는 제안만 받을 뿐 의무적으로 사찰을 받지는 않는다. 이미 조약의 전제에 핵보유국과 비핵보유국 간의 차별이 깔려 있다. 우리나라는 1975년, 86번째로 NPT에 가입했다.

한국은 미국 소유의 핵무기를 한반도에 배치했으나 NPT에 가입함에 따라 '핵무기를 제조하거나 보유하지 않는다'는 방침을 공식화했고, 1991년 한반도에서 핵무기를 완전히 철수했다. 북한 역시 1985년 NPT에 가입했으나, 체제 유지의 목적으로 핵 개발을 지속하고 있음을 암암리에 노출했다. 국제사회의 거듭되는 핵사찰 요구를 자국의 이익을 위한 협상 카드로 줄다리기하던 북한은 2003년, 결국 NPT에서 탈퇴한다.

▸ 북한과의 관계 개선 문제를 어떻게 해야 하는가? 해결을 위해서는
우리도 핵을 개발해야 하는가? (2018 한림대학교)

21 NGO Non-Governmental Organization

▶ 정의 : 정부 간의 협정이 아닌, 민간단체가 중심이 되어 만들어진 비정부
국제조직.

1985년 7월, 그린피스(Greenpeace) 소속 선박인 레인보 워리어호
가 뉴질랜드 오클랜드항에 정박해 있다가 폭탄을 맞고 침몰하는
사건이 벌어졌다. 프랑스의 공중 핵무기 실험을 항의하기 위해 출
발한 배였다. 후에 그 폭발 사고가 프랑스 정보요원들에 의한 것임
이 밝혀져 국제적으로 큰 파장이 일었고, 프랑스 국방부 장관이 해
임되었다. 그린피스라는 NGO의 영향력이 얼마나 막강한지를 보
여준 사건이었다.

NGO란 'Non-Governmental Organization'의 약자로, 비정부기
구, 민간단체, 비영리단체 등으로 불린다. 정부가 주도한 것이 아니
라 민간에서 자생한 조직이다. 지역이나 국경을 초월해 가치 있는
전 지구적 문제나 공공의 목적을 실현하기 위한 활동을 한다. 제2
차 세계대전 이후에는 인도주의적 문제와 빈곤 해결 분야에서 큰
활약을 보였다. 자원봉사자들의 노력과 기부금으로 운영하는 경우
가 많다.

국제적 구호 활동을 하는 대표적 NGO로는 월드비전(World Vision), 굿네이버스(Good Neighbors) 등이 있다. 기아에 허덕이는 빈곤층에 대한 지원이나, 어린이들의 풍요로운 삶을 목적으로 하는 조직이다. 특히 월드비전은 한국전쟁으로 죽어가는 아이들을 위해 시작된 것이기에 우리나라와 각별히 인연이 깊다.

국제앰네스티(Amnesty International)는 국제적으로 자행되는 인권학대를 막고, 양심수 사면을 호소하는 국제 인권단체다. 고문추방 운동이나 사형제 폐지, 여성폭력 추방 운동 등의 활동을 해서 노벨 평화상과 유엔 인권상을 수상했다. 그린피스는 1971년 알래스카에서 미국이 핵실험을 하는 것에 반대하기 위해 처음 만들어진 민간 환경보호단체다. 환경 파괴를 자행하는 현장을 조사하고, 생물의 다양성을 보호하고자 노력한다. 최근 가장 돋보이는 활동을 하는 NGO로 프랑스의 '국경 없는 의사회(Doctors Without Borders)' 가 있다. 전 세계 2만 5천여 명의 의료진이 80여 개국에서 종교와 인종을 초월한 의료 지원을 펼치고 있다. 현재 전 세계 NGO 수는 약 1천만 개로 추정되며, 국제 NGO도 4만여 개에 달한다.

NGO는 다양한 분야의 의견을 수렴해서 사회 전체가 소외당하는 사람이 없도록 감시하고, 건강한 공동체 사회가 유지될 수 있도록 정부와 민간의 영역을 중재하는 중요한 임무를 수행하고 있다. 그러나 NGO는 태생 자체가 도덕성에 기반하고 있기에 엄격한 자기검열이 필수적이다. NGO라는 이름을 걸고 정치적 권력을 획득하기 위해 여론을 호도하거나, 비영리의 본질에서 벗어나 집단 이익을 추구하는 경우 NGO가 존재해야 하는 이유를 상실하게 될 것이다.

▶ 국제 난민에 대한 의견을 말해보시오. (2020 서울대학교)

▶ UN(국제연합)은 필요한 기구인가? (2020 서울대학교)

22 포퓰리즘 Populism

▶ 정의 : 본래의 목적을 외면하고 일반 대중의 인기에만 영합해 목적을 달성하려는 정치 행태.

선거철만 되면 각 당의 입후보자들은 국민의 표심을 얻고자 저마다 공약을 내세우며 유세를 한다. 후보자들이 내건 공약 중 어떤 것은, 과연 약속한 것을 정말 실천할 수 있을까에 대해 의심을 자아낼 정도로 과장과 허세가 넘쳐나기도 한다. 한때 어느 유명한 대선 후보의 황당무계한 공약은 아직까지도 많은 이에게 회자되고 있다. 대학 지원자 무조건 전원 합격, 중소기업 무담보 장기융자, 국가에서 취업 보장, 신혼부부 1억 지원, 신용불량자 구제 등의 현실성 없는 공약이었다.

포퓰리즘은 선거에서 표를 얻고자 경제 논리 등을 따지지 않고 대중의 인기를 얻을 수 있는 선심성 정책을 펴는 것, 혹은 그러한 정치 행위를 뜻한다. '대중주의', '인기 영합주의' 등으로 번역된다. 다양한 각도에서 검토했을 때 실현 가능성이 희박하고 책임질 수 없는 공약이라 할지라도 국민의 마음을 얻을 수만 있다면 일단 남발하고 보는 것이다.

포퓰리즘은 라틴어 '포풀루스(Populus)'에서 유래된 말이다. 포풀루스는 영어로는 'People'이며, '인민, 대중'이라는 뜻이다. 쉽게 말해 포퓰리즘은 대중의 뜻을 따르는 정치라고 할 수 있다. 영국의 《롱맨》 사전은 '포퓰리스트(Populist)'를 '부자나 기업가보다는 보통 사람들을 대변하는 자'로 정의하며 가치중립적으로 설명하고 있다.

원래 포퓰리즘은 1890년대 미국의 양대 정당인 공화당과 민주당을 견제하기 위해 생겨난 노동당(Populist Party)에서 연유한다. 농민과 노동자의 지지를 얻기 위해 대중의 이해와 요구에 알맞은 공약들을 주창했는데, 비록 그들이 정권을 잡는 데는 실패했지만 노동당의 정책은 그 이후에도 미국 정치에 큰 영향력을 발휘했다. 그후, 이들처럼 대중들의 신념과 가치를 우선시함으로써 국민의 지지를 얻고자 하는 행위를 포퓰리즘이라고 칭하게 되었다.

하지만 현대의 정당과 정치인들은 포퓰리즘이라는 용어를 상대 진영에 대한 비난의 의도로 사용할 때가 많다. 대중의 관심을 끌수 있는 추상적이고 가능성 없는 비전으로 국민의 지지를 구걸하려는 선동이라는 것이다.

기출문제

▶ 과도한 복지로 인한 도덕적 해이와 나태함이 사회적, 국가적으로 어떤 부정적 영향을 미칠 수 있는지 설명하시오. (한국외국어대학교)

23 마키아벨리즘 Machiavellism

▶ 정의 : 국가의 유지, 발전을 위해서는 어떠한 수단이나 방법도 허용된다는 국가 지상주의적 정치사상.

'목적이 수단을 정당화한다.'

마키아벨리즘을 대표하는 이 말은, 현대 정치에서 '목적한 바를 달성하기 위해서라면 어떤 수단과 방법도 가리지 않는다'라는 의미로 왜곡되어 정치적으로 수없이 악용되었다. 일반적으로 마키아벨리즘은 국가의 발전과 국민의 복지를 위해서라면 어떤 수단이나 방법도 허용된다는 국가 지상주의적인 정치 이념을 의미한다. 마키아벨리즘은 르네상스 시대 피렌체 출신의 외교관 마키아벨리(Niccolò Machiavelli)가 쓴 《군주론(Il Principe)》에서 유래했다. 100쪽도 채 안 되는 이 작은 책은 근대적 군주에 대한 조언을 목적으로 저술되었지만, 후대에까지 각 정치가의 편의에 따른 정반대의 해석으로 첨예한 논란의 중심에 자리 잡았다.

《군주론》의 주장은 종교적 윤리에 젖어 있던 중세 이념에서 탈피해서 국가와 군주는 세속적인 국가의 이익과 독립적 주권을 회복해야 한다는 근대 이념을 담고 있었다. 즉 근대 국가의 정치는 종교나 도덕과는 독립된 존재이므로, 때에 따라 정치적으로 이루고자 하는 목적이 종교나 도덕에 어긋나더라도 그 행위가 정당화될 수 있다는 것이다. 이 개념은 공동체의 이익과 같은 좋은 목적이 반드시 좋은 수단으로만 달성될 수 없다는 냉혹한 현실을 반영하고 있었다.

그러나 역사적으로 수많은 위정자가 자신들의 독재를 정당화하는 근거로 마키아벨리의 주장을 이용하면서 마키아벨리는 권력을 탐하는 야비한 정치가의 상징으로 굳어졌다. 이 말은 현대에 들어와서 일반적 개념으로 더 확대되었다. 자신의 이익을 위해서라면 타인의 불편과 희생을 당연시하는 편의주의적 발상, 도덕이나 예의범절을 무시하는 몰염치, 상대방을 기만하는 교활한 권모술수 등이다.

이런 이유로 심리학에서 마키아벨리즘은 개인적 욕구 충족을 위해 남을 속이거나 조종하고 싶은 욕망을 가리키는 용어로 사용되기도 한다.

기출문제

▸ 이타적 행동에 대한 애덤 스미스와 리처드 도킨스의 관점을 비교하시오. (2020 고려대학교)

24 레임덕 Lame Duck

▸ 정의 : '절름발이 오리'라는 뜻으로, 임기 종료를 앞둔 대통령 등의 지도자 또는 그 시기 지도력의 공백 상태를 이르는 말.

레임덕은 '절름발이 오리'라는 뜻이다. 즉 절뚝거리며 걷는 오리처럼 제대로 전진할 수 없는 누구 혹은 그러한 상황을 의미한다. 보통 임기가 끝나가는 공직자가 자신이 원하는 방향으로 정책을 수행하고 싶어도 더 이상 권력이 뒷받침되지 않기에 제대로 일이 진행되지 않고 절름발이 오리처럼 정책이 이리저리 뒤뚱거리는 상황을 빗대어 표현한다.

원래는 경제 용어로, 채무를 이행하지 않는 증권 거래인을 의미했지만 1980년대 미국 로널드 레이건(Ronald Reagan) 대통령 임기 말기에 상대편 정치인들이 대통령의 의지에 반대되는 행동을 하는 상황이 벌어지면서 정치적 용어로 변모되었다. 현직 대통령의 임기가 끝나가는 시점이 되면 실질적 정치 권력이 현 대통령에서 차기 대통령으로 이동하는 현상이 일어난다. 임기 때는 아무도 언급하지 않았던 대통령의 비리가 폭로되기도 한다. 이 기간에는 국가의 주요 현안들이 다양한 이해관계에 얽혀 제대로 수행되지 않고 절름발이 오리처럼 뒤뚱거리는 바람에 국정이 파행으로 치닫고, 국가적으로 큰 손실이 발생하기도 한다.

임기가 제한되어 더는 연임할 수 없을 때, 혹은 재선임에 실패해 바로 다음 당선자에게 지위를 넘겨줘야 하는 경우, 또는 집권당이 의회에서 다수 의석을 획득하지 못한 경우에 레임덕이 발생하기 쉽다.

25 젠트리피케이션 Gentrification

▶ 정의 : 낙후된 구(舊)도심이 활성화되면서 사람들과 돈이 몰리고, 결과적으로 원래 살던 주민이 타지역으로 밀려나는 현상.

1990년대부터 2000년대 초반까지 홍대 앞은 인디 문화의 상징

과도 같은 장소였다. 인디 음악을 감상할 수 있는 소규모 클럽들을 중심으로, 신선한 문화적 자극과 젊음의 독특함이 거리 전체에 넘쳐났다. 그런데 이 거리가 유명세를 타며 사람들이 몰려들자 변화가 시작된다. 소비 인구가 집중되니, 자본력을 지닌 대형 프랜차이즈 기업들이 입점하고, 수요공급의 경제원칙에 따라 임대료가 급등한다. 결국 자본력이 없는 개성적인 영세 상점들은 임대료를 감당하지 못해 하나둘 떠나가고, 거리에는 새 주인을 찾지 못한 빈 가게가 늘어간다. 스타벅스나 맥도날드와 같은 기업형 자본만 살아남은 그곳은 결국 소비자의 흥미를 끌지 못하는 평범한 장소로 전락한다.

젠트리피케이션은 1964년 영국의 사회학자 루스 글래스가 처음으로 사용한 개념이다. '젠트리'는 중산층을 의미한다. 젠트리피케이션을 굳이 번역하면 '중산층화되다', 즉 생활 환경이 향상되는 현상을 의미한다. **빈곤층이 모여 살던 낙후한 런던 구도심에 중산층 계급이 이주해 오면서 지역사회의 구성과 성격이 변해버린 현상을 설명하기 위해 처음으로 사용되었다.**

우리나라에서는 특색 있던 관광지가 유명세를 타면서 외부인들로 인해 땅값이 올라 결국 원주민들이 터전을 잃게 되는 현상을 말한다. 서울의 명동을 시작으로 상수동, 연남동, 인사동, 삼청동 한옥마을, 이태원 경리단길, 신사동 가로수길 등이 젠트리피케이션을 거쳤다. 서울뿐만 아니라 지방의 조용하고 특색 있는 관광지도 사정은 비슷하다. 젠트리피케이션의 진행 과정은 모두 홍대 앞 거리와 비슷한 수순을 밟는다.

젠트리피케이션은 낡은 구시가지가 상업화되면서 모든 국가와 도시들이 어느 정도는 필연적으로 겪게 되는 현상이다. 그 과정을 통해 낙후한 환경이 재생되고 지역 경제가 활성화되기도 한다. 그러나 쫓겨나는 소상공인들이 지역을 위해 투자한 노력은 보상받지 못하고, 해당 지주의 이익만 늘어나는 꼴이 되어 이는 결국 빈부격차의 확산을 조장한다.

정책적으로 임차인이 투자한 이익을 돌려받을 수 있는 제도를 마련하자는 움직임도 있다. 상가 건물 임대차보호법을 개정해서 부동산 가치를 올린 임차인의 권리를 일정 기간 동안 보장하는 장치를 만드는가 하면, 젠트리피케이션 방지법을 발의해 더 적극적으로 소상공인 중심의 경제 환경을 조성하고자 하는 것이다. 한편으로는 소상공인의 권익에 집중된 법 개정은 개인의 재산권에 대한 국가권력의 부당한 침해라는 해석도 있어서 이 문제는 여전히 첨예한 갈등 상황에 놓여 있다.

기출문제

▸ 젠트리피케이션의 해결책에는 무엇이 있는가? (2018 건국대학교)
▸ 젠트리피케이션을 설명해보시오. (2018 국민대학교)

〈한걸음 더〉
대입 논술 만점을 위한 개념어휘

■ 거시·미시 : 거시적 관점은 사회현상이나 문화현상을 연구할 때 전체적 사회구조의 맥락에서 폭넓게 접근하는 것을 뜻한다. 한 사회를 이루는 큰 그림 속에서 사회 구성원의 행위를 파악하는 것이다. 미시적 관점은 사회 구성원들의 상호작용에 초점이 맞춰져 있다. 전체적 사회구조보다는 그 사회 속에서 살아가는 개인들의 행위에 집중해서 역으로 사회 문화 현상을 파악하는 것이다. 거시적 관점이 사회라는 거대한 숲에서 출발해 나무 한 그루 한 그루로 시선을 옮기는 방법이라면, 미시적 관점은 숲의 나무 한 그루 한 그루에 대한 분포와 생태를 관찰해서 숲의 특징을 추측하는 것이라 할 수 있다.

> ### 기출문제
>
> ▸ 거시 건전성 정책과 미시 건전성 정책을 설명해보시오. (2020 서울대학교)
>
> ▸ 다양한 학문의 영역에서 거시적 관점과 미시적 관점이 적용되는 방식을 설명하라. (단국대학교)

■ 다원주의 Pluralism : 사회를 이루고 있는 개인이나 집단 각자의 가치관, 이념, 목표 등을 모두 나름의 의미가 있는 것으로 인정하는 태도다. 분야별로 각각의 존재는 자신의 위치에 따라 독립된 자율성이 있고, 다양한 의견을 표현할 자유가 있다. 흥미나 관심, 신념의 다양성을 존중하는 것은

민주주의 이념의 근간을 이룬다. 권력자에 의해 지배되고 강제되는 획일주의와 반대되는 개념이다.

기출문제

▶ 큰 정부와 작은 정부에 대해 들어본 적 있는가? 자신이 생각하는 이상적인 정부의 형태는 무엇인가? (2020 서울시립대학교)
▶ 성별, 세대 간 벌어지는 사회 혐오에 대한 생각을 말하시오. (2019 건국대학교)

■ 파시즘 Fascism : 좁은 뜻으로는 무솔리니가 이끌었던 이탈리아 파시스트당의 정치체제를 뜻하지만, 넓게는 파시스트당과 유사한 제1차 세계대전 이후의 모든 독재정치를 두루 의미한다. 대부분 일당 독재의 형태를 취하며, 독재자와 동일시되는 국가의 절대적 우위를 주장한다. 이후 파시즘이라는 용어는 개인의 자유를 억압하는 독재적이며 폭압적인 현상을 일컫는 포괄적 개념으로 확장되었다.

기출문제

▶ 공산주의에 대하여 설명하라. (2020 서울대학교)

■ 이데올로기 Ideology : 인간이 세계를 인식하는 방법으로서의 신념 체계, 인식 체계를 의미한다. 인간은 자신이 속한 사회적, 경제적 토대에 의해 다양한 세계관, 종교관, 가치관, 사고방식 등을 구축하게 된다. 이러한

사상들이 만들어낸 정연한 체계가 이데올로기다. 이데올로기는 직간접적으로 그 사회의 특징을 반영하며, 각자가 속한 계급의 입장과 목표를 표현하고, 그 사회구조를 유지하거나 변혁하고 싶어 하는 욕망을 드러낸다.

■ 제국주의 : 산업혁명으로 자본주의가 발달하면서 서구의 여러 나라는 나날이 경쟁이 치열해졌다. 그들은 값싼 원료와 식량을 손쉽게 구하고, 국내에서 만든 상품을 판매할 수 있는 시장으로 이용할 수 있는 식민지 확보에 열을 올리기 시작했다. 이러한 **열강들의 침략주의**를 제국주의라 한다. 19세기 말부터 20세기 초에 성행했으며, 산업적으로 저개발 지역인 아시아, 아프리카가 그 대상이 되었다. 일찍부터 공업화를 추진했던 영국과 프랑스가 대표적 제국주의 국가였고, 후발주자로 독일과 일본이 가세했다.

■ 미디어 Media : **특정한 작용, 신호, 의미를 다른 곳으로 전달하는 매개체.** 'Media'는 'Medium'의 복수형이다. 매스미디어(Mass Media)는 '대중매체'로 번역해 쓰는 경우가 많다. 메시지를 수용자에게 전달하기 위한 수단을 말한다. 대표적인 것은 신문, 텔레비전, 잡지, 영화, 서적 등이다. 현대에 들어 전통적 미디어의 영향력이 줄어들고, 인터넷과 모바일에 기반한 새로운 미디어가 사람들에게 지배적 매체로 부상하고 있다.

‣ 'ㅇㅇ충'과 같이 비하의 목적을 지닌 다양한 신조어가 생기고 있다. 이에 대한 자신의 생각을 말해보시오. (2019 건국대학교)

‣ SNS에서의 정보 전달 규제에 대한 입장을 말해보시오. (2019 경희대학교)

■ **페미니즘** Feminism : 모든 젠더는 평등하다는 이념이다. 여성이라는 뜻의 라틴어 'Femina'에서 유래했다. 여성이 남성보다 억압된 원인과 현황을 조명해 여성 해방을 궁극적 목표로 하는 이론이다. 19세기 유럽에서 여성의 참정권을 요구했던 것이 페미니즘의 시작이었는데, 점차 모든 사회에서 그 사회의 현황에 따른 다양한 방식으로 발전했다. 기본적 생각의 바탕은 남녀의 차이가 유전적인 우열의 문제가 아니라, 사회문화적으로 생산된 결과라는 것이다.

‣ 여성 정치인들이 더 많아진다면 현재의 정치적 상황이 바뀔 것이라 생각하는가? (한양대학교)

■ **PPL** Product Placement : 영화나 드라마 등에 특정 제품을 등장시켜 홍보하는 마케팅 전략의 하나다. 대표적인 성공 사례로 영화 <E.T> 속에 등장한 초콜릿을 들 수 있다. 영화에서 E.T가 M&M's 사의 초콜릿을 먹는 장면이 나오는데 이 영화가 흥행에 크게 성공하자 이 초콜릿 판매량이 급격히

늘어났다. 간접 노출이기는 하지만 엄연히 광고 효과가 발생하기에 기업은 광고 대금을 지불해야 한다. 최근에는 과도하고 노골적인 PPL이 작품에 대한 몰입을 방해해서 지탄의 대상이 되기도 한다.

▸ PPL이 무슨 뜻인지 말해보시오. (동덕여자대학교)

■ DMB Digital Multimedia Broadcasting : 방송과 이동통신이 결합한 이동 멀티미디어 방송이다. 음성과 영상 등 다양한 멀티미디어 신호를 디지털 방식으로 변조해서 휴대용 수신기에 제공하는 방송 서비스를 말한다. 이동 중에도 개인휴대 단말기나 차량용 단말기를 통해 고음질, 고화질 방송을 즐길 수 있다. 네트워크의 구성 방식과 방송이 전송되는 방식에 따라 위성 DMB와 지상파 DMB로 구분된다.

▸ 지상파 드라마와 넷플릭스 중 무엇을 더 선호하는가? (이화여자대학교)

■ DMZ Demilitarized Zone : 비무장지대. 조약이나 협정을 맺어 무장을 금지한 완충지대를 말한다. 이 지역에서는 군대가 주둔하거나, 무기를 배치하거나, 군사 시설을 실시하는 것이 금지되어 있다. 우리나라의 비무장지대는 한국휴전협정에 의해 설치되었는데, 당시 쌍방 군대의 접촉선을 군사분계선으로 구분 짓고, 이 선으로부터 남북으로 각 2km씩 총 4km의

폭을 갖는 비무장지대가 설정되었다. 민간인과 군인을 막론하고 군사정
전위원회의 허가 없이는 누구도 출입할 수 없다. 그 결과, 현재 DMZ는 희
귀동물들의 주요 서식지가 되었으며, 세계 최대 규모의 온대 원시림으로
보존되었다.

■ EEZ Exclusive Economic Zone : **배타적 경제수역.** 각국의 영해가 시작되
는 선에서부터 200해리(海里)에 이르는 수역 중 영해를 제외한 수역이다.
연안국은 배타적 경제수역 내에서 생물, 무생물 자원의 개발과 이용, 해수
와 해풍을 활용한 에너지 생산, 해양 조사와 해양 환경의 관리 등에 대한
모든 권리를 갖는다. 다른 나라의 배가 이동하는 것만 막지 못할 뿐 영해
와 동일한 권리가 미치는 곳이다. 지리적으로 바다를 사이에 두고 여러 국
가가 밀집해 있는 지역일 경우 해역이 중첩되어 갈등이 야기되는데, 그런
이유로 최근 동아시아 지역의 해역은 전 세계적으로 분쟁 발생 가능성이
큰 지역으로 손꼽히고 있다.

■ 일국양제 一國兩制 : **하나의 국가 안에 두 개의 제도가 공존할 수 있다는**
의미로, 1978년 중국 덩샤오핑이 고안한 개념이다. 사회주의를 기본 정치
체제로 하되, 경제체제는 자본주의의 시장경제를 병행할 수 있다는 논리
다. 중국은 1997년 영국으로부터 홍콩을, 1999년 포르투갈로부터 마카오
를 반환받으면서, 주권은 사회주의 국가인 중국에 속하지만 자본주의 체
제는 향후 50년간 유지하기로 합의한다. 중국은 대만에도 일국양제의 개
념을 내세우는데, 이는 대만과 중화인민공화국은 분리될 수 없는 한 국가
라는 것을 확언하는 의미이다. 중국 정부가 전체를 대표하는 유일한 정부
이며, 대만은 체제가 다를 뿐 중국에 속한 지방자치정부라는 것을 강조하

는 논리이다.

▸ 홍콩 민주화 시위에 관해서 어떻게 생각하는가? (강원대학교)

■ **뉴미디어** New Media : 말 그대로 새로운 매체다. 이전까지 가장 보편적인 대중매체였던 텔레비전, 라디오, 신문, 잡지 등과 다르게 디지털 기기와 통신망의 발달로 새롭게 부상한 매체들이다. 뉴미디어의 가장 중요한 특징은 쌍방향 소통이 가능하다는 것이다. 콘텐츠의 수용자가 다시 콘텐츠의 생산자가 될 수 있는 미디어 기반 플랫폼으로 유튜브, 페이스북, 블로그, 위키피디아 등이 대표적이다. 뉴미디어의 발달로 정보는 디지털화되고, 글로벌한 정보의 교환이 가능해졌다. 기본 매체는 '물려받은' 기성 매체라는 의미에서 레거시 미디어(Legacy Media)라 한다.

▸ 소셜 네트워크 서비스가 기존의 매스미디어를 대체할 수 있다고 생각하는가? (2019 동국대학교)
▸ 뉴미디어와 4차 산업혁명은 미래에 어떤 모습을 보일 것 같은가? (동서대학교)

■ **제노포비아** Xenophobia : '이방인'을 뜻하는 제노(xeno)와 '혐오증, 공포'를 의미하는 포비아(phobia)의 합성어이다. 나와 다른 민족의 사람을

이유 없이 경계하거나 증오하는 현상을 뜻한다. 이민자는 곧 범죄자라 선언했던 트럼프 전 미국대통령의 발언은 제노포비아의 대표적 사례다. 자국의 경제가 침체되거나, 실업률 증가와 같은 사회문제가 누적될 경우, 또는 외국인이 저지른 범죄가 여론의 공분을 살 경우 제노포비아가 심화되기도 한다. 코로나19가 확산하면서 서구권 국가에서 아시아계 사람들에 대한 인종차별과 폭력이 급증한 것도 그 사례이다.

기출문제

▸ 언론이 외국인 관련 범죄 내용을 보도할 때 주의해야 할 점은 무엇인가? (동국대학교)

■ 비건 패션 Vegan Fashion : 동물도 인간처럼 감정을 지닌 생명체라는 관점에서 보면, 살아 있는 동물의 털과 가죽으로 사람의 옷을 만드는 행위는 엄연한 동물학대에 해당한다. 엄격한 채식주의자를 뜻하는 비건의 식습관과 마찬가지로 의류 역시 가죽, 모피, 울과 같은 동물성 소재를 사용하지 않는 것이 비건 패션이다. 과거에는 윤리적 차원에서 전개되었던 것이 최근에는 구찌, 지미추, 톰 포드 등과 같은 유명 브랜드가 '퍼 프리(fur-free)'를 선언하면서 하나의 트렌드로 자리잡는 추세다. 합성피혁, 아크릴, 나일론, 레이온 등의 합성 소재들이 동물성 소재를 대체할 수 있다.

기출문제

▸ 합리적 소비와 윤리적 소비 중 무엇을 지지하는가? (경희대학교)

■ 성인지 감수성 Gender Sensitivity : 1995년 베이징에서 개최된 유엔 여성 대회에서 최초로 사용되어 국제적으로 통용된 용어로, 처음에는 양성평등적 입장에서 예산이나 정책을 수립해야 한다는 의미였다. 우리 사회에서 성인지 감수성의 의미는 주로 성폭행이나 성희롱 등과 같은 사건에서 사회적 약자로서 여성이 가진 피해자 측의 진술이나 증거 효력의 기준을 완화해야 한다는 취지로 주로 사용되었다. 피해자의 눈높이와 감정에서 사건을 바라보고 이해해야 한다는 개념이다. 안희정 충남도지사의 수행비서 성폭행 등 2018년 사회 전 영역을 강타했던 미투운동을 계기로 우리 사회에도 성인지 감수성에 대한 문제의식이 높아졌다.

기출문제

▸ 최근 사회문제로 떠오르는 데이트 폭력의 원인과 해결방안을 말해 보시오. (2019 동국대학교)

■ 네카시즘 Netcarthism : 1950년대 정치적 반대세력을 공산주의자로 몰아붙였던 광적인 반공주의적 태도를 발언자의 이름을 따서 '매카시즘'이라 한다. 매카시즘과 네티즌이 합성된 네카시즘은 인터넷에 부는 현대판 마녀사냥을 의미하는 신조어다. 익명의 방패 뒤에 숨어서 인터넷상 이슈가 되는 사건에 대해 다수의 네티즌이 무차별적인 공격을 가하는 현상을 말한다. 진위 여부를 가리기도 전에, 가해자로 지목된 대상은 개인정보가 노출되고, 댓글과 댓글이 더해지면서 순식간에 공공의 적으로 전락하고 만다. 선동적 옐로저널리즘에, 믿고 싶은 것만 받아들이는 네티즌의 확증편향이 더해져 네카시즘의 폭력성은 더욱 증폭된다.

▸ 인터넷 실명제의 순기능과 역기능을 두 개씩 말해보시오. (춘천교육
대학교)

■ 뉴트로 Newtro : '새로움'을 뜻하는 'new'와 '복고'를 뜻하는 'retro'의
합성어로서, 예전의 것을 새롭게 받아들이고 좋아하는 경향을 말한다. 패
션, 음악, 디자인, 요식업 등 문화 전반에 걸쳐 나타난다. 기성세대의 추억
을 환기하는 과거의 콘텐츠가 신세대에게는 고전적이면서 동시에 세련된
스타일로 받아들여지며 뉴트로가 퍼지기 시작했다. 몇 십 년 전에 유행했
던 소품들이 다시 생산되고, 오래된 음악이 재해석되는가 하면, 낡은 동네
가 뜻밖의 관광지가 되는 등 뉴트로는 광범위한 트렌드가 되었다. '유행은
돌고 돈다'는 말의 요약이 뉴트로라 할 수 있을 것이다.

〈확인 문제〉

대입 면접 합격을 위한 만점 전략

주제어를 학습한 후 다음의 질문에 대답해보자.

❶ 다음의 주제어 중에서 새롭게 익힌 단어를 골라 √표를 하자.

01 아노미	02 고독한 군중	03 유리천장
04 하우스 푸어	05 노블레스 오블리주	06 님비 현상·핌피 현상
07 코쿠닝	08 고령화사회	09 라마단
10 공동화현상·도넛현상	11 해비타트	12 하인리히 법칙
13 엠바고	14 골든타임	15 옐로저널리즘·황색언론
16 팟캐스팅	17 가짜뉴스	18 미디어 결정론
19 옴부즈맨	20 핵사찰	21 NGO
22 포퓰리즘	23 마키아벨리즘	24 레임덕
25 젠트리피케이션	26 거시·미시	27 다원주의
28 파시즘	29 이데올로기	30 제국주의
31 미디어	32 페미니즘	33 PPL
34 DMB	35 DMZ	36 EEZ
37 일국양제	38 뉴미디어	39 제노포비아
40 비건 패션	41 성인지 감수성	42 네카시즘
43 뉴트로		

❷ 가장 흥미 있는 주제어를 정한 후, 그 용어에 대한 정의와 관련된 확장 개념을 정리해보자.

❸ 수록된 〈:면접, 논술 기출 질문〉 중 하나를 정해서, 면접관에게 납변한다고 가정하면서 자신만의 논리를 전개해보라.

❹ 위의 주제어 중에서 과목별 에세이를 작성한다면 어떤 것을 선택할 것인가? 그 내용은?

3week

법학·행정학 계열에
꼭 필요한 어휘

법학은 법이란 무엇이고, 어떻게 만들어져야 하는가를
탐구하는 학문이다. 법 자체를 학문의 대상으로 삼아
법에 관한 기초적 연구를 하는 이론법학 분야와, 실제
문제에 적용하는 실정법으로서의 법에 관해 탐구하는
실용법학 분야로 나뉜다.
행정학은 정부의 운영과 관리를 연구하는 학문이다. 법
규범의 관점에서 행정에 대해 연구하는 행정법학 분야
와, 실질적인 공공의 목적을 위해 조직과 관리의 체계
를 다루는 분야로 구분된다.

▶ 관련 전공 학과

법학, 국제관계학, 국제법무학, 정치외교학, 행정학, 도시계획학,
보건행정학, 비서행정학, 경찰행정학, 해양경찰학, 군사학 등

▶ 나는 이 계열에 얼마나 어울리는 사람일까? 체크해보자.

- ☐ 사회문제에 관심이 많다.
- ☐ 논리적이고 분석적이다.
- ☐ 어떤 상황에 대해 합리적이고 공정한 사고를 할 수 있다.
- ☐ 암기력이 뛰어나다.
- ☐ 자신의 생각을 조리 있게 표현하는 데 소질이 있다.
- ☐ 한자어에 대한 기본 소양이 풍부하고, 어려운 글을 읽을 수 있는 독해
  능력이 있다.
- ☐ 누군가와 의견이 충돌할 경우, 논리를 세워 토론하는 것을 좋아한다.
- ☐ 사회를 이끌어가는 다양한 산업 동향에 관심이 많다.
- ☐ 치밀하고 꼼꼼한 편이다.

▶ 3주차에 나오는 학습 어휘이다. 한눈에 익히자.

(＊기출문제 포함)

- □ 유권해석
- □ 신의성실의원칙
- □ 집행유예
- □ 공소시효
- □ 미필적고의
- □ 배임
- □ 유치권
- □ 미란다원칙
- □ 스모킹 건
- □ 김영란법 ＊
- □ 지적재산권 ＊
- □ 촉법소년 ＊
- □ 고위공직자범죄수사처 ＊
- □ 기본소득제 ＊
- □ 숙의 민주주의 ＊
- □ 실체법·절차법
- □ 기판력
- □ 초상권
- □ 친고죄
- □ 가석방
- □ 보궐선거
- □ 국민참여재판
- □ 민식이법 ＊
- □ 패스트 트랙
- □ 그루밍 성범죄 ＊
- □ 데이터 3법 ＊
- □ 잊힐 권리
- □ 기부채납

01 유권해석

▶ 정의 : 국가의 권한 있는 기관에 의해 법의 의미 내용이 확정되고 설명되는 것.

    렌터카를 이용한 '타다' 서비스의 영업 방식이 합법인지 불법인지를 묻는 검찰의 의견 조회에 국토교통부는 당분간 유권해석을 내리지 않기로 했다. 논쟁의 여지가 있는 상황에 대해 최종적으로 어떤 것이 합법적인지를 결정하기 위해서는 유권해석이 필요하다.

    유권해석이란 말 그대로 권한이 있는 해석을 의미한다. 법을 적용할 수 있는 공적인 힘을 지닌 국가기관이 법을 해석하는 것을 말하며, 해석의 주체가 누구인지에 따라 입법적 해석, 사법적 해석, 행정적 해석으로 나뉜다. 법이 강력한 힘을 지니는 이유는 법치국가에서 법이 사회의 질서를 바로잡는 현실적 기준이 되기 때문이다. 사법 해석은 법원이 판결을 내리는 행위 자체다. 사건을 판단하기 위해서는 필연적으로 법을 해석해야 한다. 사법 해석의 결과는 판례로 남게 된다. 사법 해석은 가장 보편적으로 행해지는 법 해석이다. 입법 해석은 국회에서 법의 의미와 구체적 내용을 확정하는 것, 즉 법 자체를 규정하는 해석을 말한다. 행적 해석은 관청이 법령을 집행할 때 하급 행정기관에 지령을 발휘하는 것을 의미한다.

유권해석과 반대로, 해석의 주체가 국가기관이 아니어서 권한이 부여되지 않는 해석을 무권해석이라 한다. 법에 대한 학문적 접근, 즉 법학자들이 법에 대해 학문적으로 접근하는 학리해석이 무권해석에 해당한다. 법이 규정하는 이념과 가치에 대한 이해를 바탕으로 법조문의 의미를 해석하며, 그것이 지닌 언어적 특징이나 구체적 내용을 해석하는 것을 말한다.

세상이 복잡할수록 명확하게 규정할 수 없는 사안들은 끊임없이 발생하는데, 그럴 때 사람마다 자기 편의대로 법을 해석하는 것을 막으려면 반드시 유권해석이 필요하다. 시대적 변화 속도가 빨라질수록 기존에 규정했던 법 해석으로 판단할 수 없는 새로운 사회문제도 대두된다. '타다' 문제에 대한 유권해석이 유보되는 이유도, 그것이 아직 판례가 남아 있지 않은 낯선 문제이기 때문이다.

02 신의성실의원칙

▶ 정의 : 권리의 행사나 의무의 이행은 신의에 좇아 성실히 해야 한다는 근대 민법의 원리.

"어디 한번 법대로 해보자고!"

사람 사이에 분쟁이 발생했는데 각자의 의견이 다르면 갈등은 해소되지 않고 싸움은 격해진다. 결국 누구의 말이 더 옳은지 법으로 가려보기로 한다. 한쪽이 일방적으로 법을 어긴 것이면 판단하기 쉽지만, 이 세상에는 뚜렷이 선악을 가리기가 모호한 일들이 수없이 발생한다. 겉보기에는 비슷한 사건이라 할지라도 속사정을 들어보면 완전히 다른 곡절이 숨어 있는 일도 허다하다. 그렇다고 발생할 수 있는 모든 정황을 일일이 구체적 법조항으로 규정하는 것도 불가능하다. 어떤 것은 법이 아니라 도덕의 영역이고, 어떤 것은 윤리와 양심의 문제처럼 보이는데 첨예한 금전 관계가 얽혀 있는 일들도 많다.

이 모든 개별적 사안을 종합해서 민법에서 포괄적으로 규정하는 것이 신의성실의원칙이다. 줄여서 '신의칙'이라고도 한다. 우리나라 민법 제2조는 '신의성실'이라는 제목 아래 다음과 같은 규정을 두고 있다. 제1항 '권리의 행사와 의무의 이행은 신의에 좇아 성실히 하여야 한다', 제2항 '권리는 남용하지 못한다'라는 규정이 그것이다.

사람들 사이에 벌어지는 수많은 약속은 기본적으로 권리와 의무를 바탕으로 하고 있다. 신의칙이란 **권리를 행사하는 쪽이나 의무를 이행하는 쪽이나 상대방의 믿음을 배반하지 않고 성의를 가지고 행동해야 한다는 것**을 말한다. 쉽게 말해 법적으로 문제가 없다 해도 야비하게 행동하는 것은 안 된다는 규정이다. 겉보기에는 합법적인 것처럼 보이지만, 실제로는 타인에게 몰상식할 정도로 비열한 피해를 주는 경우라면 이 조항에 걸린다.

몇 년 전, 근로자의 통상임금을 어떻게 규정할 것인지에 대한 노사 간의 분쟁에서 신의성실의원칙이 핵심 쟁점으로 떠오른 적이 있었다. 노조 측에서는 수년간 근로자의 통상임금에서 누락되었던 상여금을 다시 계산해서 밀린 수당을 지급해달라고 주장했고, 사 측에서는 회사 자금 사정상 그것을 이행하기 어렵다고 했다. 결국 법원은 통상임금에 상여금이 포함되는 것은 인정하되, 그동안 밀린 수당을 얼마나 지급할 수 있을지는 신의성실의원칙에 입각해 회사의 사정을 고려해서 각기 다른 판결을 내렸다.

'자유로운 의사를 갖고 자신이 책임진다'는 전제하에 사법상의 법률행위를 할 수 있도록 개인의 권리를 보장해주는 사적자치의 원칙은 민법의 기본 원리다. 그 민법의 첫머리에 신의를 강조하는 것은 의미심장하다. 사회에서 한 개인이 권리를 행사하고 의무를 이행하는 데 있어 다른 사람의 믿음을 존중하고, 상대방을 배려하는 것은 올바른 시민사회의 가장 기초적인 행위규범이라는 것을 신의성실의원칙은 시사하고 있는 것이다.

03 집행유예

▶ 정의 : 유죄의 형을 선고하면서 이를 즉시 집행하지 않고 일정 기간 그 형의 집행을 미루어주는 것.

"피의자가 범죄를 인정했고, 깊이 반성하고 있으며, 초범이기에 집행유예를 선고한다."

각종 범죄를 저지른 죄인에게 판사가 집행유예를 선고했다는 기사를 접할 때가 많다. 유예는 '미룬다'는 의미다. 따라서 집행유예는 말 그대로 처벌의 집행을 미룬다는 뜻이다. 피고인에게 징역이나 금고의 판결을 내린 후 그 형의 집행을 일정 기간 미루어주는 사법제도가 집행유예다.

중범죄자가 아닌 이상, 죄인의 교화를 위해 자유를 가두는 것만이 최선의 방법은 아니라는 생각이 집행유예 제도의 전제다. 교화의 여지가 있는 가벼운 범죄자의 경우, 자유가 구속되는 실형의 집행을 받는 것보다 사회에 복귀할 방안을 스스로 찾을 수 있도록 허용해주는 것이 오히려 사회 전체의 이득을 위해 더 유리하다는 것이다.

가령, 고의성 없이 비교적 가벼운 죄를 범한 초범이 깊이 후회하고 있어 재발의 우려가 극히 낮은데도 일률적으로 실형을 선고한다면 오히려 그들은 삶을 자포자기해서 교도소에서 반사회적 정서를 키우고, 다른 중범죄자들에게 물들어 더 큰 범죄자로 양산될 가능성이 크다. 어떤 범죄자에게 집행유예를 선고하는 것이 적합한지 아닌지는 법원의 재량에 달려 있지만, 현재 법률상 유예가 가능한 조건이라면 대부분 유예를 허용하는 추세다.

집행유예는 3년 이하의 징역이나 금고의 형을 선고한 경우에만 적용되며, 범인의 다양한 정황을 참작하여 1년 이상에서 5년 이하의 기간 동안 형의 집행을 유예할 수 있도록 정해져 있다. 집행유예의 선고를 받은 범인이 별다른 이변 없이 유예기간을 넘긴다면 형의 선고는 효력을 잃는다. 집행유예 기간이 만료되면 검찰과 등록기준지에서 관리하는 명단에서는 기록이 사라지지만, 범죄경력자료의 기록은 평생 남게 된다.

그러나 집행유예 기간에 금고 이상의 실형을 선고받고 판결이 확정되면 그때는 집행유예 선고는 효력을 잃으며, 새로 받은 실형 기간에 유예된 기간까지 더해져 형이 집행된다. 간혹 범죄의 가벼움과 무거움에 대한 법원의 판단과 국민의 정서 사이에 온도 차이가 심해, 전 국민의 공분을 산 범죄자에게 집행유예가 선고되는 일이 발생하기도 한다.

04 공소시효

▶ 정의 : 범죄가 일어났을 때, 일정 기간이 지나서까지 범인이 잡히지 않으면 형벌권이 없어지는 것.

2019년 9월, 한국 범죄 기록 중 최악의 장기미제사건으로 남아 있던 화성 연쇄살인 사건의 범인이 밝혀졌다. 범죄 발생 당시에는 미비했던 DNA 분석을 통해, 현재 다른 범죄를 저지르고 교도소에 수감 중이던 범인을 찾아낸 것이다. 하지만 온 국민의 충격과 분노에도 불구하고 그 범죄로 진범을 처벌하는 것은 불가능하다. 이미 1991년에 발생했던 마지막 범행의 공소시효가 끝났기 때문이다. 당시 살인 사건의 공소시효는 15년이었다.

공소시효는 **범죄행위가 종료된 후 검찰이 범죄를 저지른 자를 재판에 넘기지 못한 채 일정 기간이 지나면 해당 범죄행위에 대한 국가의 형벌권이 소멸하는 제도**를 말한다. 범죄의 정도가 무거울 수록 공소시효가 길어지는 것이 일반적이다. 우리나라는 2007년 살인죄에 대한 공소시효를 15년에서 25년으로 연장했고, 2015년에는 아예 살인죄에 대한 공소시효를 폐지했다. 화성 연쇄살인 사건의 경우 2006년 공소시효가 끝났고, 법 개정은 그 이후에 이루어졌기에, 법률불소급의원칙에 따라 범인에 대한 처벌은 불가능하다.

범죄행위에 대하여 공소시효를 두는 데는 여러 가지 이유가 있다. 범죄 발생 후 시간이 오래 지날수록 사건에 대한 증거의 명확성이 떨어져 재판의 공정성을 유지하기가 어렵고, 지속적으로 발생하는 범죄들을 처리해야 할 수사 인력이 누적된 미제 사건에 무기한 투입될 경우 사회의 안전성이 떨어질 가능성이 크기 때문이다. 또한 오랜 시간이 흐르면 범죄로 인한 피해자의 감정과 피해가 진정되고 개인의 생활 안정을 최우선으로 해야 할 필요성이 늘어난다.

1999년, 대구에서 6세 김태완 군이 괴한에게 황산테러를 당해 사망하는 사건이 벌어졌다. 범인은 잡히지 않은 상태에서 2015년, 사건에 대한 공소시효가 끝나가고 있었다. 온 국민의 안타까운 정서에 따라 2015년 7월 31일, 우리나라에서 살인 사건에 대한 공소시효가 폐지되었다. 일명 '태완이법'이다. 하지만 정작 김태완 군 사건은 법 개정 이전에 발생한 사건이기에 공소가 불가능했다.

05 미필적고의 未必的故意

▶ 정의 : 자기 행위로 인해 어떤 범죄 결과의 발생 가능성을 인식하였음에도 불구하고 그 결과의 발생을 허용한 심리 상태.

다음과 같은 사건은 살인죄에 해당할까? 사람이 많은 도로에서 '과속으로 차를 몰다가는 지나가는 사람을 칠 수도 있다'는 사실을 알지만 그래도 상관없다는 생각으로 사고를 내서 누군가 사망한 경우, 휘발유가 흥건히 고인 주유소에서 '담배를 피우면 화재가 발생할 가능성이 크다'는 것을 인식하면서도 버젓이 담배를 피우다 결국 불을 내 누군가가 죽었다거나, '이 정도로 심하게 때리면 맞는 사람이 죽을지도 모른다'고 생각하면서 폭행을 멈추지 않아 누군가 사망에 이른 경우, 보복 운전을 하려는 생각으로 고속도로에서 갑자기 멈추는 바람에 뒤에 오던 차가 앞차와 추돌해 뒤차의 운전자가 사망한 경우, 오랜 기간 먹을 것을 주지 않아 학대받은 아동이 아사에 이른 경우, 숲에서 사냥감인지 사람인지 헷갈리는 물체를 보고 총을 쏘아 사람이 죽은 경우…….

　사람을 죽이려는 의도로 한 행위는 아니기에 살인이 아닌 것도 같고, 그렇다고 사망 사건에 행위를 한 사람의 의지가 전혀 개입되지 않았다고 하기에는 뭔가 석연치 않은 구석이 있다. 결론부터 말하자면, 이들에 대한 처벌의 정도는 정확한 고의를 지니고 그 행동을 한 자에 대한 처벌과 같다.

　법률에서 '고의'는 자신이 의지를 갖고 행동하는 것, 또 스스로 자신이 무슨 짓을 하고 있는지를 인식하면서 행하는 것을 의미한다. 모든 죄는 대부분 '고의'로 저질러진다. 이들을 '고의범'이라 한다. 실수로 범죄를 저지르게 된 소수의 범법자는 '과실범'이라 한다. 그러나 범죄를 저지른 자가 고의로 그런 것인지 실수로 그런 것인지는 사람의 마음속에서 벌어지는 일이기에 쉽게 판단하기 어렵다. 결국 벌어진 행동의 결과를 바탕으로 범죄자의 고의성을 추정해야 한다.

　범죄를 저지르겠다는 확고한 의지까지는 아니지만, 자신의 현재 행동이 범죄행위로 이어지더라도 괜찮다는 생각을 '미필적고의'라 한다. 즉 반드시 발생하는 것은 아니지만(미필), 어쩌면 발생할지도 모르는데, 만약 발생한다 해도 상관없다고 생각하는 것이다. 미필적고의가 성립하려면 어떤 행동으로 인해 범죄가 발생할 가능성이 있다는 것을 알고 있는 동시에 그러한 결과가 벌어져도 어쩔 수 없다는 허용의 심리 상태여야 한다. 그 마음만으로도 이미 범죄에 고의성이 있다고 인정되는 것이다.

06 배임 背任

▶ 정의 : 타인의 사무를 처리하는 사람이 그 사무에서 임무를 저버리고 불법행위를 해 재산상의 이익을 취득하거나, 제3자로 하여금 이를 취득하게 해 타인에게 손해를 가하는 범죄.

간혹 뉴스에서 정치인이나 기업인들이 배임 혐의로 구속되었다는 기사를 접하게 된다. 배임은 쉽게 말해서 **누군가로부터 받은 신뢰를 바탕으로 주어진 의무를 배반하면서 발생한 범죄**를 말한다. 어떤 사람에게 업무를 맡겼을 때, 그 업무를 의뢰한 사람이 기대했던 행위를 저버리고 오히려 업무를 맡긴 사람에게 재산상의 손해를 끼쳤을 때 배임죄가 성립한다. 가령, 공무원이나 회사원이 나라나 기업을 위해 업무를 수행하지 않고 자신이나 또 다른 제삼자의 이익을 위해 행동함으로써 국가나 기업에 손해가 발생했을 경우 배임죄 처벌을 받게 된다.

누군가에게 업무를 맡길 때는 상호 계약관계가 성립하고, 계약관계는 법률이나 관습에 따라 '신의성실의원칙'을 지킬 것을 전제로 한다. '신의성실'이란 사회의 구성원들이 서로에게 믿음을 저버리지 않도록 행동해야 한다는 것으로, 사람의 행동에 대한 윤리적, 도덕적 기준을 나타내는 말이다. 배임은 이러한 신의성실의 기대를 저버리면서 발생한다. 은행원이 갚을 능력이 없는 기업에 사적

이득을 목적으로 부실 대출을 허용한다든가, 보험 외판원이 사기성이 분명한 가입자를 보험에 가입시켜 보험사에 손실을 끼치고 자신은 수수료를 챙긴다든가 하는 행위들이 배임의 한 예다.

간혹 기업의 중요한 의사결정을 하는 누군가가 회사에 손실을 끼치는 결정을 내렸다고 했을 때, 그의 행동이 업무상 배임에 해당하는지 아닌지가 주요한 이슈로 떠오를 때가 있다. 배임죄 성립 여부는 신뢰 관계에 대한 배반이 중요하기에, 비록 회사에 손해가 발생했다 할지라도 그것이 회사를 위한 행동이었다면 배임죄에 해당하지 않는다. 배임은 결국 회사에 손실을 입히면서 자신이나 타자의 이익을 노렸는지가 중요한데, 그것을 밝혀내기가 그리 간단

어허엉~
마시따···어헝~

105

치킨

한 일은 아닌 것이다.

07 유치권

▶ 정의 : 다른 사람의 물건이나 유가증권을 담보로 빌려준 돈을 받을 때까지 그 물건이나 유가증권을 맡아둘 수 있는 권리.

가끔 '유치권 행사 중'이라는 팻말이나 플래카드가 걸린 건물을 볼 때가 있다. 그런 건물은 대부분 문을 잠그거나 가림막을 놓음으로써 아무나 접근할 수 없도록 표시해놓는다. 대개 공사 대금이 지불되지 않아, 건축회사에서 건물주에게 공사비 지급을 촉구하면서 건물을 점유하는 경우가 많다.

유치권이란 물권(物權)의 한 종류로, 타인의 물건이나 유가증권을 점유한 자가 채권의 변제를 받을 때까지 이를 유치할 수 있는 권리를 의미한다. '유치'한다는 것은 무엇인가를 계속 점유하고 있으면서 그것을 넘겨주기를 거절하는 것을 말하며, 유치권은 물건을 넘겨주지 않음으로써 채무자의 변제를 강제하기 위해 행사하는 권리를 뜻한다. 즉 빚을 갚기 전까지는 움켜쥐고 있는 담보물을 돌려주지 않겠다는 것이다.

가령, 자동차 수선을 맡긴 손님이 수선비를 내지 않을 경우에 카센터 주인은 수선비를 받을 때까지 자동차에 대한 유치권을 행사할 수 있다. 하지만 유치권은 어디까지나 채무가 이행될 때까지 반환을 거절할 수 있는 권리일 뿐 그것을 이유로 해당 물건을 사용할 수 있는 권한은 아니다. 즉 수선비를 못 받은 주인이 수선비를 대신하여 돌려주지 않은 자동차를 타고 다니는 것은 엄연한 불법 행위이다. 같은 이유로 유치권을 행사하고 있는 건물은 건물주가 사용하지 못하게 막는 것만 가능할 뿐 채권자가 직접 건물에 거주하거나 거기에서 영업 행위를 하는 것은 부당한 점유에 해당한다.

건축물에 대한 유치권을 행사하기 위해서는 그것에 대한 타인의 접근을 막고 채무자가 현재 유치권을 행사하고 있다는 것을 알릴 수 있는 점유의 표시가 필요하다. 흉물스러운 표시로 건물 여기저기에 경고문을 붙이는 이유가 그것이다. 유치권 행사 중에 건물주가 파산해 해당 물건이 다른 곳으로 넘어간 경우에는 채무 변제의 책임 소재가 불분명해져 물리적 충돌이 벌어지는 일도 비일비재하다.

08 미란다원칙 Miranda Rule

▶ 정의 : 피의자를 체포할 때 피의자가 알아야 할 헌법상의 권리를 일러주어야 한다는 원칙.

영화에서 범인이 체포되는 결정적 순간, 경찰이 용의자에게 빠른 속도로 일러주는 말이 있다.

"당신은 묵비권을 행사할 수 있고, 당신의 모든 발언은 법원에서 불리하게 작용할 수 있으며, 당신은 변호사를 선임할 수 있다."

미란다원칙은, 비록 범죄를 저질렀을 것으로 추정되는 용의자라 해도 범죄가 확정되기 전까지는 아직 죄인으로 간주할 수 없기에, 용의자가 정당하게 자신을 보호할 수 있도록 경찰이 피의자에게 체포 전에 법적 권리를 알려주어야 한다는 규칙이다.

이는 1963년 미국인 에르네스토 미란다(Ernesto Miranda) 사건에서 비롯되었다. 미란다는 납치 강간 혐의로 체포되었는데, 위와 같은 권리를 알지 못한 상태에서 심문을 받고 범죄 사실을 자백했다. 하지만 애리조나 판결에서 대법원장은 미란다가 진술 거부권, 변호사 선임권 등의 권리를 고지받지 못했다는 이유로 무죄를 선고한다. 이 사건은 당시 사회적으로 큰 파장을 일으켰고, 이후로 수사관들은 미란다 경고문을 만들어 피의자를 체포할 때 이와 같은 권리를 미리 알려주게 된다.

세부적으로 조금씩 다르기는 하지만, 나라마다 이와 유사한 법조항이 있다. 우리나라도 미란다원칙과 비슷한 조항을 법률로 규정하고 있다. 우리나라 형사소송법에서는 피의자에게 '체포하는 이유, 피의 사실, 변호사 선임권, 변명할 기회 있음'을 의무적으로 고지해야 한다. 예를 들면 "당신을 살인죄의 현행범으로 체포하며 변호사를 선임할 권리가 있고, 변명할 기회가 있다"는 식이다.

미란다원칙은 범인을 과보호한다는 비판도 있지만 '열 사람의 범인을 놓치는 한이 있더라도 한 사람의 죄 없는 사람을 처벌해서는 안 된다'는 민주적 신념에 근거해서 생각한다면 의의가 크다. 또한 범죄 혐의가 있다 하더라도 모든 사람의 인권은 존중받아야 한다는 대원칙에 대한 기본적 지침이 되기도 한다. 범죄자에 대한 징벌은 그 이후에 법의 논리에 따라 가려야 할 문제다.

09 스모킹 건 Smoking Gun

▶ 정의 : 범죄·사건 따위를 해결하는 데 결정적으로 작용하는 확실한 증거.

1974년 8월 9일은 닉슨 대통령이 미국 최대의 정치 스캔들이었던 워터게이트 사건으로 인해 하야한 날이다. 닉슨 행정부는 미국의 베트남전 참전을 반대하는 민주당을 저지하기 위해 민주당 선거운동지휘본부가 있었던 워터게이트 호텔을 도청한다. 도청 장치가 발각되었음에도 혐의를 부인하고 은폐하려던 닉슨은 자신들의 범죄 사실을 증명하는 녹음테이프가 공개되는 바람에 미국 역사상 최초로 임기 중 사임하는 대통령이 되고 만다. 〈뉴욕타임스〉는 이 사건의 결정적 증거가 되어준 녹음테이프를 '스모킹 건'이라고 표현한다.

스모킹 건은 원래 아서 코난 도일(Arthur Conan Doyle)이 쓴 셜록 홈스 시리즈 중《글로리아 스콧 호(The Adventure of the Gloria Scott)》에서 처음 등장한 표현이다. 작품 속에서 목사가 손에 들고 있던 연기 나는 총은 그가 선상 살인 사건의 범인이라는 명백한 단서로 작용한다. 이후 이 말은 **범죄와 같은 행위를 증명하는 결정적 증거를 가리키는 말**로 널리 사용되기 시작했다. 복합적으로 얽혀 미궁에 빠진 사건들은 종종 뜻밖의 스모킹 건이 발견되면서 해결의 실마리를 찾기도 한다. 발뺌하던 피의자들도 더 이상 부인할 수 없는 치명적 증거 앞에서는 범죄 사실을 자백할 수밖에 없다.

스모킹 건과는 반대로 알리바이(Alibi)는 피의자가 범행 당시에 자신이 범죄 현장이 아닌 다른 곳에 있었음을 증명하는 것이다.

'현장부재증명'이라고도 하며, 알리바이가 성립되면 피의자는 무죄가 입증되어 풀려날 수 있다.

10 김영란법

▶ 정의 : 부정청탁 및 금품 등 수수의 금지에 관한 법률. 언론인과 사립학교 교직원을 포함한 공직자의 부정청탁 및 금품 수수를 금지한 법.

스승의 날에 담임선생님께 감사한 마음을 작은 선물로 표현하고 싶다. 괜찮을까? '현행법상 불가하다'가 정답이다. 현재 학생을 지도하고 평가하는 위치에 있는 교사에게는 금액에 상관없이 어떤 선물도 허용되지 않는다. 작년 담임선생님께는? 이미 졸업한 초등학교 때 담임선생님께는? 작년 담임선생님께는 5만 원 이내의 선물, 이미 졸업한 이후에는 5만 원을 초과하는 선물을 하는 것이 가능하다.

이렇게 작은 선물 하나에도 기준이 복잡하고 적용이 엄격한 것은 일명 '김영란법' 때문이다. 공무원, 국회의원, 언론인, 교직원 등 공직자들의 부패를 막고자 2016년 9월 28일부터 시행 중인 법률이다. 정식 명칭은 '부정청탁 및 금품 등 수수의 금지에 관한 법률'이다. 사회 전반에 만연할 수 있는 부정부패를 방지하기 위해 당시 국민권익위원장이었던 김영란의 제안으로 만들어진 법률이기에, 제안자의 이름을 따서 '김영란법'이라는 별칭으로 불린다(약칭 청탁금지법).

부정청탁이란 올바르지 않은 방법으로 무엇인가를 부탁하는 것을 말한다. 주로 부탁을 들어주는 대가로 금품을 전달하는 경우가 많다. 청탁을 받는 사람은 정당한 절차를 초월해 결과를 좌지우지할 만큼 사회적 영향력이 큰 위치에 자리한 사람일 것이다. 편향적 기사로 여론을 움직일 수 있는 언론인, 편법을 동원해 청탁자의 편의를 봐줄 수 있는 공무원, 촌지에 따라 학생을 차별하고 성적을 매기는 교사 등이 그렇다.

부정부패가 쉽게 자행되는 사회에서는 국민들이 정치에 대한 냉소주의에 빠지고, 사회 전반의 건강한 합리성이 소실되고 만다. 2010년 스폰서 검사 사건, 2011년 벤츠 여검사 사건 등 공직자의 부패와 비리가 연이어 발각됐지만, 그것을 규제할 수 있는 정교한 법은 부재했다. 이후 우리 사회의 부정부패에 대한 비판 여론이 거세게 형성되면서 2012년 김영란법이 제안되었다. 이후 법안은 다양한 쟁점의 첨예한 논의를 거쳐 최종적으로 2016년 9월 28일 시행되기에 이른다. 김영란법의 시행으로 애매했던 부정청탁에 대한 판단 기준이 명확해지고, 처벌 규정도 이전보다 강화되었다.

김영란법 시행 이후, 각계에서 부정청탁에 대한 감수성이 이전보다 민감해지는 경향이 뚜렷이 드러났다. 법률의 구체적 시행안만 보면 사소하고 조잡스러운 문제를 다루는 듯 느껴지지만, 청탁과 뇌물이 만연된 서구 국가들이 얼마나 큰 국가 위기에 봉착하게 됐는지를 떠올려 볼 때 김영란법으로 이 사회에서 근절하고자 하는 것은 단지 촌지 정도가 아님을 알 수 있다.

▸ 우리나라에서 지록위마와 비슷한 현상이 나타나는 사례는 무엇이며, 그 문제점은 무엇이라 생각하는가? (2020 고려대학교)

11 지적재산권 Intellectual Property Rights, IPR

▶ 정의 : 발명·상표·디자인 등의 산업재산권과 문학·음악·미술 작품 등에 관한 저작권의 총칭.

2019년 우리나라의 지적재산권 수준은 세계 13위를 기록했다. 미국 상공회의소 산하 글로벌혁신정책센터에서는 매년 세계 50개 국가의 지적재산권 수준을 평가한 결과를 발표한다. 우리나라의 경우 미국, 영국, 프랑스, 독일과 같은 선진국 그룹에서 상위를 차지하고 아시아에서는 일본과 싱가포르가 우리나라보다 앞서 있다.

지적재산권은 인간이 지적 활동을 통해 창조한 것 중에서 법으로 보호할 만한 가치가 있는 것들에 대해 법이 부여한 독점적 권리를 말한다. 지식 재산권이라고도 한다. 지적재산권은 다시 산업 발전을 목적으로 하는 산업재산권(특허권, 실용신안권, 상표권, 디자인권)과, 문화창조를 이끌어가는 저작권으로 나뉜다. 산업재산권은 특허청의 심사를 거쳐 등록해야 인정되고, 저작권은 출판과 동시에 시작된다. 날이 갈수록 기존의 기준으로 판단하기 어렵거나 장르와 범위를 넘나드는 창작물들이 생성되어 다양한 논란이 양산되고 있다.

2018년 우리나라는 지적재산권 수지에서 역대 최소 적자를 기록했다. 이미 막강한 지적재산권을 보유하고 있는 선진국들과의 싸움에서 우리나라의 경쟁력이 점점 증가하고 있다는 방증이다. 이 같은 결과는 한류를 이끄는 게임 산업에서 상표 및 프랜차이즈권이 흑자로 전환한 영향이 컸다. 게임 산업뿐만 아니라 최근에는 BTS로 대표되는 한류 열풍을 타고 엔터테인먼트 사업도 글로벌 시장을 공격적으로 공략하고 있다. BTS의 지적재산권을 활용한 영화, 드라마, 웹툰, 소설, 애니메이션 등이 제작되고, 대형 게임 기업인 넷마블과 함께 BTS 게임도 발표될 예정이다.

오늘날처럼 전 세계의 정보가 국경을 넘어 빠르게 유통되는 환

경에서 지적재산권은 첨예한 갈등을 유발하기도 하고 심각한 무역분쟁의 원인이 되기도 한다. 삼성과 애플이 특허소송 분쟁으로 7년이나 이어진 긴 전쟁을 치른 것이 대표적 사례다. 미국처럼 지적재산권이 잘 정비된 국가들은 중국을 비롯한 후발 국가들을 대상으로 대규모 지적재산권 제소를 거듭하고 있다. 창의력이 국가의 미래 경쟁력을 좌우하는 지금 환경에서 지적재산권 보호에 대한 인식은 날이 갈수록 중요성이 커지고 있다.

기출문제

▸ **지적재산권에 대해 아는 대로 말해보시오.** (2017 상명대학교)

12 촉법소년

▸ 정의 : 만 10세 이상 14세 미만으로, 형벌을 받을 범법 행위를 한 미성년자.

도저히 미성년자가 저질렀다고 믿을 수 없을 정도로 잔혹한 범죄가 세간의 화제가 될 때마다 청와대 홈페이지 국민청원 게시판에는 소년법 폐지를 제안하는 글이 등장한다. 갈수록 미성년자의 범행은 악랄해지고, 범죄를 저지른 당사자에게서는 반성의 기미가 보이지 않는데 정작 그들을 처벌할 수 있는 법적 근거가 뾰족하지 않다는 것이 분노의 여론을 모으는 이유다.

촉법소년이란 형벌 법령에 저촉되는 행위를 한 만 10세 이상 만 14세 미만의 형사미성년자를 말한다. 형사미성년자란, 범죄를 저질렀지만 자신의 범죄에 대해 형사상 책임을 지기에는 너무 나이가 어려 책임능력이 없다고 판단되는 사람을 뜻한다. 촉법소년은 형사처분 대신 소년법에 따라 보호처분을 받게 된다. 우리나라의 소년법은 1949년 미군정 직후, 일본의 소년법과 미국의 소년범죄법을 근간으로 제정되었다. 소년법에 의하면 어른보다 아직 인지 능력이 부족한 아이들을 성인과 동등하게 처벌하는 것은 지나치게 가혹하기에, 촉법소년에게는 형사처분이 아니라 보호처분만 내리게 되어 있다.

보호처분이란 판사가 소년보호사건을 심리한 결과, 소년의 환경 개선을 위해 국가의 보호가 필요하다고 처분을 내리는 것이다. 형사처분과 달리 보호처분을 받아도 전과기록은 남지 않는다. 소년법의 이면에 깃든 기본 사상은, 아동은 특별히 주의 깊게 처우 받아야 한다는 생각이다. 비행을 이유로 그저 아동을 처벌하고 마는 것은 사회적으로 무익하고 부당한 일이기에, 문제의 초점을 비행 아동의 사회 복귀에 맞춰야 한다는 것이다. 촉법소년보다 더 어린 만 10세 미만의 아동은 아예 보호처분의 대상조차 되지 않는다. 만 14세 이상부터 만 19세 미만까지의 '범죄소년'은 형사처분이나 보호처분이 모두 가능하다. 다만 만 19세 미만에게는 사형이나 무기징역을 선고하는 것이 금지되어 있다.

그러나 촉법소년을 제정했던 과거에 비해 다양한 매체에 노출된 현재의 소년들이 과연 법으로 보호해야 할 정도로 천진한가에 대한 논란을 비롯해 소년법을 둘러싼 논쟁은 더욱 거세지고 있다. 실제로 날이 갈수록 촉법소년의 수는 증가하고 있다. 그러나 소년법 개정을 주장하는 여론의 밑바탕에는 우리 사회가 강력한 형벌을 통해 분노를 해소하고, 공적 복수를 실현하는 데 지나치게 집중하는 심리가 깔려 있어 우려를 자아낸다. 촉법소년 제도는 우리 사회가 어떤 문화를 만들어나가야 하는지에 대한 철학적이고 사회학적인 고민을 제시한다.

13 공위공직자범죄수사처 (공수처)

▶ 정의 : 고위공직자 및 그 가족의 비리를 중점적으로 수사, 기소하는 독립기관.

권력은 자칫 방심하면 비리와 연관되기 쉽다. 역사에 길이 남은 정치적 악행들도 권력자에게 주어진 권력을 부정하게 남용하는 데서 시작되었다. 권력은 그 자체가 이미 타인을 억누를 수 있는 권한과 힘을 의미하기에, 권력자가 악행을 저지를 때는 그것을 단죄하거나 저지하기가 쉽지 않다. 그러기 위해서는 권력자의 권력을 능가하는 더 큰 권력이 필요하다.

고위공직자범죄수사처(이하 공수처)의 필요성에 대한 논의는 이러한 문제의식에서 출발했다. 권력형 비리는 부정부패와 결부되어 국가 기강을 흔든다는 점에서 일반인의 범죄보다 더 위험하다. 우리나라에서 공수처에 대한 논의는 1990년대 중반에 시작되었지만, 오랜 갈등과 첨예한 대립을 거듭하다가 2019년 12월 30일 '고위공직자범죄수사처 설치 및 운영에 관한 법률안'이 국회 본회의를 통과하고 2020년 1월 공포됐다.

공수처는 3급 이상의 고위 공직자와 그 가족의 범죄를 수사하고, 범죄 혐의가 있을 경우 기소까지 할 수 있는 권력형 비리 전담 기구다. 이전까지 검사에게만 독점적으로 주어졌던 기소권까지 행사할 수 있다. 대통령, 국회의원, 판검사, 광역자치단체장 등 입법, 사법, 행정 전 분야의 고위 공직자가 수사 대상이며, 현직 대상자는 6천 명~7천 명 정도다. 전직 공직자까지 수사 대상을 확대하면 그 수는 더 늘어난다.

2021년 4월 16일 공수처 검사에게 임명장이 수여되어 외형상으로는 본격적인 수사 체제를 갖추었다. 당시까지 수백 건이 넘는 사건들이 접수되어 공수처의 활동을 기다리고 있다. 그러나 검찰과 공수처 간의 사건 이첩 방침이나 기소권 최종 권한 설정 등 공수처의 본격적 활동에 앞서 조율해야 할 세부 규정이 많이 남아 있다. 수사를 하는 사람이나 수사를 받는 사람이나 모두 권력을 행사할 수 있는 위치이기에 갈등과 충돌은 불가피하다.

공직자가 국민에 헌신해야 할 소임을 저버리고, 오히려 그 권력을 이용해 재물, 권한, 지위 등 어떤 형태로든 부당한 이익을 취하는 것에 대해서 여론은 매우 비판적이다. 국민들이 공수처의 본격적 활동을 기대하고 응원하는 이유가 그것이다.

14 기본소득제 Basic Income

▶ 정의 : 모든 국민에게 동일한 최소 생활비를 지급하는 소득분배 제도.

코로나19 팬데믹이 장기화되면서 우리나라는 국민들에게 여러 차례 긴급재난지원금을 지급했다. 처음에는 전 국민에게, 이후로는 어려워진 계층을 선별해서 부분적으로 제공되었다. 경제가 침체되면서 우리나라뿐만 아니라 전 세계적으로 기본소득제를 실행하는 문제가 사회 위기를 타개하기 위한 방안으로 떠올랐다.

기본소득제란 국가가 모든 시민에게 아무 조건 없이, 정기적으로 일정한 현금을 제공하는 제도다. 소득, 자산, 직업 여부에 따른 차등 없이 사회 구성원이라면 누구나 평등하게 혜택을 받을 수 있다. 기본소득제의 근본 철학은, 인간이 반드시 노동을 해야만 소득을 얻는 것이 아니라, 기본적으로 인간다운 삶은 최소한 보장받아야 한다는 '기본권'에 바탕을 두고 있다.

팬데믹 이전부터 핀란드, 네덜란드, 스위스 등 일부 국가에서 기본소득제를 현실화할 수 있는지 실험했는데, 팬데믹을 계기로 여러 나라에서 도입에 대한 논의가 한층 가열되었다. 우리나라에서는 박근혜 전 대통령 탄핵 이후 기본소득제에 대한 발상이 등장해 대선을 앞둔 정치인들을 중심으로 점점 구체화되고 있다.

기본소득제가 실행되면 당장 시장에 현금이 돌아 기업 경제가 활성화되고, 결과적으로 일자리가 창출되어 다시 국민들의 소득이 증가한다는 것이 찬성하는 입장의 논리다. 4차 산업혁명의 가속화로 인해 로봇, 인공지능에게 빼앗긴 일자리와 소득을 보존하기 위해서도 기본소득제 실행이 절실하다는 것이다. 전 국민에게 지급되면 대상자를 심사하는 데 소모되는 행정 인력의 비용도 절감되고, 심사 제도의 사각지대에 놓여 혜택에서 소외되는 빈곤층에 대한 부작용도 덜 수 있다는 주장이다.

한편 기본소득제를 반대하는 가장 큰 이유는 국민에게 지급되는 천문학적인 비용이 결국 국민의 세금에서 충당될 수밖에 없다는 근원적 한계에서 비롯한다. 또 증가된 세금 부담에 비해 실질적으로 보장되는 복지 효과는 미미할 것이라는 예상이다. 다른 나라에서도 이 같은 이유로 기본소득제 실행이 부결되었다. 더구나 기존에 보장되던 저소득자들에 대한 복지는 기본소득제가 실행되면 오히려 열악해질 수 있다는 우려도 있다. 정서적으로는 '일하지 않는 자에게 공짜로 돈을 지급하는 것이 과연 옳은 일인가'에 대한 반감도 상당하다. 풀린 현금이 경제를 활성화할 것이라는 기대와 달리, 노동 없는 소득이 오히려 근로 의욕을 저하시켜 궁극적으로 생산성이 침체된 사회 문화가 조장될 것이라는 주장도 만만치 않다.

모두의 염원에도 불구하고 쉽게 종식되지 않는 팬데믹의 여파로 기본소득제에 대한 논의는 당분간 지속될 것으로 예상된다.

15 숙의 민주주의 熟議民主主義

▶ 정의 : 의사결정 과정에서 숙의가 중심이 되는 민주주의 형식.

민주주의는 말 그대로 국민이 주인이 되는 정치형태를 말한다. 국가의 주권이 국민에게 있고 국민을 위한 정치를 펼치는 것이 민주주의의 근본 이념이다. 그러나 현실적으로 국민 개개인의 의지와 뜻을 일일이 정치에 반영할 수 없기에, 투표를 통해 국민의 의지를 전달할 대표자를 뽑게 된다. 국민이 뽑은 국회의원이 입법부인 국회를 통해 법률을 만드는 것을 입법적 의사결정이라 하며, 이 같은 과정을 '대의 민주주의'라고 한다.

그런데 대표자에 의해 다수결로 의사가 결정되는 방식으로는 개별적 정책에 대한 국민의 의사가 충분히 반영되지 못할 수 있다. 권력자들이 각자의 이해관계에 따라 여론을 조작하고 선동하는 병폐가 드러나기도 한다.

숙의 민주주의는 어떤 정책을 결정하기까지 시민들의 평등한 논증과 토론의 과정이 선행되고, 그 결과를 의사결정에 반영하도록 함으로써 정책 결정의 정당성을 획득하려는 민주주의의 한 형태이다. '숙의'란 말은 한 주제에 대해 깊이 생각하고 고민해서 논의한다는 뜻이다. 숙의 민주주의는 단지 투표로 결정된 결론만이 아니라, 결론에 이르기 위한 숙의 과정 자체가 입법안의 적법성을 판단하는 중요한 근거가 된다. 숙의 민주주의는 대의 민주주의의 한계를 보완하는 동시에, 시민이 스스로 정치를 학습할 수 있는 장으로 기능한다는 의의가 있다. 지역경제 활성화 방안, 에너지계획, 공공시설 운영 개선안 등 지역의 다양한 이슈를 합의하는 과정에서 숙의가 활용되고 있다.

우리나라는 IMF의 위기를 온 국민들의 적극적 참여를 통해 극복했다. 이를 계기로 우리 사회의 시민의식은 한 단계 성장했고, 이는 정부의 정책에 시민사회가 협력하는 문화적 토대를 만들었다. 최근에는 환경문제, 경제문제, 국가적 참사를 통해 환기된 국민의 안전문제 등 정부가 단독으로 해결하기 불가능한 사회적 문제에 시민의 협력이 강조되는 문화가 자리 잡았다.

대선 공약으로 탈원전을 선언했던 문재인 대통령은, 2017년 신고리 원전 5·6호기 건설에 대한 의사결정을 숙의 과정을 거쳐 결정하겠다고 공언했다. 공론화위원회는 3개월에 걸친 토론을 통해 원전 건설을 재개한다는 결론에 도달했다. 고리 원전 공사에 대한 공개토론은 숙의 민주주의에 대한 대표적 사례로 사회적인 큰 반향을 일으켰다.

▸숙의 민주주의 정책 결정 과정에서 비전문가가 참여하는 것에 대해 어떻게 생각하는가? (2019 서울대학교)

▸원자력 발전소와 같은 고도로 발달된 분야에서 숙의 민주주의를 통해 시민들이나 이익집단들이 같이 토론하는 것에 대해 찬성하는가, 반대하는가? (2018 부경대학교)

▸숙의 민주주의에 대한 의미를 설명하고, 원전 가동 정책에 대한 긍정·부정적 측면에 대해 말해보시오. (2018 전북대학교)

▪ 실체법·절차법 : 실체법은 법 주체 사이의 관계, 즉 권리나 의무의 각 세부 사항에 대한 실체를 규정한 것으로 민법, 상법, 형법 등이 이에 속한다. 절차법은 실체법으로 규정된 권리 및 의무를 실제로 실현하려면 어떤 방법과 형식을 취해야 하는지를 규정한 법이다. 민사소송법, 형사소송법, 부동산등기법, 호적법 등이다. 절차법은 법의 총체적 체계를 구성하며, 재판과 재판 전후의 절차에 대해 규율을 정한 일련의 형식들을 말한다. 예를 들면, 형사실체법은 범죄의 종류와 처벌 방법 등을 규정하고 형사소송법은 피고인의 권리가 어떻게 보호되어야 하는지를 정한다.

▪ 기판력 : 실질적으로 확정된 효력을 의미한다. 한번 판결이 난 사건을 다시 판결하거나 판결을 번복하는 것을 막는 원칙이다. 일단 판결이 난 후에는 갈등의 당사자들 사이에 판결과 저촉되는 주장을 해서는 안 되고, 법원 역시 이에 어긋나는 판단을 할 수 없는 구속력이 발생한다. 동일 사안에 대해 다시 공소 제기를 허용하지 않는 효력을 의미한다. 일반적으로 일사부재리의 효력을 기판력이라 한다.

▪ 초상권 : 자신의 얼굴이 본인의 의사와 상관없이 촬영되거나 공표되지 않을 권리다. 넓은 의미의 초상은 특정인의 사진, 그림, 음성, 서명 등 어떤 사람의 동일성을 인지할 수 있는 모든 요소를 포함한다. 좀 더 좁은 의미로는 특정인의 모습이나 형태에 대한 그림, 사진, 영상을 뜻한다. 초상권은 다시 프라이버시권과 퍼블리시티권으로 나뉜다. 프라이버시권은 개

인의 초상이 본인의 허락 없이 타인에 의해 함부로 공표되었을 때 받을 수 있는 정신적 고통을 방지하기 위해 주어진다. 퍼블리시티권은 자신의 초상을 독점적으로 사용할 수 있는 재산권을 의미한다. 이는 주로 자신의 초상을 드러내는 것을 직업으로 하는 영화배우, 운동선수, 유명인 등에게 해당하는 권리다.

■ 친고죄 : 공소를 제기할 때 피해자가 직접 고소나 고발을 해야 성립하는 범죄다. 친고죄를 두는 이유는 피해자의 의사와 상관없이 기소함으로 인해 오히려 피해자에게 불이익이 발생할 가능성이 있기 때문이다. 친고죄는 고소가 있어야 소송이 제기되기 때문에 피해자의 고소가 없다면 공소는 기각된다. 친고죄에 해당하는 범죄로는 모욕죄나 사자(死者)에 대한 명예훼손죄, 비밀침해죄 등이 있다. 성범죄의 경우 과거에는 친고죄에 해당했으나 2013년 「성폭력범죄의 처벌 등에 관한 특례법」과 「형법」 등이 개정되면서 피해자가 고소하지 않아도 처벌할 수 있게 되었다.

■ 가석방 : 교도소에 갇힌 수형자가 자신의 잘못을 뉘우치고 모범적으로 생활하는 경우, 법원이 선고한 기간이 지나기 전에 임시로 석방하는 것이다. 불필요한 형 집행 기간을 단축해 수형자가 사회에 쉽게 복귀할 수 있도록 하고, 형을 집행하는 기간에도 수형자가 사회 복귀를 위해 자발적이고 적극적인 노력을 할 수 있도록 유도하기 위한 제도다. 이 제도는 1800년, 호주에서 섬 안에 머물 것을 조건으로 죄수를 석방했던 관행에서 유래되었다.

■ 보궐선거 : 선거로 정당하게 선출된 당선인이 사퇴, 사망, 실형 선고 등

으로 인해 그 직위를 잃어 공석 상태가 될 때 치르는 선거다. 보궐선거는 재선거와는 다르다. 재선거는 선거에 대한 무효 판결이 있거나, 당선인이 임기 개시 전에 사망 또는 사퇴하거나, 선거 결과 당선인이 없거나 할 때 선거를 다시 하는 것을 말한다. 보궐선거는 당선인이 임기를 시작한 이후에 직위를 잃어 공석이 되었을 때 실시하는 선거다.

■ **국민참여재판** : 우리나라에서 2008년 1월부터 실행된 **배심원 재판제도**다. 만 20세 이상의 국민 중 무작위로 배심원을 선정해 법관이 담당해야 할 형사재판의 업무를 수행한다. 형사재판에서 사실의 인정, 법령의 적용, 양형의 전 과정에 대한 의견을 판사에게 제시할 수 있다. 배심원의 평결은 판결을 법적으로 구속하는 힘은 없지만, 만약 재판장이 배심원의 의견과 다를 경우에는 판결서에 이유를 기재해야 한다. 이 제도를 통해 국민의 사법 참여를 보장하고, 사법부에 대한 불신을 씻을 계기를 마련할 수 있다.

■ **민식이법** : 2019년 충남의 스쿨존에서 9세 아동 김민식 군이 교통사고로 사망한 이후 도로교통법과 특정범죄가중처벌법을 개정해 발의된 법안이다. **도로교통법은 어린이보호구역 내 신호등과 과속 단속 카메라 설치를 의무화하는 방향으로 개정되었고, 특정범죄가중처벌법은 스쿨존에서 부주의로 사망이나 상해 사고를 일으킨 가해자를 가중처벌하는 내용으로 강화되었다.** 법안이 발의된 이후에 타 법률과의 형평성 문제, 운전자에게만 책임을 전가하는 문제 등으로 인해 여론이 크게 나뉘며 공론이 벌어졌다. 여러 우여곡절을 거쳐 민식이법은 2020년 3월 25일부터 본격적으로 시행되었다.

▸어린이보호구역 내 안전 증진을 위해 입법된 도로교통법과 특별범 죄가중처벌법 개정법을 무엇이라 하는가? (동아방송예술대학교)

■ 패스트 트랙 Fast Track : 말 그대로 빠른 길이다. 정치, 경제, 행정 등 여러 분야에서 신속한 처리를 요하는 각종 제도들을 비유적으로 일컫는다. 정치에서는 발의된 중요 법안이 절차에 막혀 무기한 미뤄지는 것을 방지하기 위해 2015년 도입된 '신속처리안건 지정'을 패스트 트랙이라 부른다. 패스트 트랙을 통하면 주요 쟁점이 되는 법안이 본회의에서 빠르게 의결되어 시행될 수 있다. 경제 분야에서는 선별된 기업에 신속하게 자금을 지원하는 시스템을 말한다. 초우량 고객에게 고가 브랜드 매장에 우선적으로 입장을 허락하는 제도를 '명품 패스트 트랙 서비스'라 명명한 백화점도 등장했다.

■ 그루밍 성범죄 Grooming Crime : 그루밍은 '가꾸고 치장한다'는 의미다. 그루밍 성범죄는 가해자가 범죄를 저지르기까지 피해자에게 신뢰를 쌓아가며 차근차근 길들이는 모습을 비유적으로 표현한 말이다. 가해자에게 심리적으로 종속된 피해자는 범죄가 벌어졌다는 사실을 인식조차 못하는 경우도 있고, 설령 범죄라고 인식해도 이전까지의 관계를 태연하게 유지하기도 한다. 교사와 학생, 의사와 환자, 성직자와 교인처럼 가해자가 피해자에게 신뢰를 바탕으로 영향력을 행사할 수 있는 관계에서 주로 발생한다. 피해자가 적극적으로 고통을 호소하지 않아 범죄 여부를 밝히는 것도, 처벌하는 것도 어려울 때가 많다.

‣ 그루밍 성범죄란 무엇인가? (광운대학교)

■ 데이터 3법 : 데이터 3법이란 개인정보보호법·정보통신망법·신용정보법 등 3개 법률에 대한 개정안으로, 익명성 처리를 거친 개인정보를 산업적으로 이용할 수 있게 허가하는 내용을 골자로 하고 있다. 그전까지 IT 기업들은 방대한 양의 개인정보를 보유하고 있으면서도 법적 제재 때문에 활용하지 못했다. 개정안에 따르면 개인을 식별할 수 없도록 기술적 처리를 한 데이터는 개인의 동의 없이 상업적, 산업적으로 사용하는 것이 가능하다. 빅데이터에 대한 접근이 유연해지면서 인공지능, 사물인터넷, 자율주행 등과 같은 데이터 기반 사업의 개발과 발굴이 용이해졌다. 향후 신약 개발이나 의료와 같은 보건 분야의 데이터 센터도 구축될 전망이다.

‣ 안면 식별 ICT 기술을 활용해 얻을 수 있는 혜택과 개인정보 보호 중 더욱 우선해야 되는 것은 무엇이라 생각하는가? (경희대학교)

■ 잊힐 권리 Right to be Forgotten : 개인이 온라인 사이트에 남긴 사적 정보의 소유권이 사이트 관리 기업에 있는 것인지, 정보의 주체인 개인에게 있는 것인지는 첨예한 이슈가 되어왔다. 잊힐 권리는 개인이 자신과 관련된 각종 정보에 대한 삭제를 요청할 수 있는 권리를 말한다. 2014년 유럽 사법재판소에서 개인정보 삭제를 요구하는 소송의 판결로, 구글에 '검색

을 지우라'는 명령을 내린 이후 전 세계적으로 문제의식이 확대되었다. 우리나라의 경우 방송통신위원회의 가이드라인에 따라 '자기게시물 접근배제 요청권(잊힐 권리)'을 제도화하기로 했다. 그러나 잊힐 권리는 표현의 자유나 알 권리 등과 배치된다. 정보의 공익성을 고려하는 등 관련 규정의 세부적 기준을 마련하는 것이 남아 있는 과제이다.

■ 기부채납 : 문자 그대로의 의미는 기부된 재산을 받아들이는 것이다. 보통 재건축, 재개발을 하려는 기업에서 개발 허가권을 얻기 위해 사업을 하려는 지방자치단체나 국가에 재산을 무상으로 제공하는 것을 의미한다. 사업 시행 기업은 개발 예정인 땅에 공공시설을 설치해서 지자체에 기부하는 대신 건폐율, 용적률, 높이 등에서 완화된 조건으로 사업 허가를 얻어낼 수 있다. 명확한 적용 기준이 없다가, 2017년 서울시가 기부채납을 현금으로도 대체할 수 있는 운영 계획을 수립한 이후 2018년 서초구 신반포아파트에 현금 기부채납 제도가 최초로 적용되었다.

대입 면접 합격을 위한 만점 전략

주제어를 학습한 후 다음의 질문에 대답해보자.

❶ 다음의 주제어 중에서 새롭게 익힌 단어를 골라 √표를 하자.

01 유권해석		02 신의성실의원칙		03 집행유예	
04 공소시효		05 미필적고의		06 배임	
07 유치권		08 미란다원칙		09 스모킹 건	
10 김영란법		11 지적재산권		12 촉법소년	
13 고위공직자 범죄수사처		14 기본소득세		15 숙의 민주주의	
16 실체법·절차법		17 기판력		18 초상권	
19 친고죄		20 가석방		21 보궐선거	
22 국민참여재판		23 민식이법		24 패스트 트랙	
25 그루밍 성범죄		26 데이터 3법		27 잊힐 권리	
28 기부채납					

❷ 가장 흥미 있는 주제어를 정한 후, 그 용어에 대한 정의와 관련된 확장 개념을 정리해보자.

❸ 수록된 〈면접, 논술 기출 질문〉 중 하나를 정해서, 면접관에게 답변한다고 가정하며 자신만의 논리를 전개해보자.

❹ 위의 주제어 중에서 과목별 에세이를 작성한다면 어떤 것을 선택할 것인가? 그 내용은?

경제·경영 계열에
꼭 필요한 어휘

경제학은 재화나 용역의 생산, 분배, 소비와 같은 경제 현상을 연구하는 학문 분야다. 복잡한 사회현상에서 경제와 관련된 독특한 규칙성을 발견하고, 여러 가지 경제 현상의 원인과 결과를 탐구하는 것을 목적으로 한다.

경영학은 사회의 산업구조가 복잡해짐에 따라 실질적으로 기업을 운영하는 데 필요한 지식을 기능별로 분류하여 체계화한 학문이다. 기업의 효율적 운영 방안과 수익성 향상 전략 등에 대해 배운다.

경제학이 이론 위주의 학문이라면, 경영학은 실질적 문제를 다루는 응용학문이라 할 수 있다.

▶ 관련 전공 학과

경영학, 호텔경영학, 산업경영학, 관광경영학, 세무경영학, 경영정보학,

경제학, 국제통상학, 유통학, 금융보험학, 농업경제학, 무역학, 물류학,

부동산학, 통계학, 회계학, 세무회계학, 항공서비스학, e-비즈니스학 등

▶ 나는 이 계열에 얼마나 어울리는 사람일까? 체크해보자.

- ☐ 평소 통계나 경제 등 세상이 돌아가는 경제적 원리에 대해 관심이 많다.
- ☐ 다른 사람들과 어울려 작업하는 것을 좋아한다.
- ☐ 논리적이며 인과관계가 잠복된 문제를 분석하는 데 흥미가 있다.
- ☐ 사회 공헌이나 봉사의 의미를 중요하게 생각한다.
- ☐ 성장하는 동안 리더의 경험을 통해 성취감을 느낀 경우가 많다.
- ☐ 문과생이지만 수학에 소질이 많고, 숫자 감각이 좋다.
- ☐ 문제가 발생했을 때 창의적으로 대안을 찾는 능력이 탁월하다.
- ☐ 다가올 미래 사회에 어떤 변화들이 발생할지 자주 상상한다.

▶ **4주차에 나오는 학습 어휘이다. 한눈에 익히자.**

(＊기출문제 포함)

- ☐ 사회간접자본 ＊
- ☐ 빈곤의 악순환 ＊
- ☐ 사회적 기업 ＊
- ☐ 금융실명제 ＊
- ☐ 블루오션
- ☐ 워크아웃 ＊
- ☐ 스톡옵션
- ☐ 신용장 ＊
- ☐ 덤핑
- ☐ 아웃소싱
- ☐ 벤치마킹
- ☐ OEM
- ☐ 베블런 효과
- ☐ 지니계수
- ☐ 빅맥 지수
- ☐ 치킨 게임
- ☐ 블랙 스완
- ☐ 버핏세 ＊
- ☐ 4차 산업혁명 ＊
- ☐ 바이럴 마케팅 ＊
- ☐ 로봇세
- ☐ 공유경제 ＊
- ☐ 브렉시트 ＊
- ☐ 채권
- ☐ 옵션
- ☐ 관세 ＊
- ☐ 보호무역 ＊
- ☐ 감가상각
- ☐ 기회비용
- ☐ 누진세
- ☐ 토지 공개념
- ☐ 긱 이코노미 ＊
- ☐ 갭 투자 ＊
- ☐ 유니콘 기업

01 사회간접자본 Infra

▶ 정의 : 국민경제 발전의 기초가 되는 도로, 항만, 철도, 통신, 전력, 수도 따위의 공공시설.

기업이 제품을 생산하기 위해서는 현금, 공장, 시설, 원료 등과 같이 생산 과정에 직접 투입되는 '직접자본'이 필요하다. 한편 제품의 생산 과정에 꼭 필요하지만, 기업에서 직접 설치 비용을 지불하지 않아도 되는 시설도 있다. 도로, 철도, 항만, 통신, 전력 등과 같은 것들이다. 기업뿐만 아니라 개인들도 일상을 살아가기 위해서는 상하수도, 공원, 학교, 병원, 보육 시설 등과 같은 공공재로서의 시설이 필요하다. 개인적으로 구축할 수는 없지만, 온 국민의 삶 전반에 반드시 필요한 설비들이다. 이처럼 **기업이나 개인의 편의를 위해 요구되는 사회의 기초 시설**을 사회간접자본이라 한다.

이러한 시설들은 특정 기업이나 개인에게 혜택을 주기 위해서가 아니라, 공익을 목적으로 사회 전체의 발전을 위해 구축된다. 사회 기반 시설을 의미하는 영어 단어 'Infrastructure'의 앞부분을 따서 사회 인프라(Infra)라고도 부른다. 경제활동에서 직접적 생산성을 좌우하지는 않지만, 사회 인프라가 제대로 마련되어 있지 않은 환경에서는 생산이나 수출과 같은 경제적 발전이 활발하게 이루어질 수 없다. 때문에 사회간접자본은 한 나라가 경제적으로 얼마나 발전했는지를 측정하는 척도가 되기도 한다. 사회 인프라는 중앙정부나 지방자치단체의 중장기적 비전에 따라 확충된다.

우리나라의 사회 인프라 구축은 1950년대 전후 복구 사업으로 시작되어 1960년대 경제개발 5개년 계획을 추진하면서 부족한 농공업 생산 시설에 집중되었다. 1970년대에는 중화학공업을 현대적으로 발전시키기 위해 공업단지를 조성하고, 여러 고속도로를 개통했다. 1980년대에는 올림픽을 준비하면서 공항 시설을 집중적으로 확충했고, 1990년대에는 도시화에 따른 교통 혼잡 문제가 사회적으로 대두되면서 도로, 철도와 같은 수송 시설이 개발되었다. 2000년대 이후로는 사회 양극화와 고령화 현상이 심화되면서 사회복지시설에 대한 투자가 증가했다.

사회간접자본에 대한 투자는 규모가 크고, 투입된 자본을 되찾는 데 오랜 기일이 소요된다. 그러나 사회간접자본을 튼튼하게 조성하면 국가 경제의 효율성이 높아지고, 이러한 시설을 구축하기 위해 생산과 고용이 촉진되어 경기가 활성화된다. 또한 도로나 통신 시설 등이 발달해 유통비가 감소하면, 기업의 생산원가가 내려가 국제적 가격경쟁력이 강화된다. 생산 비용이 줄어들면, 기업은 절약된 자금만큼 여유가 생겨 사회 전반적으로 투자가 활발해진다. 최근에는 4차 산업혁명 시대를 맞이해 생활 전반의 디지털화를 위한 시설들이 다양하게 확충되고 있다.

기출문제

▸ 남북정상회담이 진행되는 동안 개성공단, 서울-신의주 철도 설치 등 사회간접자본을 통한 협력을 약속했다. 이런 정책의 긍정적인 면과 부정적인 면을 말해보시오. (2019 국민대학교)

02 빈곤의 악순환

▶ 정의 : 후진국에서는 가난하기 때문에 자본이 형성되지 않고, 자본이 형성되지 않으니 생산력을 높일 수 없어 빈곤이 악순환한다는 이론.

경제가 살아나 부강한 국가로 발전하기 위해서는 수요와 공급이 모두 활발하게 이루어져야 한다. 그러나 가난한 국가에서는 이 두 가지가 모두 어렵다. 자본이 부족하기에 수요와 공급이 모두 원활하지 않아 빈곤에서 벗어나기 힘들다. 쉽게 말해, 국민들이 가난해서 소비를 할 수 없으니 시장에는 돈이 돌지 않고, 기업에는 자본이 쌓이지 않는다. 가난한 시장에서 기업이 돈을 벌기는 어차피 어렵기에 기업은 투자를 포기하게 되고, 점점 기업 생산성은 떨어진다. 생산성이 떨어진 기업은 직원을 많이 고용할 수 없으므로 국민들이 노동할 기회도 감소한다. 일하지 않는 국민들은 소득이 없어 결국 시장에서 물건을 살 수 없게 된다. 물건을 팔지 못한 기업은 다시 투자를 포기한다.

　이처럼 국가의 전반적인 빈곤은 모든 경제주체를 가난에서 벗어날 수 없게 만든다. 빈곤은 또 다른 빈곤의 원인인 동시에 결과가 되어 악순환이 지속되는 것이다. 이러한 개념은 미국의 경제학자 R. 넉시(R. Nurkse)가 그의 대표 저서《저개발국의 자본형성의 제문제(Problems of Capital Formation in Underdeveloped Countries)》에서 처음 제시했다.

　빈곤의 악순환은 빈궁한 국가에 적용되는 거시적 개념만은 아니다. 미시적 차원에서 보면 가난한 개인에게도 해당하는 표현이다. 현대사회에서 경제적 계층 이동이 힘든 현상도 빈곤의 악순환

과 밀접하게 연관되어 있다. 소득 수준이 낮은 가정에서는 가정의 자본력이 얼마 안 되니 자녀의 교육에 투자하기가 어렵다. 교육적 지원을 받지 못한 자녀들은 상대적으로 좋은 대학에 진학하거나 자기계발에 집중할 가능성이 적다. 그 결과, 빈곤층의 자녀들은 고소득이 보장된 직업을 획득할 기회가 줄어들고, 그들은 부모로부터 물려받은 빈곤을 다시 자신의 자녀에게 대물림할 확률이 높아지는 것이다. 부유한 집안에 태어났다는 이유로 손쉽게 담보되는 부의 대물림과 반대로, 가난한 집안에 태어난 사람들은 여간한 노력과 행운이 뒤따르지 않으면 견고한 가난의 고리를 벗어나기 어렵다. 빈곤이 악순환되는 것이다.

빈곤의 대물림을 막고 개인의 노력에 비례해 경제적 계층 이동이 활발한 사회를 만들기 위해서는 제도적 시스템이 마련되어야 한다. 우선 절대 빈곤층을 줄이기 위한 근원적 문제를 해소해야 하며, 사회보장제도가 진화되어야 한다. 악순환의 주된 원인으로 지적되는 교육 기회의 차별성도 해결이 시급하다. 경제력에 따라 경험할 수 있는 교육의 수준 자체가 달라지는 사회 속에서 빈곤의 대물림은 해소가 요원하기 때문이다.

기출문제

▸ 기본소득제를 실시해서 저소득층의 기본적인 생활을 보장해주는 것에 대해 찬성하는가 반대하는가? (2020 공주교육대학교)

03 사회적 기업 Social Enterprise

▶ 정의 : 비영리조직과 영리기업의 중간 형태로, 사회적 목적을 추구하면서 영업 활동을 수행하는 기업.

가끔 거리에서 〈빅 이슈〉라는 잡지를 팔고 있는 허름한 차림의 상인을 만날 것이다. 〈빅 이슈〉는 1991년 영국에서 창간되었다. 유명인들이 보수 없이 모델로 활동하거나 원고를 기부하는데, 잡지를 판 수익금으로 노숙자의 자립을 돕는 대중문화 잡지다. 잡지를 판매할 수 있는 자격은 노숙자에게만 주어진다.

'아름다운가게'는 기증품이나 재활용품을 판매한 수익으로 빈곤층을 돕거나 공정무역, 공익사업을 펼치는 기업이다. 이들은 모두 사회적 기업이다.

기업이란 이윤을 추구하기 위해 재화와 용역을 생산하는 조직을 말한다. 그러나 사회적 기업의 목표는 기업의 이윤보다 공공의 이익이 더 앞선다. 대한민국 사회적기업육성법에 따르면 사회적 기업은 '취약 계층에게 사회 서비스 또는 일자리를 제공하거나 지역사회에 공헌함으로써 지역 주민의 삶의 질을 높이는 등의 사회적 목적을 추구하면서 재화 및 서비스의 생산·판매 등 영업 활동을 하는 기업으로서 사회적 기업으로 인증받은 자'라고 정의한다. 즉 **영리를 목적으로 하는 기업의 속성을 지니되, 사회기관이 수행해야 하는 자선의 기능도 함께 추구하는 새로운 개념의 기업**인 것이다. 사회적 기업의 성격을 요약하는 유명한 비유는 '빵을 팔기 위해 고용을 하는 것이 아니라, 고용을 하기 위해 빵을 파는 것'이다.

　선진국에서는 1970년대부터 사회적 기업이 시작되었으며, 국가나 사회가 담당해야 할 역할을 대신해주는 측면이 있기에 사회적 기업에 대한 국가적 지원이 점점 확대되고 있다. 미국 뉴욕의 '그레이스톤 베이커리'는 취업이 어려운 사람들에게 제빵 기술을 가르치면서 빵을 판매한다. 미국 캘리포니아의 '루비콘 프로그램'은 장애인과 노숙자의 재활을 돕는다. '그라민은행'은 취약 계층에 무담보로 대출을 제공한다. '벨루워터'는 플라스틱병 대신 토양에서 완벽하게 분해되는 옥수수로 만든 생수병을 개발해 환경문제 해결을 위해 노력한다.

　사회적 기업은 다양한 방식으로 사회에 공헌한다. 취약 계층에게 일자리를 제공하거나, 사회 서비스로부터 소외된 계층에게 직접 사회 서비스를 공급하거나, 지역 주민의 삶의 질을 높이는 사업을 해결하거나, 이 모든 것이 복합적으로 혼합된 방식으로 사업을 진행하는 방식 등이다.

　우리나라에서는 1990년대 말 외환위기를 겪은 후 실업 문제 해결을 위한 대안으로 사회적 기업에 대한 인식이 싹텄다. 이후 사회가 변화하고, 복지나 사회 서비스에 대한 관심이 커지면서 정부 지원이 증가했다. 현재는 2천 개에 가까운 사회적 기업이 국내에서 활동하고 있다.

▸ 사회적 기업이 왜 필요하다고 생각하는가? 사회적 기업이 확대되고 활성화되기 위해서는 어떤 노력이 필요한가? (2017 중앙대학교)

▸ 기업은 이윤을 추구해야 한다. 이윤 추구와 공익적 측면이 양립할 수 있을까? (광운대학교)

04 금융실명제

▶ 정의 : 금융기관과 거래를 함에 있어 본인의 실명으로 거래해야 하는 제도.

우리나라의 모든 금융거래를 당사자의 실제 이름으로 하도록 하는 제도를 말한다. 1993년 8월 12일, 김영삼 정부가 들어선 해에 '금융 실명 거래 및 비밀 보장에 관한 긴급 명령' 형식으로 전격 실시되었다.

우리나라는 1960년대 경제개발을 추진하면서 국내에 취약한 저축 기반을 늘리기 위해 예금주의 비밀을 보장하고, 가명이나 무기명에 의한 금융거래를 허용하는 등 자유롭고 관용적인 금융정책을 펴왔다. 이러한 분위기 속에서 국내 저축은 확대되고, 경제개발에 필요한 재원이 조달되는 긍정적인 효과를 얻을 수 있었다. 그러나 이후 국가 경제가 발전하고, 금융거래의 규모가 확대되면서 이러한 무기명 금융 제도로 인한 부작용이 드러나기 시작했다. 지하 경제가 양산되었고, 빈부 격차가 확대되었다.

특히 1982년 세간을 떠들썩하게 했던 이철희·장영자 어음 사기

사건 이후 금융실명제가 필요하다는 여론이 뜨거워졌다. 무기명이나 가명에 의한 금융거래는 많은 폐단을 갖고 있다. 지하경제를 부추기고, 각종 투기성 자금과 불법적 자본의 은폐 수단이 되어 전체적 국가 경제를 교란한다. 특히 막대한 부를 축적하면서도 그 부의 실질 소유자가 드러나지 않는 바람에 정당한 세금을 부과하기도 어렵다. 이러한 불로소득과 탈세가 심화되면 빈부 격차가 극심해지고 사회적 안전성도 위협받게 된다. 부정하게 형성된 자금은 불법 정치자금이나 뇌물로 사용되어 사회 전반의 부정부패와 비리를 키우는 씨앗이 되기도 한다. 부패가 만연한 사회에서 국민은 근로 의욕을 잃게 되고, 국민의 근로 에너지가 소멸한 사회는 발전 가능성이 없다.

　과거 정권에서 실시를 망설였던 금융실명제는 김영삼 문민정부에 들어서 과감하게 도입되었다. 도입 초기에는 사채 시장이 위축되어 중소기업들이 도산하고, 주가가 폭락하며, 국내 자본이 해외로 빠져나가고, 부동산 가격이 급등하는 등 부작용이 속출했다. 그러나 일시적 부작용들이 해결되자 금융시장은 빠르게 안정을 회복했다. 현재에도 대포통장, 차명계좌 등 비밀 자금과 탈세를 위한 테크닉은 지속해서 발전하고 있지만, 그것에 대응하는 국가의 지능도 함께 진화하고 있다.

▸ 카카오뱅크처럼 지점 없는 은행이 늘어나는데도 은행원이 되고 싶은가? (2018 서울시립대학교)

▸ 금융이란 무엇인가? (2018 숭실대학교)

05 블루오션 Blue Ocean

▸ 정의 : 현재 존재하지 않거나 잘 알려져 있지 않아 경쟁이 치열하지 않은 유망한 시장.

'이 많은 커피를 누가 다 마시나' 싶을 정도로 거리에는 커피 전문점이 즐비하다. '한 집 건너 하나씩'이라는 말이 있을 정도다. 살아남기 위한 그들만의 전쟁이 치열하다. 총성 없는 그들의 전쟁은 피로 얼룩진다. 이처럼 과열된 생존경쟁 때문에 핏빛으로 물든 시장을 레드오션이라 한다. 참여하고 있는 경쟁자의 수가 너무 많아 필연적으로 출혈을 감내할 수밖에 없는 상황을 비유적으로 표현한 것이다. 자신만의 참신한 아이디어 없이 누군가가 이미 판을 벌여놓은 시장에 뒤늦게 뛰어들게 된다면 어쩔 수 없이 레드오션에서 경쟁을 시작해야 한다.

이와 반대로 아직 아무도 시도한 적 없는 새로운 시장을 블루오션이라 한다. 2005년 하버드 경영대학원 출판사에서 《블루오션 전략(Blue Ocean Strategy)》이라는 책이 출간된 이후 블루오션 전략은 세계적으로 큰 반향을 일으켰다. 발상의 전환을 통해 차별화된 가치를 창출하지 않는 한, 나날이 경쟁이 심해지는 시장에서는 치킨 게임(Chicken Game)만 남을 뿐이다. 그러나 다른 곳에서 제공할 수 없는 독자적 상품을 개발하면 경쟁자와의 싸움에 에너지를 낭비할 필요 없이 빠른 성장과 높은 수익을 이룰 수 있다. 결국 경쟁자가 생각하지 못한 새로운 발상을 해내는 일이 관건이다.

의류를 살균하고 관리하는 LG전자의 스타일러는 새로운 가치를 만들어내 독보적 블루오션을 창출한 대표 사례로 손꼽힌다. 이 밖에도 손으로 바르던 화장품을 두드리는 화장품으로 바꾼 쿠션, 정수기를 렌털해서 쓸 수 있다는 신선한 발상을 유행시킨 웅진 코웨이, 비싼 화장품을 충격적으로 낮은 값에 판매하기 시작했던 더페이스샵 등도 기억할 만한 블루오션 전략 사례들이다. 고객의 반응이 뜨거운 블루오션 시장은 얼마 후 중구난방으로 합류한 후발주자들 때문에 순식간에 레드오션으로 변하기도 한다. 기업에서 쉴 없이 새로운 발상을 고민해야 하는 이유가 이것이다. 블루오션 전략은 기업이 생존하기 위한 경영전략에 국한되는 것이 아니라, 이를 통해 사회에서 고객이 향유할 수 있는 가치들이 더 섬세하게 확장될 수 있다는 점에서 의미가 깊다.

06 워크아웃 Work Out

▶ 정의 : 기업의 재무구조가 악화되었을 때 이를 개선하기 위한 작업.

기업의 체질 개선을 위해 문제가 되는 부분을 없애는(work out) 것이다. 경영 상태가 부실해서 그대로 버려두면 부도로 이어질 가능성이 있는 기업이, 개선해야 할 요인들을 고쳐 다시 살아나도록 하는 모든 행위를 의미한다. 워크아웃은 기업의 가치를 높이기 위해 기업의 모든 영역에서 구조를 조정하고, 경영의 혁신을 이루기 위한 활동을 벌인다. 보통 '기업 개선 작업'으로 번역된다. 모든 기업에 해당하는 것은 아니고, 경제적으로 회생 가능성이 있으나 현재 재무적으로 곤경에 처한 기업이 대상이 된다.

어떤 기업이 폐단을 조정하기만 하면 충분히 되살아날 수 있다고 판단되면, 그 기업에 채권이 있는 금융기관은 전격적으로 기업을 회생시킬 금융 계획을 수립한다. 빚을 갚아야 할 기간을 연장해주거나 일정 부분의 빚을 탕감해주기도 하고, 갱생을 위한 신규 자금을 지원해주기도 한다. 기업은 불필요한 인력을 감축하고 핵심 사업을 다시 정비하며, 부실 계열사를 정리하고 보유 자산을 매각하는 등 재무 상태를 개선해 부채 상환 계획에 뛰어든다.

'워크아웃'이라는 용어는 미국의 제너럴일렉트릭 사의 전 회장인 잭 웰치(Jack Welch)에 의해 대중화되었다. 목표한 성과를 달성하려면 기업에 만연한 각종 병폐를 수정하고 체질을 개선해야 한다는 혁신적 제안이었다. 자유로운 의사소통을 통해 지금 당장 제거해야 할 것들을 결정하고 실천해야 한다는 것이다.

워크아웃은 부실한 기업뿐만 아니라 부채가 많은 개인에게도 적용된다. 개인워크아웃 제도는 개인이 자신의 힘으로 더는 감당할 수 없을 정도로 빚이 쌓였을 때 신용회복위원회에 신청할 수 있다. 신청자 중에서 회생 가능성이 있고 자격 요건을 갖춘 사람들을 선별해 대출금 상환 기간을 연장해주고 이자와 원금을 감면해주는 방식으로 개인의 경제적 회생을 돕는다.

▸ 기업의 입장과 사회 경제적 측면에서 임금피크제의 긍정적인 면과 부정적인 면을 설명하시오. (국민대학교)

07 스톡옵션 Stock Option

▶ 정의 : 기업이 임직원에게 일정 수량의 자사 주식을 일정한 가격으로 매수할 수 있는 권리를 부여하는 제도.

가끔 기업 임직원의 연봉에 대한 뉴스를 접하다 보면 '총연봉 얼마에 스톡옵션 몇 주'라는 이야기를 듣는다. 스톡(Stock)은 회사의 주식을 의미하며, 옵션(Option)은 선택권을 말한다. 스톡옵션은 **회사가 직원에게 회사의 주식을 싼 가격에 살 수 있는 권리를 보장해주는 것**이다. 회사가 현재 가치보다 미래 성장 가능성이 클 경우, 스톡옵션을 받은 직원은 주가가 오른 미래의 어느 시점에 보장받은 싼 가격에 주식을 산 후 비싼 가격에 되팔아 이익을 취할 수 있다. 그렇기에 직접 주식을 주는 것이 아니라 주식을 살 수 있는 권리만 줄 뿐인데, 직원으로서는 보너스를 받는 것과 같은 의미로 받아들여진다.

이처럼 스톡옵션 제도는 직원을 포상하는 방법으로 많이 이용된다. 지금 회사에 헌신한 공로가 미래에 금전적으로 보상받을 수 있다는 희망이 생기면 직원은 회사 가치가 커질수록 자신에게 이득이 되기에 더 큰 의욕을 가지고 일할 수 있을 것이다. 근로 의욕이 높아진 직원이 열심히 일하면 회사의 미래 가치는 실제로 더 올라갈 것이다. 스톡옵션 제도는 아직 회사의 인지도가 높지 않은 벤처 기업에서 유능한 인재를 붙잡아두기 위한 전략으로도 많이 쓰인다. 한편 규모가 큰 회사에서는 대표이사가 회사의 소유주가 아닌 경우도 많은데, 그럴 때 대표이사가 회사의 이익보다 자신의 이익을 더 추구하는 방향으로 경영적 방침을 정할 위험도 있다. 대표이사에게 스톡옵션을 제공하는 것은 이를 방지하기 위한 장치로 작용한다.

그러나 경기가 안 좋아져 실적이 올라도 주가가 동반해서 상승하지 않거나, 직원들의 노력에도 불구하고 회사의 전망이 불확실할 때는 스톡옵션을 받은 인재가 기업을 떠나기도 한다. 현금이 부족한 작은 기업이 유능한 직원을 붙잡아두려고 스톡옵션을 남발했을 경우, 회사가 외부에서 투자를 유치하거나 상장하고자 할 때 약속한 스톡옵션이 걸림돌로 작용하기도 한다.

한국에는 1997년 처음으로 스톡옵션 제도가 도입되었고, 벤처 기업을 중심으로 빠르게 확산했다. 현재 규정에 따르면 총 발행 주식의 15% 내에서 모든 기업이 직원들에게 1인당 한도 제한 없이 스톡옵션을 줄 수 있다.

08 신용장 Letter of Credit, L/C

▶ 정의 : 무역 거래에 있어서 은행이 수입업자의 의뢰를 받아 은행의 신용과 책임하에 수입업자의 신용을 보증하는 증서.

물건을 주고 돈을 받으면 거래가 완료된다. 간단해 보이지만, 물건을 파는 자와 지불하는 자가 너무 멀리 떨어져 있으면 문제가 복잡해진다. 물건을 건네는 일과 돈을 받는 일이 동시에 이루어질 수 없기 때문이다. 물건은 보냈는데 돈을 못 받을 수도 있고, 반대로 물건을 보낼 줄 알고 지불부터 했는데, 그 물건이 안 올 수도 있다. 국제무역이 활성화되기 위해서는 이 문제가 해결돼야 한다. 이를 위해 생겨난 것이 신용장이다.

신용장이란 말 그대로 **신용을 보증한다는 의미의 증서**다. 신용장을 통한 무역 거래는 이렇게 이루어진다. 수출업자와 수입업자가 서로 계약을 체결한다. 물건을 보내야 하는 수출업자는 돈을 제대로 받을 수 있을지 불안하다. 수출업자가 수입업자에게 신용장으로 거래할 것을 제안한다. 수입업자는 자신이 거래하는 자국 은행에 신용장을 개설해줄 것을 신청한다. 은행은 수입업자가 적합한 자격을 갖췄는지를 심사한 후 신용장을 개설하고 나서, 이 사실을 수출업자의 거래 은행에 통지한다. 수출업자는 신용장이 개설되었음을 확인한 후 수출을 시작한다. 수출 업체는 물건을 보내고 나서, 물건을 발송했다는 운송회사의 선적 증빙서류를 자신의 거래 은행에 제출한다. 은행은 수출 업체를 대신해서 수입업자의 개설 은행에 대금상환을 요청한다. 대금이 상환되면 거래는 완료되고, 수입업자는 물품을 받게 된다.

국제 교역에서 신용장을 통한 무역은 대금 결제 과정에서 발생할 수 있는 다양한 문제를 해결할 수 있는 하나의 방법으로 자리 잡았다. 은행들은 나라 간 두 업체 사이의 결재를 중재해주는 문서, 즉 신용장을 발행한 대가로 수수료를 받는다. 국가 간 무역에 사용되기에 대부분의 신용장은 국제상공회의소에서 공인한 규정을 따른다. 신용장 제도가 국제무역의 결제 수단으로 사용되기 시작한 것은 19세기 중반부터이고, 우리나라에서는 수차례의 제도 개정을 통해 1984년부터 시행되고 있다.

기출문제

▸ 무역이나 경제에 관련해 최근 이슈는 무엇이 있는가? (2017 숭실대학교)

09 덤핑 Dumping

▶ 정의 : 채산을 무시한 싼 가격으로 상품을 파는 일.

A나라에서 B나라에 세탁기를 10만 원에 팔았다. B나라에서 생산한 세탁기는 보통 100만 원이 넘는다. A나라가 책정한 세탁기 가격은 객관적으로 상품의 생산에 필요한 비용 등을 고려했을 때 터무니없이 낮은 가격이다. A나라는 세탁기를 덤핑으로 판매한 것이다.

덤핑이란, 상품의 채산성을 따지지 않고 파격적으로 저렴한 가격에 물건을 대량으로 파는 것을 말한다. 주로 국가 간 상품 교역에서 이루어진다.

수출국이 덤핑을 하는 이유는 다양하다. 자국에서 과도하게 많이 생산된 상품을 처분하기 위해, 특정한 상품의 해외 시장을 개척하거나 넓히기 위해, 경쟁국과의 싸움에서 이기기 위해, 이미 선점한 경쟁국의 시장을 빼앗기 위해, 어떤 시장에서 독점적 지위를 확보하기 위해 덤핑을 한다.

덤핑의 경제적 효과는 입장에 따라 상대적이다. 특정 상품을 지나치게 낮은 가격으로 수출하면 수입국의 산업은 타격을 받기 마련이다. 이 경우, 수입국은 자국의 경제를 보호하기 위해 덤핑 상품에 관세를 부과한다. 하지만 수입국의 소비자 입장에서 보면 낮은 가격으로 물건을 구매할 수 있으므로 민생 안정이라는 측면에서 유리하다. 그러나 일반적으로 과도한 덤핑 행위는 국제무역 시장의 질서를 교란해 분쟁의 원인이 되기에, 관세 및 무역에 관한 일반협정(GATT)에서는 이를 적극적으로 규제하고 있다.

덤핑이라는 말 자체는 두 시장 사이에 가격 차를 설정하는 것을 의미하기에 국내 가격보다 높은 가격으로 수출하는 것도 덤핑이라 지칭할 수 있지만, 이런 경우는 특별히 역덤핑이라고 한다. 다른 나라가 국내에 덤핑 가격으로 상품을 수출하는 것을 반대하거나 막는 일은 반덤핑이라고 한다.

2019년 9월, 자동차 핵심 부품 중 하나인 공기압 전송용 밸브를 둘러싸고 한일 간에 세계무역기구(WTO) 분쟁이 벌어졌다. 앞서 일본은 일본제 밸브에 대한 한국 정부의 반덤핑 조치를 WTO에 제소한 상태였다. 최종 결과는 한국의 승소였다. 한국은 일본제 밸브에 대해 5년간 반덤핑관세를 부과할 수 있게 되었다.

10 아웃소싱 Outsourcing

▶ 정의 : 기업이 업무의 일부를 제3자에게 위탁해 처리하는 것.

아무리 작은 기업이라 할지라도 하나의 기업이 온전히 기능하기 위해서는 다양한 부서의 업무가 필요하다. 생산, 디자인, IT, 회계, 인사, 총무, 개발, 교육, 마케팅, 영업 등등. 그러나 규모가 크지 않고 한정된 자본을 가진 기업이라면 이 모든 업무를 자체 인력을 두어 처리하는 것은 힘들다. 이럴 때 기업으로서는 그 기업의 핵심 역량에 자본과 에너지를 집중하고, 비핵심적인 업무는 그 업무만 주력으로 담당하는 외부 업체에 맡기는 것이 경제적일 수 있다. 이처럼 **기업 내부의 프로젝트나 활동을 기업 외부의 제삼자에게 위탁해 처리하는 것**을 아웃소싱이라 한다.

기업은 아웃소싱을 통해 단순 업무나 중요하지 않은 업무에 투자되었던 자본과 공간과 설비를 줄일 수 있다. 무엇보다 직원을 감축해서 필요 이상으로 조직 규모를 확대하지 않아도 된다. 상근하는 인원이 늘어 조직의 규모가 커지면, 기업은 경영 환경 변화에 유연하고 민첩하게 대응하기가 어려워진다. 쉽게 말해, 아웃소싱은 치열한 경쟁 환경에서 살아남기 위한 기업의 다이어트인 셈이다. 아웃소싱은 점차 전 부문으로 확대되고 있다.

그러나 아웃소싱으로 인한 문제점도 만만치 않다. 특정한 기능이나 프로세스를 전적으로 외부에 의존했는데 업체 사정으로 인해 그 기능을 수행할 인력이 제대로 공급되지 않을 경우에는 기업 전체에 위험이 발생할 가능성도 있다. 외부에서 공급된 직원들은 업무 수행 능력이 떨어진다 해도 자유롭게 피드백을 주거나 쉽게 개선하기 어려운 것이 사실이다. 또한 아웃소싱 인원이 점점 늘어나면 자기 기업 직원은 자신도 언제든지 아웃소싱으로 떨어져 나갈지 모른다는 불안감을 느껴서 근로 의욕이 상실된다. 아웃소싱 업체의 업무 질이 나빠도 신속하게 계약을 파기하기에는 법적으로 복잡한 문제가 발생하기도 한다.

이와 같은 위험에도 불구하고 효율적인 아웃소싱을 통한 기업의 체질 개선은 기업 운영자들의 핵심 전략 중 하나다. 전 세계적으로 아웃소싱 시장 규모는 점차 확대되는 추세다.

11 벤치마킹 Benchmarking

▶ 정의 : 경쟁 업체의 경영 방식을 면밀히 분석해 뛰어난 상대에게서 배울 것을 찾아 배우는 것.

'제록스(Xerox)'라는 회사명이 곧 '복사하다'라는 동사로 쓰일 만큼 70년대까지 미국 제록스 사는 전 세계 복사기 시장의 97%를 점유하는 업계의 제왕으로 군림했다. 그러나 80년대에 들어와 새로운 강자가 등장한다. 일본의 캐논(Canon)이다. 경쟁자 없는 왕국에서 나태하게 안주하던 제록스는 곧 캐논에 밀려 시장점유율이 50% 이하로 떨어진다. 기업은 커다란 위기에 봉착했고, 놀란 경영자들은 자신들과 비교도 안 될 만큼 값싸고 품질 좋은 상품을 파는 캐논에 관심을 기울이게 된다. 그들은 디자인, 가격정책, 원가관리, 생산관리, 판매 전략 등 전 영역에 걸쳐 캐논을 철저하게 분석해서 배운 점을 자신들의 기업에도 적용한다. 얼마 지나지 않아 제록스는 추락했던 성과를 회복한다. 제록스의 이러한 시도는 경영 분야에서 최초의 벤치마킹 사례로 손꼽힌다.

벤치마킹이란 어떤 분야에서 우수한 상대를 대상으로 삼아 자기 기업과의 차이를 비교하고, 그 차이를 극복하기 위해 상대방의 운영 프로세스를 학습하는 경영 기법이다. 원래 벤치마킹은 토목 분야에서 사용되던 전문용어였다. 강물 등의 높낮이를 측정하기 위한 기준점을 벤치마크라 하고, 기준점을 표시하는 행위를 벤치마킹이라 한다. 이후 컴퓨터에서 각 부품의 성능을 비교하는 용어로 확대되다가 점차 기준점에 주목하는 기업 경영 방식을 의미하게 되었다.

한 분야에서 탁월한 성과를 내는 회사라면 분명 최고가 될 수밖에 없는 그들만의 독특한 노하우가 있을 거라는 전제로, 그것을 분석하고 배워 변화의 동력으로 삼겠다는 것이 벤치마킹에 임하는 기업의 자세다. 그런 점에서 벤치마킹에는 적극적인 자기 혁신이 요구된다. 벤치마킹은 동종 업계뿐만 아니라, 타 업종의 탁월함도 응용하는 방식으로 다양하게 확대된다. 이미 성공한 사례를 근거로 삼고 있는 만큼, 조직원들에게 혁신의 고통이 성과를 만들어낼 거라는 믿음을 심어주기도 쉽다.

벤치마킹을 통해 성공하기 위해서는 본받을 대상을 선정하는 일에서부터 배워야 할 경영 기법을 분석하는 일에 이르기까지 상대방과 자신에 대한 깊은 이해가 선행되어야 한다. '적을 알고 나를 알아야 전쟁에서 승리한다'는 말은 경영에서도 통용되는 진리인 것이다.

12 OEM Original Equipment Manufacturing

▶ 정의 : 계약에 따라 상대편의 상표를 붙인 부품이나 완제품을 제조해 공급하는, 일종의 하청부 생산.

글로벌 기업인 나이키는 미국 오리건주에 본사를 두고 있다. 그런데 나이키의 새 운동화를 사서 찬찬히 살펴보면 운동화를 만든 나라는 대부분 미국이 아니다. 나이키는 주로 우리나라를 비롯한 다른 나라에서 OEM 방식으로 운동화를 생산해 전 세계에 유통한다. 다른 나라에서 제작되었지만 상품에는 미국 기업 나이키의 로고가 붙어 있다.

이처럼 **기업이 어떤 물건을 생산한 후 생산한 기업의 브랜드가 아니라 생산을 의뢰한 주문 기업의 상표를 부착하는 것을** OEM이라 한다. 'Original Equipment Manufacturing'의 약자이며 '주문자 상표 부착 생산' 혹은 줄여서 '위탁 생산'이라 부르기도 한다. 기업에서 타 기업에 OEM을 의뢰하는 이유는 주로 국가 간의 생산비 차이 때문이다. 가령, 브랜드를 소유하고 있는 선진국에서는 높은 인건비로 인해 현지에서 제품을 생산하는 것이 채산성에 맞지 않는다. 이럴 때 브랜드 인지도가 높은 글로벌 기업이 상대적으로 인건비가 낮은 개발도상국 업체에 매뉴얼을 주고 제품 생산을 의뢰하게 된다.

OEM 방식으로 상품을 생산하면, 주문 기업은 초기에 생산 설비를 세팅할 필요가 없으므로 생산비를 절감할 수 있고 낮은 인건비를 통해 가격 경쟁력을 획득할 수 있다. 생산 업체로서는 별도의 마케팅 비용을 지출하지 않고도 의뢰 업체의 인지도와 마케팅 노력에 기대어 매출 성장을 이룰 수 있다. 우리나라의 대표적 OEM 수출 분야는 신발, 의류, 가전제품 등이다.

OEM보다 한 단계 더 나아가, ODM(Original Design Manufacturing) 방식으로 제품이 생산되기도 한다. ODM은 아예 주문 기업에서 대략의 콘셉트만 제공하고 생산 업체에서 디자인부터 상품 설계, 생산까지 모든 과정을 도맡아 진행하는 것을 말한다. OEM은 주어진 매뉴얼을 그대로 따라하는 것에 그치지만, ODM은 의뢰받은 업체가 보다 주체적으로 상품 생산에 개입하게 된다.

13 베블런 효과 Veblen Effect

▶ 정의 : 가격이 오르는데도 일부 계층의 과시욕이나 허영심 등으로 인해 수요가 줄어들지 않는 현상.

어느 옷가게에서 직원이 가격표를 붙이다가 가격에 0을 하나 더 붙이는 실수를 하게 된다. 그런데 이상한 일이 벌어진다. 잘 팔리지 않아 재고가 쌓였던 옷이 순식간에 절판된 것이다. 가격이 상승하면 수요가 줄어들고, 가격이 하락하면 수요가 증가한다는 전통적 '수요공급의법칙'에 정면으로 위배되는 현상이었다. 왜 이런 일이 생겨난 것일까?

고객은 합리적이어서 가격이 높은 상품보다 저렴한 상품을 선호할 것이라는 가정은 때로 완벽하게 어긋나기도 한다. 어떤 소비자에게는 싼 물건보다 비싼 물건이 오히려 구매 욕구를 자극한다. 이처럼 비싼 제품에 대해 수요가 늘어나는 과시형 소비 행태를 '베블런 효과'라 한다. 미국의 경제학자 소스타인 베블런(Thorstein Veblen)이 그의 저서 《유한계급론(The Theory of the Leisure Class)》에서 최초로 언급했다.

유한계급은 '여유를 지닌 계급'이란 의미다. 그들은 자산이 많아 노동하지 않아도 여가를 즐길 수 있고, 그러한 자신들의 지위를 과시하고 싶어 한다. 그들의 소비는 필요에 의해서가 아니라, 다른 계층과 구별되는 자신들의 사회적 지위를 드러내기 위한 목적으로 이루어진다. 따라서 그들이 제품 구매를 결정하는 데 있어 가장 중요한 관건은 차별성이다.

    자본주의가 고도화되면서 물질로 두각을 나타내는 것이 어려운 소비사회가 정착되었다. 시장에는 상품이 넘쳐나고, 더 이상 허기를 채우거나 추위를 피하는 것이 소비의 목적이 되는 시절은 끝났다. 공장에서 생산된 수많은 물건이 진열장에 들어서면서 누구나 다양한 상품을 선택할 수 있는 소비자가 되었다. 이러한 물질적 평등을 파괴하고자 등장한 것이 바로 '명품(Luxury)'이다. 서구 여러 나라에서 명품의 소비 규모는 점점 확장되었고, 급격한 경제성장을 이룬 우리나라는 특히 세계의 호화 브랜드가 주목하는 뜨거운 명품 소비 시장으로 부상하고 있다.

    명품 브랜드, 귀금속, 자동차 등 가격이 높을수록 희소성이 증가하는 호사품들은 불황에도 오히려 가격을 인상해 매출을 견인하는 전략을 구사하기도 했다. 베블런의 말대로 '비싸지 않은 아름다운 물건은 더 이상 아름답지 않기' 때문일 것이다.

14 지니계수 Gini's Coefficient

▶ 정의 : 소득분포의 불평등도를 측정하기 위한 계수.

    가령, 국민총소득이 1만 원, 총가구 수가 1만 호, 가구당 소득이 모두 동일하게 1원인 가상 국가가 있다고 상상해보자. 이 나라는 가구 수를 누적한 수치와, 국민총소득을 누적한 수치의 비율이 같다. 즉 국가의 20% 가구기 국민총소득의 20%를 점유하는 식이다. 이 두 수치의 관계를 일차함수로 나타내면 기울기가 1인 정비례 직선의 그래프가 그려진다. 이 가상의 국가는 국민소득이 완전균

등분배 상태라 할 수 있다.

하지만 현실은 그렇지 않다. 가로축을 인구 누적비율, 세로축을 소득 누적비율로 잡았을 때 실질적 그래프는 대각선이 아래로 볼록한 곡선의 형태를 띤다. 이것을 '로렌츠곡선'이라 한다. 소득분배의 불균형이 심할수록 가상의 직선과 현실의 곡선 사이에 괴리가 커진다.

이탈리아 통계학자 코라도 지니(Corrado Gini)가 제시한 '지니의 법칙'은 이 직선과 곡선 사이의 차이점으로 한 사회의 소득적 평등 정도를 나타냈다. 직선과 곡선이 만들어내는 현 모양의 면적을 직선과 X축이 만드는 삼각형의 면적으로 나눈 비율이 그것이다. 지니계수가 0에 가까우면 소득분포가 평등하고, 1에 가까울수록 불평등이 심하다고 해석할 수 있다. 대략 0.5 이상이면 높은 불균등 분배, 0.4 이하면 낮은 불균등 분배, 0.4~0.5면 중간 불균등 분배 상태라고 여긴다.

2017년 우리나라의 지니계수는 0.357로 전년보다 0.003포인트 증가했다. 전년보다 소득 불평등 정도가 더 악화한 것이다. 누진세를 통해 강력한 사회복지 제도를 시행하고 있는 북유럽 국가들의 지니계수는 0.2~0.3 정도다. 지니계수가 높고 사회적 불평등이 심화한 대표적 국가들은 볼리비아, 콜롬비아, 브라질 등의 중남미 국가들이다. 하지만 지니계수를 통해 현실적인 소득 평등·불평등에 대한 세밀한 해석을 도출하기는 어렵다. 우선 다양한 계층의 정확한 분포 상태를 알 수 없고, 곡선의 형태에 따른 차이점을 해석하기 어렵다. 따라서 소득 불평등에 대한 입체적 분석을 위해서는 엥겔계수, 타일 지수 등 다른 지표들도 함께 살펴야 할 것이다.

15 빅맥 지수 Big Mac Index

▶ 정의 : 미국 맥도날드 대표 상품인 빅맥의 판매가격을 기준으로 각국의 상대적 물가수준과 통화가치를 비교하는 지수.

　빅맥 지수는 **맥도날드의 대표 메뉴인 빅맥의 가격을 기준으로 전 세계 120여 개국의 물가수준과 통화 가치를 비교하는 척도**다. 영국의 경제지 〈이코노미스트〉가 분기마다 한 번씩 발표한다. 같은 물건은 어디에서 팔아도 가치가 똑같다고 전제하면, 각 나라에서 매겨진 빅맥의 가격을 통해 그 나라 화폐의 가치를 가늠할 수 있다. 빅맥을 물가 기준으로 택한 이유는 전 세계 빅맥이 품질이나 크기, 재료가 표준화되어 있기 때문이다. 빅맥 지수가 낮을수록 그 나라의 화폐는 저평가되어 있다고 해석할 수 있다. 쉽게 말해 빅맥 지수가 높으면 물가도 높고, 빅맥 지수가 낮으면 물가도 낮다는 것을 알 수 있다. 실제로 빅맥의 가격은 국가별로 차이가 난다. 보통 유럽 국가들의 빅맥이 미국보다 비싸고, 아시아 국가들이 싼 편이다. 우리나라의 빅맥 가격은 대략 전 세계 17위 정도로, 아시아에서는 싱가포르 다음으로 높다.

　빅맥 지수를 바탕으로 각국의 다양한 경제적 정책에 대한 평가와 판단도 가능하다. 2015년에는 담뱃값을 빅맥 가격과 비교한 후, 다른 나라에 비해 우리나라의 담배 가격이 너무 낮게 책정되어 있다는 근거를 바탕으로 전격적으로 담뱃값을 인상한 적도 있다. 최근에는 빅맥 지수를 통해 우리나라 최저 시급이 다른 나라에 비해 낮다는 평가를 내놓았다. 최저 시급으로 빅맥을 몇 개나 사 먹을 수 있는지를 계산하는 방식으로 다른 지표를 비교하는 것이다.

그러나 상품의 가격은 해당 국가의 복합적인 경제 여건을 참작해 최종 결정되기에, 빅맥의 가격만으로 경제적 판단을 내리는 것에는 모순이 많다. 가령, 제품의 가격에는 재료비뿐만 아니라 인건비나 임대료 등이 포함되어 있어 제반 비용이 많이 드는 국가에서는 제품 가격도 올라가기 마련이다. 또한 수요공급의법칙에 따라 날이 갈수록 정크푸드인 햄버거에 대한 수요가 줄어드는 경향도 빅맥의 가격 결정에 영향을 미친다. 햄버거의 유해성에 대한 보도가 빈번할 때마다 과감한 할인 이벤트가 남발되어 패스트푸드의 가격이 폭락하는 경우도 많다.

빅맥 대신 전 세계적으로 판매되는 다른 상품을 기준으로 삼은 지표도 있다. 스타벅스의 '라떼 지수', 애플의 '아이팟 지수', 이케아의 '침대 지수' 등이 그것이다. 우리나라에서 만든 것으로는 '신라면 지수'나 '초코파이 지수'도 있다. 신라면과 초코파이는 전 세계 100여 개국에 수출되고 있어 참고 지표로 활용할 수 있다.

16 치킨 게임 Chicken Game

▶ 정의 : 어떤 문제를 둘러싸고 대립하는 상태에서 서로 양보하지 않다가 극한으로 치닫는 상황.

서양에서 닭은 작은 소리에도 놀라 도망가고, 주인이 모이를 주려 해도 숨어버리는 겁쟁이의 대명사다. 치킨 게임은 결국 누가 치킨(겁쟁이)으로 판명 나는지를 가리는 게임이다. 1955년 개봉한 제임스 딘의 대표작 〈이유 없는 반항〉에서 주인공 짐과 불량배 버즈는 나란히 절벽을 향해 차량을 질주하는 내기를 벌여 세계적으로 화제가 되었다. 게임의 규칙은 벼랑과 최대한 가까이에서 멈춘 차가 승리하는 것이다. 이후 1950년대 미국 젊은이들 사이에서 치킨 게임이 유행했다. 한밤중에 도로의 양 끝에서 두 대의 자동차가 서로 마주 보고 달려오다가 충돌 직전에 누가 먼저 핸들을 꺾는지를 가리는 것이다. 핸들을 먼저 꺾은 사람이 겁쟁이, 즉 치킨이 된다. 누구도 핸들을 꺾지 않는다면 둘 다 승자가 되겠지만, 그래봤자 승리의 대가는 파멸뿐이다. 이 용어는 이후 미국과 소련의 냉전 체제 아래에서 극심해지는 군비경쟁을 비꼬는 용어로 사용되었다.

치킨 게임이라는 말은 어떤 협상이 벌어졌을 때 협상 당사자들이 적절한 선에서 서로 양보하지 않고 자존심 대결을 벌여 결국엔 모두 손해를 보며 비극적 결말로 치닫는 상황에서 두루두루 사용된다. 삼성전자와 일본 기업들의 반도체 메모리 경쟁도 치킨 게임의 대표적인 사례다. 삼성전자가 손실을 감수하면서까지 극단적으로 가격을 낮추는 전략을 취하자, 자본력에서 밀렸던 일본 기업은 도산하게 되고 이후 반도체 시장은 삼성전자가 독식한다.

석유 자원을 가진 국가들이 가격 경쟁력을 높이기 위해 너도나도 원윳값을 낮추는 것도 비극적 치킨 게임에 해당한다. 필연적으로 고갈할 운명을 지닌 석유 자원의 가격을 경쟁 때문에 낮췄고, 그 결과 국제 석윳값이 폭락했고, 석유 산유국 재정에 위기가 닥쳤다. 석유 시장은 산유국 간에 언제든지 치킨 게임이 재발할 위험이 잠복되어 있어 국제적으로 늘 긴장하며 예의주시해야 한다.

이밖에도 치킨 게임은 다양한 영화에서 주인공의 대담함을 표현하는 장치로 종종 등장한다. 열차가 달려오는 철로에 누워 최후의 순간까지 버티기도 하고, 영웅과 악당이 서로를 마주 보며 자동차를 돌진해 결국 치킨이 된 악당의 차가 옆길로 전복되기도 한다. 도둑놈이 물건을 훔쳐 가는 걸 멀뚱히 쳐다보며 누구도 소리를 지르지 못한, 전래 동화 속의 '말 안 하기 내기'도 자존심을 건 치킨 게임의 일종이다. 치킨 게임은 자본력이 큰 대기업이 중소기업과 가격 경쟁력으로 대결해 작은 기업을 죽이고 시장을 독점하는 방법으로 여전히 자행되고 있다. 무모한 치킨 게임이 국가 간의 경쟁으로 확대될 경우 국제 질서에 심각한 위기가 도래할 수 있다.

17 블랙 스완 Black Swan

▶ 정의 : 극단적으로 예외적이어서 발생 가능성이 없어 보이지만 일단 발생하면 엄청난 충격과 파급효과를 가져오는 사건을 가리키는 용어.

17세기 말까지 유럽인들은 모든 백조가 하얗다고 믿어왔다. 그 생각은 그동안 사람들이 만났던 백조가 모두 하얗다는 경험에서 비롯된 것이었다. 그런데 18세기 호주 남부에서 검은 백조가 발견되었다. 사람들은 오랜 세월 동안 조금의 의심도 없이 믿어왔던 통념이 깨지는 충격을 경험한다. 이러한 사례에 빗대어 미국 금융 분석가 나심 니콜라스 탈레브(Nassim Nicholas Taleb)는 2007년 《블랙 스완(The Black Swan)》이라는 저서에서 증시의 대폭락과 국제 금융 위기를 예측한다.

'블랙 스완'은 **도저히 일어날 것 같지 않은 일이 일어난 것을 의**

미하는 말이다. 과거의 경험만으로는 아무리 분석해도 미래를 예측할 수 없을 때를 지칭한다. 일어날 가능성이 없어 보이던 그 일은 일단 벌어지고 나면 연쇄된 파급효과가 너무 커서 어마어마한 위기가 닥칠 것으로 예측된다. 탈레브는 경제공황이나 9·11 테러, 구글의 성공 등을 블랙 스완의 사례로 들었다. 그는 이 책에서 예상하지 못했던 0.1%의 가능성이 모든 것을 바꾼다고 주장하며, 또다시 미국 경제에 최악의 상황이 올 수도 있다고 경고했다. 그의 경고처럼 2007년 서브프라임 모기지 사태를 시작으로 2008년에는 글로벌 금융위기가 닥쳤다. 관찰과 경험에서 출발한 믿음이 얼마나 위험하고 허약한지를 지적하는 말이다.

18 버핏세 Buffett Tax

▶ 정의 : 미국에서 '투자의 귀재'로 불리는 워런 버핏이 부유층에 대한 세금 증세를 주장한 방안.

　세계적인 투자의 귀재인 억만장자 워런 버핏은 2011년 8월 〈뉴욕타임스〉에 한 편의 칼럼을 기고한다. '슈퍼부자 감싸기 정책을 중단하라'는 제목의 글에서 그는 "나의 소득세 세율이 17.4%에 불과한 데 비해, 내 사무실에서 근무하는 20명 직원의 평균 소득세율은 36%에 이른다"고 지적했다. 그는 "돈으로 돈을 버는 사람이 노동으로 돈을 버는 사람보다 세금을 적게 내는 것은 정상이 아니다"라고 판단하면서 부유층이 더 많은 세금을 내야 한다고 주장했다. 주식투자 등으로 얻은 자본소득이 100만 달러 이상인 사람의 세율을 올리고, 1천만 달러 이상인 부자에게는 그 이상의 초과 세율을 적용해야 한다는 것이다. 당시 미국에서는 투자와 같은 자본소득의 세율이 15% 정도였고, 이는 급여 노동자 최고 세율인 35%의 절반에도 못 미치는 수준이었다. 버핏은 이러한 세제 개편을 통해 만성적인 미국의 재정 적자를 해결할 수 있다고 생각했다.
　버핏세는 부유층에게 상대적으로 더 많은 세금을 부과하자는 취지의 조세제도를 말한다. 버핏의 칼럼 이후, 오바마 전 미국 대통령은 버핏세를 신설하고자 준비에 착수했다. 연간 100만 달러 이상의 소득을 얻는 부유층에게 적어도 중산층보다는 높은 세율을 적용하도록 하는 방침이었다. 실제로 대부분의 국가에서 기업들이 내는 법인세는 근로자들이 급여에서 지불하는 소득세보다 과세율이 낮다. 많은 사람이 버핏의 의견에 찬성하고 지지를 보냈지만 일부 최고소득층에서는 그의 의견에 분개했다. 결국 오바마의 노력은 무산되었고 법안은 통과되지 못했다.

미국뿐 아니라 여러 국가에서 경제적 불평등을 해소하는 방안으로 버핏세 도입이 지속해서 논의되고 있다. 우리나라는 2011년 12월, 소득세 최고 과세표준 구간을 3억 원 초과로 지정하고 이 구간의 최고세율을 35%에서 38%로 올렸다. 그러나 애당초 자본이 자본을 낳는 이자소득에 대한 과세를 늘리자는 버핏의 주장은 우리나라에 적용되면서 근로소득의 최상위 등급만 한 등급 더 만드는 수준으로 왜곡되어버렸다. 버핏세의 개념이 본질적으로 부유층이라는 기득권을 조준하는 과세 제도이기에, 실질적 적용은 권력을 가진 자들로부터 많은 견제를 받는 등 다양한 측면에서 한계를 드러내고 있다.

기출문제

▸ 사회에 있는 다양한 양극화 중 하나를 생각해보고 원인과 해결 방안을 말해보시오. (2019 건국대학교)

▸ 기업은 기본적으로 이윤 추구를 위해 최선을 다하지만, 기업의 지나친 이윤 추구는 환경 파괴, 경제공황, 경제적 불평등 심화 등의 문제를 초래할 수 있다. 최근 우리나라에서도 기업의 사회적 책임이 강조되고 있는데, 그 의미를 설명하고 사례를 들어보시오. (강원대학교)

19 4차 산업혁명 Fourth Industrial Revolution

▶ 정의 : 정보통신기술(ICT)의 융합으로 이루어지는 차세대 산업혁명으로, '초연결', '초지능', '초융합'으로 대표됨.

이세돌 9단을 꺾은 알파고의 승리는 인간의 고유한 능력이라고 자부해온 영역에서조차 인공지능(AI)이 인간보다 더 뛰어날 수 있다는 것을 증명했다. 알파고의 비밀은 인간의 뇌와 신경회로를 그대로 재현한 '딥러닝(Deep Learning)'에 있었다. 딥러닝은 기계 학습의 새로운 수법으로, 인간이 입력한 데이터 분석 방법을 따르지 않고 컴퓨터 스스로 데이터를 분석해 특징을 찾아내는 방식이다. 이것이 시사하는 바는 컸다. 이제 인공지능은 인간의 감정을 이해하고 이에 맞게 대화할 수 있는 수준까지 이르기 위해 도전하고 있다.

인공지능은 인류의 4차 산업혁명을 이끌어갈 기술 가운데 가장 큰 관심을 받고 있다. 4차 산업이란 정보, 의료, 교육, 서비스 산업 등 지식 집약적 산업을 총칭하는 말로, 디지털 기술을 이용해 가상 세계와 물리 세계를 연결하는 산업이다.

산업혁명이란 기술상 혁명에 가까운 혁신이 일어나 사회 전반에 큰 변혁이 발생한 것을 말한다. 1차 산업혁명(18세기)은 증기기관 기반의 기계화 혁명이고, 2차 산업혁명(19세기~20세기 초)은 전기 에너지 기반 대량생산 혁명이었다. 3차 산업혁명(20세기 후반)은 컴퓨터, 인터넷 기반 지식정보 혁명이었다.

4차 산업혁명이라는 말은 2010년 독일이 발표한 '하이테크 전략 2020'의 10대 프로젝트 중 하나로, '제조업과 정보통신의 융합'을 뜻하는 의미로 사용되었다. 이후 WEF(세계 경제 포럼)에서 4차 산업혁명을 의제로 설정하면서 4차 산업혁명은 세계적 화두로 떠오른다. 4차 산업혁명의 주창자인 클라우스 슈밥(Klaus Schwab)은 《4차 산업혁명(The Fourth Industrial Revolution)》에서 4차 산업혁명을 '3차 산업혁명을 기반으로 한 디지털과 바이오산업, 물리학 등 3개 분야의 융합된 기술이 경제체제와 사회구조를 급격히 변화시키는 기술혁명'으로 정의했다.

4차 산업혁명(2015~)은 IoT, AI, 빅데이터 기반 만물초지능으로의 혁명적 변화를 예고한다. 다품종 소량 생산, 생산의 완전 자동화를 통해 산업, 경제의 급격한 변화를 몰고 오고, 인류의 삶과 미

래를 근본적으로 바꿔놓을 전망이다. 전문가들은 2025년을 4차 산업혁명의 티핑 포인트로 예상한다. 1990년대 상업적 인터넷이 보급된 이후 30여 년 만에 산업의 패러다임이 변화한 셈이다.

기출문제

▸ 4차 산업혁명 시대가 오고, AI가 발전함에 따라 수업 방식은 어떻게 변화할 것인가? 그와 함께 변화되는 교육의 의미를 구체적 예를 들어 설명해보시오. (2020 성균관대학교)

▸ 4차 산업혁명 시대에 교사의 역할은 어떻게 변화할까? (2020 성균관대학교)

▸ 4차 산업혁명 시대의 도래가 자신이 지원한 학과에 어떤 영향을 미칠지 긍정적인 측면과 부정적인 측면을 말하시오. (2019 건국대학교)

▸ 4차 산업혁명이란 무엇이며, 어떤 기술자가 되고 싶은지 설명하시오. (2019 동국대학교)

20 바이럴 마케팅 Viral Marketing

▶ 정의 : 어떤 기업이나 회사의 제품을 소비자의 힘을 빌려 알리려는 마케팅. 바이러스가 퍼지는 것처럼 입소문이 나는 것을 활용하는 방법.

요즘은 가족들과 외식 한번 하려고 해도 일단 온라인상에서 맛집을 검색하는 경우가 많다. 다양한 정보를 제공하는 블로그나 SNS의 글들이 소비자가 입맛에 맞는 선택을 할 수 있도록 도와준다. 정교하게 작성된 파워블로거의 포스팅은 구매를 유도하는 강력한 영향력을 지니고 있다. 이처럼 **온라인에서 네티즌들의 연쇄적 반응을 노리는 마케팅 활동을 바이럴 마케팅이라 한다.**

바이럴(Viral)은 'Virus'와 'Oral'의 합성어로, 소식이 사람들의 입을 통해 바이러스처럼 빠르게 번져간다는 의미를 담고 있다. 한정된 대상에게 지엽적으로 정보를 전달하던 오프라인 광고에 비해, 온라인상에서 상품에 대한 사람들의 입소문은 순식간에 광범위하게 확산한다. 뚜렷한 개성을 지닌 SNS나, 날이 갈수록 지능적으로 고도화되는 각종 포털, 빠른 속도로 등장하는 다양한 채널들이 바이럴 마케팅의 수단이 된다.

바이럴 마케팅은 2000년 말부터 새로운 광고 기법으로 부각되기 시작했다. 판매자가 직접 나서서 자신의 상품에 대해 자랑하는 것이 아니라, 소비자가 상품을 긍정적으로 평가하고 추천한다는 점에서 초기에는 마케터들의 획기적인 관심을 모았다.

그러나 점점 바이럴 마케팅을 유포하는 기업이 늘어남에 따라, 소비자들은 자신들이 찾아낸 내용이 순수한 정보인지, 대가성 홍보인지 의심하기 시작한다. 심심찮게 등장하는 파워블로거들의 갑질 사례도 소비자의 불신을 부추기는 계기가 되었다. 한편 바이럴 마케팅은 미리 상품을 경험한 고객의 입소문에 의존하는 방식인 만큼, 광고주의 기대와 다르게 소비자들의 입에서 입으로 부정적 평가가 번져가는 의외의 사태에 봉착할 가능성도 다분하다. 최근에는 기업뿐만 아니라 정치 마케팅의 수단으로 유권자들의 평판과 입소문을 활용하는 사례도 늘고 있다.

21 로봇세 Robot Tax

▸ 정의 : 로봇의 노동으로 생산하는 경제적 가치에 부과하는 세금.

2018년 2월, 마이크로소프트 창업자인 빌 게이츠가 '로봇세'의 도입을 주장했다. 그는 "로봇이 살아 있지 않다고 해서 돈을 벌 수 없는 것은 아니며, 인간의 노동력을 대체하게 될 로봇의 노동에도 세금을 매겨야 할 것"이라고 말했다. 빌 게이츠의 주장으로 산업에서 로봇의 역할과 인간의 일자리에 대한 첨예한 논란이 야기되었다.

로봇세란 **로봇이 생산하는 경제적 가치에 부과하는 세금**이다. 4차 산업혁명과 인공지능의 급격한 발전으로 인간은 급속도로 로봇에게 일자리를 빼앗기고 있다. 2015년 세계에서 판매된 로봇은 24만 8,000대로 역대 최대다. 이는 전년도보다 12%나 증가한 수치다. 세계적 컨설팅 기업인 맥킨지는 이미 현재의 기술만으로도 인간 일자리의 45%는 로봇이 충분히 대체할 수 있다고 분석했다. 이런 추세가 계속된다면 앞으로 로봇은 육체노동은 물론 회계사, 약사 등과 같은 전문직 업무까지 차지하게 되고, 향후 20년 안에 현재 인간의 일자리 중 절반 이상을 담당하게 될 거라는 예측도 나오고 있다.

빌 게이츠는 기업가 중 처음으로 인간의 실직에 대한 보호 제도로 로봇세를 주장했다. 그는 로봇세로 노인과 아이들을 보살피고, 로봇으로 일자리를 잃은 사람들의 재교육을 지원할 것을 제안했다. 그러나 기업의 입장에서는 로봇세가 세금 부담으로 작용할 수 있다. 로봇세에 대한 부담이 로봇 산업의 발전과 혁신을 저해할 것을 우려해 유럽 의회는 로봇세 도입에 반대하는 결의문을 채택했다. 로봇으로 인한 인간 윤리의 문제는 세금 문제와 분리해야 한다는 것이다.

한편, 로봇의 노동이 인간의 일자리를 박탈할 거라는 예측에 대한 반론도 만만치 않다. 기술의 발달로 그전까지 인간의 노동력에 의존했던 일들이 획기적으로 간소화된 것이 사실이지만, 그로 인해 오히려 과거보다 더 많은 일자리가 창출되기도 했다. 바코드의 등장으로 슈퍼마켓의 계산 업무는 간소화되었지만, 이로 인해 마

트를 찾는 고객이 늘어 계산원의 수가 더 많아졌고, ATM 기계가 도입되며 금융 인력 비용이 절약되자, 은행은 지점을 늘려 결국 텔러의 수는 오히려 증가했던 것들이 그 사례다.

이처럼 기술의 발전에 따른 미래 사회의 변화는 현재의 기준으로 예측할 수 없는 많은 변수를 내포하고 있다.

22 공유경제 Sharing Economy

▶ 정의 : 이미 생산된 제품을 여럿이 함께 공유해서 사용하는 협력 소비경제.

집에 남는 방이 있어 여행객에게 빌려주고 돈을 벌고, 출근 시 차를 나눠 타고, 공간의 한 섹션을 임대한 사무실로 출근을 하는 모습은 10년 전만 해도 볼 수 없었던 풍경이다. 물건이 대량으로 생산되고, 그만큼 많은 물건을 소비하는 자본주의 사회에서, 사람들은 재화를 소유하고 싶은 욕망에 사로잡혀 있다. 하지만 필요 이상으로 과도한 물건을 소유하는 것은 엄밀히 말해 낭비다. 물건의 활용도 면에서 효율성이 떨어지고, 환경 보존에도 도움이 되지 않는다. 공유경제는 이러한 문제의식에서 출발했다.

공유경제는 자신이 소유한 물건이나 재산, 기술 등을 다른 사람과 공유함으로써 새로운 가치를 만들어내는 '협력적 소비'의 한 형태다. 2008년 미국을 덮친 경제 위기 속에서 하버드 교수인 로렌스 레식(Lawrence Lessig) 교수에 의해 최초로 생겨난 개념이다. 쉽게 말해 자동차, 빈방, 사무실 등을 필요한 사람과 나눠 쓰는 것이다. 소유자는 부가적 수익을 얻을 수 있고, 구매자는 싼 값에 소비를 할 수 있다. 인터넷과 SNS의 발달은 공유경제가 확산될 수 있는 기술적 배경이 되었다.

빈방이나 집을 공유하는 에어비엔비, 차량 공유 플랫폼인 우버가 대표적인 공유경제 사업 모델이다. 사무실이나 주방, 창고 등과 같은 공간에 대한 공유뿐만 아니라, 정보를 공유하는 위키백과나 계정을 공유하는 넷플릭스도 공유경제의 한 형태이다.

공유경제 시장은 전 세계적으로 매년 급성장하는 추세다. 1인 가구가 증가하고 합리적 소비를 추구하는 트렌드의 확산으로 인해, 소비의 방식이 '소유'에서 '공유'로 활발히 전환되고 있다.

우리나라에서도 주거 공간, 오피스, 주방, 승차, 취미 등 다양한 공유경제 서비스를 제공하는 플랫폼이 증가하고 있다. 공유경제의 활성화로 인해 바람직한 나눔의 문화가 싹트고, 새로운 직업이 창출되기도 한다. 그러나 공유경제 플랫폼이 수수료만 챙기고 발생하는 분쟁이나 소비자 피해에 무책임한 태도를 보여 종종 문제가 되기도 한다. 주로 사람과 사람이 직접 연결되는 서비스 형태가 많아 분쟁의 씨앗이 내재되어 있음에도 불구하고, 새로운 서비스 형태인 탓에 아직 제도적으로 미비한 것이 사실이다.

그러나 공유경제는 새로운 아이디어로 미개척 분야를 개척하며 지속적으로 확산되고 있다.

기출문제

▸ 공유경제의 쉐어링에 대한 의견을 말해보시오. (2019 건국대학교)
▸ 공유경제의 장점과 단점을 사례를 들어 말해보시오. (서울여자대학교)

23 브렉시트 Brexit

▶ 정의 : 영국의 유럽연합 탈퇴를 뜻하는 용어.

2016년 6월 영국은 국민투표를 통해 영국의 유럽연합으로부터의 탈퇴를 결정했다. 2020년 1월 31일을 기준으로 47년간 이어지던 EU와의 공동생활을 청산한 것이다. 탈퇴 결정 이후에도 첨예한 이슈들로 여러 갈등을 겪다가, 2020년 12월 24일 마침내 합의안을 도출했고, 2021년 1월 1일 브렉시트는 완전하게 마무리 되었다.

브렉시트는 **영국**(Britain)**과 탈퇴**(Exit)**의 합성어로 '영국의 유럽연합 탈퇴'**를 뜻한다. 영국은 독일, 프랑스와 함께 유럽연합 내에서도 최강 국가 중 하나였다. 따라서 영국의 탈퇴가 유럽 경제에 미치는 영향은 매우 크다. 탈퇴 이후에 영국과 유럽연합이 세부적 협상안을 마련하기 위해 난항을 겪은 이유도 각 조항마다 수많은 이해관계가 얽혀 있었기 때문이다.

영국 국민들이 브렉시트에 찬성하는 정서는 2008년 국제적 금융위기를 기점으로 확산되었다. 영국이 감당해야 할 EU 예산에 대한 높은 분담금, 중동 등지에서 몰려온 대규모 난민에 대한 수용 문제, EU 타 국가와의 제도적·관습적 차이 등이 대표적인 찬성의 사유다. 막판까지 갈등이 고조되어 협상 없이 브렉시트가 발표될 긴장 상태에 놓이기도 했으나, 극적으로 비준이 통과되어 2021년부터 영국은 본격적 독립경제를 영위하게 된다.

브렉시트로 인해 영국이 감당해야 할 불편함도 많다. 우선 영국인들은 EU 회원국으로의 이동이 제한된다. 자유롭게 다니고, 일하고, 공부하고, 거주할 권리가 사라지는 것이다. 이전과 달리 의사, 약사, 엔지니어 등의 전문직 종사자들은 타 유럽국에서 일하려면 다시 인증을 거쳐야 한다. 상품의 무역도 과도기 이후로는 점차 절차가 복잡해져, 유통의 중요한 지표인 소요시간이 늘어날 전망이다. 통신이나 금융 등에도 전과 다른 불편함이 불가피하다.

우리나라는 브렉시트 이후에도 한영자유무역협정 FTA를 발효해 기존의 한·EU FTA의 특혜 관세 혜택이 동일하게 유지된다. 이 때문에 브렉시트가 우리 기업에 미치는 부정적 영향은 그리 크지 않을 것으로 기대하고 있다.

브렉시트 협상이 비준된 이후에도 여전히 해결해야 할 문제들은 남아 있다. 영국으로 난민 신청을 한 많은 난민들이 브렉시트 이후 생명의 위협을 받아 인권 문제가 부각되었고, 영국 영토인 북아일랜드와 여전히 EU 자격을 유지하는 아일랜드 사이의 갈등이 심화되어 2021년 4월에는 북아일랜드 수반이 사임하기도 했다.

기출문제

▸ 브렉시트에 대해 어떻게 생각하는가? (2018 서울대학교)

▸ 브렉시트의 정의와 브렉시트가 발생한 이유를 설명하시오. (2017 명지대학교)

▸ 브렉시트의 원인과 영향에 대해 말해보시오. (건국대학교)

■ 채권 Bond : 돈을 빌리고 발행하는 차용증 개념이지만 개인이 아니라 정부, 은행, 자격을 갖춘 주식회사만 발행할 수 있다. 일반적으로 거액의 자금을 일시에 조달할 필요가 있을 때 채권을 발행해서 자금을 모은다. 정부가 채권을 발행하려면 국회의 동의를 받아야 하고, 기업은 금융감독원에 신고서를 내야 한다. 까다로운 절차를 두어 안정성을 확보한 것이다. 채권을 사게 되면 그 대가로 이자를 받게 된다. 차용증 개념이지만, 채권은 주식처럼 사고팔 수 있어 쌀 때 사서 비쌀 때 팔면 수익률이 높아진다.

■ 옵션 Option : 미리 정해놓은 기간 안에 특정 자산을 정해진 가격으로 사고팔 수 있는 권리다. 가령, 미래 어느 시점에 자산을 특정 가격에 살 수 있는 권리를 부여받았을 경우, 그 시점에 자산의 가격이 상승하면 미리 고정한 가격으로 구매함으로써 이익을 얻을 수 있다. 이를 콜옵션(Call Option)이라 한다. 반대로 미래의 어느 시점에 자산을 특정한 가격으로 팔 수 있는 권리가 있다고 했을 때, 그 시점에 자산의 가격이 하락하면 매도자는 자산을 팔아 이익을 얻을 수 있다. 이를 풋옵션(Put Option)이라 한다.

■ 관세 : 국제무역에서 교역되는 상품에 부과되는 세금이다. 관세는 수입국이 자국의 산업을 보호하기 위해 시행하는 가장 일반적인 보호무역 정책이다. 수입을 제한해야 할 물품에 높은 관세를 부과하면 상품의 가격이 높아져 국내 소비가 감소한다. 정부가 관세를 부과하는 목적은 세수를 올리고, 자국의 산업을 보호하기 위함이다. 교역품에 세금을 부과하고 수출

입 관련 업무를 처리하는 곳을 세관이라 한다.

> ▸ 미국이 FTA 협정을 탈퇴하고 다른 나라들 수입품에 관세를 더 많이
> 매기는 보호무역 정책을 실시하는 것에 대해 한국은 어떤 태도를 보
> 여야 하는가? (2019 경희대학교)
> ▸ 미국이 한미 FTA를 재협상하려한 이유가 무엇이라 생각하는가?
> (2018 서울시립대학교)

■ 보호무역 : 자국의 산업을 보호하기 위해 국가가 개입한 여러 가지 무역
제도를 뜻한다. 보호해야 할 품목이 있을 때, 일단 경쟁 상대가 되는 수입
품의 가격을 올리는 대응이 가능하다. 수입품에 높은 관세나 특별소비세
를 부과하는 것이다. 관세가 아닌 다른 방법으로도 수입을 억제하는 것이
가능한데 이를 비관세장벽이라 한다. 수입량을 제한하거나, 수입을 허락
하지 않거나, 과징금을 부과하는 방식 등이 있다. 또는 외국 기업이 준수
하기 어려운 보건 위생 규정 등을 제시하는 간접적 방법도 가능하다.

> ▸ 자유무역주의가 확산되면 생길 수 있는 문제점과 그 해결 방안에 대
> 해 말해보시오. (2019 경희대학교)
> ▸ 자유무역주의와 보호무역주의의 장단점을 비교하고, 최근 전 세계적으
> 로 보호무역주 열풍이 거센 이유를 설명하시오. (2017 한국외국어대학교)

■ 감가상각 : 토지를 제외한 고정자산은 시간이 흐르면 경제적 가치가 점점 줄어든다. 각종 설비나 기계 등은 낡고, 기술은 낙후해 가치가 소멸해 간다. 가령, 어떤 기업이 작년과 동일한 매출과 이익을 얻었다고 해도, 기업 전체의 자산 가치는 낡아 소멸한 자산의 가치만큼 손실이 발생하는 것이다. 이를 감가상각이라 한다. 고정자산을 얻기 위해 투입된 자본은 조금씩 나누어 매년 비용으로 회수하게 된다.

■ 기회비용 : 자원은 한정되어 있기에 우리는 무엇인가를 얻기 위해 다른 어떤 것을 포기해야 한다. 여러 대안 중 하나를 선택했을 때, 그것을 택함으로써 포기해야 했던 나머지 옵션 중에서 가장 가치가 큰 것을 기회비용이라고 한다. 가령, 자영업 종사자가 하루 가게 문을 닫고 휴가를 떠났다면 그 하루 동안 발생했을 이익을 포기한 셈이 된다. 액면가는 가게 문을 닫음으로써 발생한 손실액이지만, 가게가 문을 열지 않아 단골손님을 다른 가게에 뺏기게 된다든가 하는 눈에 보이지 않는 손실액 모두가 기회비용에 포함된다.

■ 누진세 : 소득금액이 커질수록 높은 세율을 적용하도록 정한 세금. 즉 세금 부과의 대상이 되는 물건의 가치나 금액이 증가함에 따라 세금의 비율도 높아지는 조세제도를 의미한다. 대표적인 것이 소득세다. 더 많이 버는 사람에게 더 많은 세금을 부담하게 해서 소득 계층 간의 불평등을 바로잡고, 소득의 재분배를 이루고자 하는 것이다.

■ 토지 공개념 : 자본주의 사회는 개인의 사적 재산권에 대한 존중을 기반으로 운영된다. 토지 역시 개인에게 소유권이 주어진 재산에 해당된다.

하지만 토지의 총량은 제한적인 반면, 토지에 대한 인간의 소유욕은 끝이 없어 항상 투기의 가능성이 내재되어 있다. 토지 공개념은 **토지의 개인적 소유권은 인정하되, 공익을 위해서는 정부가 법률로서 소유와 처분의 방식에 간여할 수 있다는 개념**이다. 토지의 공공재로서의 성격을 고려해야 한다는 인식을 바탕으로 하고 있다. 1970년대 최초로 개념이 등장한 이래, 투기 억제를 위해 정권마다 다양한 법률적 시도를 거듭했다.

■ **긱 이코노미** Gig Economy : 긱(gig)은 1920년대 미국 재즈클럽에서 즉흥적으로 섭외한 연주자를 일컫는 말이었다. **기업들이 정규직 직원보다 필요에 맞춘 단기성 임시직 직원을 고용하는 경향**이 커졌는데, 이를 긱 이코노미라 한다. IT 플랫폼 발달에 힘입어 수시로 일자리나 인력을 구하는 일이 가능해졌다. 정규직 근무가 어려운 다양한 계층이 노동시장에 진입할 수 있다는 점은 긱 경제의 가장 큰 장점이다. 그러나 이들은 4대 보험, 최저임금 등과 같은 제도적 보장에서 소외되어 있어 사회적 문제가 되기도 한다. 공유차량 서비스 업체인 '우버'의 드라이브 파트너, 아마존의 배송 요원, 우리나라의 프리랜서 배달 파트너 등이 여기에 해당한다.

기출문제

▶ 파트타임제 일자리가 늘어나면 소득 양극화가 완화되는가? (2019 국민대학교)

■ **갭 투자** : 아파트와 같은 부동산의 매매가격이 전세값과 별로 차이가 나지 않으면 그 차액(갭) 정도의 돈만으로 집을 구매하는 것이 가능하다.

구매 후 바로 전세로 임대하면 된다. 임대 기간이 만료되었을 즈음, 그 사이 상승한 집값만큼의 이익을 얻겠다는 투자법이 갭 투자다. 여기에는 시간이 흐르면 집값이 오를 것이라는 전제가 깔려 있다. 주택 경기가 호황일 때 크게 유행했다. 그러나 집값이 오히려 떨어지면, 전세 계약기간 만료 후 집값이 전세보증금에 못 미쳐 보증금을 돌려줄 수 없게 된다. '깡통전세'가 속출하는 것이다. 이와 같은 투기 목적의 갭 투자를 억제하기 위해 다양한 제도가 시행되고 있다. 구매자의 실거주 의무 기간 설정이나, 2주택 이상 보유자의 세금 강화 등이 그것이다.

기출문제

▸ 서울의 부동산에는 거품이 있는가? 무엇으로 그것을 판단할 수 있을까? (서울대학교)

■ 유니콘 기업 : 설립한 지 10년이 안 되었고, 주식시장에 상장도 하지 않았는데, 기업 가치가 10억 달러(1조원) 이상인 기업을 유니콘 기업이라 한다. 상상 속의 유니콘처럼 실제로 존재하기 어렵다는 의미이다. 2013년 미국의 벤처 투자자인 에일린 리가 처음 사용한 개념이다. 우리나라에서는 쿠팡, 크래프톤, 옐로모바일, 엘인피코스케틱, 우아한형제들, 위메프, 야놀자 등의 기업들이 유니콘 기업으로 주목을 받았다. 우리나라는 세계에서 여섯 번째로 유니콘 기업을 많이 보유하고 있다. 유니콘 기업이 늘어나자 기업 가치 100억 달러 이상은 데카콘(스페이스X, 스트라이프 등), 기업 가치 천억 달러 이상은 헥토콘(틱톡 등)이라 부르기 시작했다.

〈확인 문제〉

대입 면접 합격을 위한 만점 전략

주제어를 학습한 후 다음의 질문에 대답해보자.

❶ 다음의 주제어 중에서 새롭게 익힌 단어를 골라 √표를 하자.

01 사회간접자본		02 빈곤의 악순환		03 사회적 기업	
04 금융실명제		05 블루오션		06 워크아웃	
07 스톡옵션		08 신용장		09 덤핑	
10 아웃소싱		11 벤치마킹		12 OEM	
13 베블런 효과		14 지니계수		15 빅맥 지수	
16 치킨 게임		17 블랙 스완		18 버핏세	
19 4차 산업혁명		20 바이럴 마케팅		21 로봇세	
22 공유경제		23 브렉시트		24 채권	
25 옵션		26 관세		27 보호무역	
28 감가상각		29 기회비용		30 누진세	
31 토지 공개념		32 긱 이코노미		33 갭 투자	
34 유니콘 기업					

❷ 가장 흥미 있는 주제어를 정한 후 그 용어에 대한 정의와 관련된 확장 개념을 정리해보자.

❸ 수록된 〈면접, 논술 기출 질문〉 중 하나를 정해서, 면접관에게 답변한다고 가정하며 자신만의 논리를 전개해보자.

❹ 위의 주제어 중에서 과목별 에세이를 작성한다면 어떤 것을 선택할 것인가? 그 내용은?

5week

교육 계열에
꼭 필요한 어휘

교육학은 교육의 본질부터 교육의 적용에 이르는 광범위한 내용을 다루는 학문이다. 사범대학은 교육에 대한 학습을 기본으로 중등 교원을 양성하는 것을 목적으로 한다. 초등교원은 교육대학교를 별도로 설치해 양성한다.

▶ 관련 전공 학과

사범대학, 교육대학, 교육학, 교육공학, 언어치료학, 유아교육학,

특수교육학 등

▶ 나는 이 계열에 얼마나 어울리는 사람일까? 체크해보자.

- ☐ 누군가를 가르치고 지도하는 것에 흥미가 있다.
- ☐ 어린이나 청소년을 좋아한다.
- ☐ 자신의 생각을 조리 있게 전달할 수 있다.
- ☐ 타인에 대한 태도가 개방적이고, 다른 사람에 대한 존중의 자세가 몸에 배어 있다.
- ☐ 평소 교육정책이나 교육 문제에 관심이 많다.
- ☐ 다른 사람들 앞에서 이야기하는 것에 대한 두려움이나 거부감이 없다.
- ☐ 다른 사람의 이야기를 경청하는 것을 좋아한다.
- ☐ 다양한 사람들과 두루두루 조화롭게 지낼 수 있다.
- ☐ 정직하고 양심적이며 올바른 가치관이 확고하다.
- ☐ 타인에 대한 배려와 양보심이 많고, 봉사와 헌신의 마음이 내재되어 있다.

▶ 5주차에 나오는 학습 어휘이다. 한눈에 익히자.

(＊기출문제 포함)

☐ 메타인지 ＊   ☐ 다중지능 ＊   ☐ 자기효능감 ＊

☐ 스팀 교육 ＊   ☐ 몬테소리 교육 ＊   ☐ 브레인스토밍

☐ 맥락 효과   ☐ 학습된 무기력 ＊   ☐ 유치원 3법 ＊

☐ 암묵지·형식지   ☐ 자기주도학습 ＊   ☐ 입학사정관제

☐ 로스쿨   ☐ 평생교육   ☐ 마인드맵

☐ 스키마   ☐ 대안학교 ＊   ☐ 에듀파인 ＊

☐ 고교학점제 ＊

01 메타인지 Metacognition

▶ 정의 : 자신의 인지 과정에 대하여 한 차원 높은 시각에서 관찰, 발견, 통제하는 정신 작용.

알파고와 이세돌 9단이 격돌했던 세기의 대결을 분기점으로, 전 세계 인공지능 시장은 매년 가파르게 성장하고 있다. 인간의 능력을 넘어서는 AI의 가공할 역량에 사람들은 이제 더 이상 충격조차 받지 않는다. 그러나 뇌과학자들에 따르면 아무리 똑똑한 AI도 도저히 따라올 수 없는 인간 고유의 능력이 있다고 한다. 그것은 인간의 메타인지 능력이다.

메타인지란 **인간이 자신의 인지 처리 과정 그 자체를 인지하는 정신 작용**을 말한다. 다시 말해, 지금 생각하고 있는 내가 나의 생각하는 행위 자체에 대해 생각하는 것이다. 인간은 타인에 대해 생각하는 것처럼 자신에 대해서도 냉정한 사고를 할 수 있다. 마치 객관적 존재인 양 자신을 관찰하면서 자신이 극복해야 할 문제점을 파악하고, 그 문제를 해결하기 위한 계획을 세우고, 스스로를 통제하는 것이다. 이러한 지적 활동 과정을 통해 인간의 문제 해결 능력이 강화되고 창의력이 증폭된다. 인간의 두뇌 작용을 AI와, 또 다른 동물과도 구별하는 가장 큰 차이가 바로 이 메타인지다. 1976년, 미국의 발달심리학자인 존 플라벨(John Flavel)은 인간의 인지능력 중 메타인지가 제일 중요하다며 그 중요성을 최초로 강조했다.

우리가 어떤 것을 생각한다고 했을 때, 그 어떤 것을 초월해 '우리가 왜 그 어떤 것에 대해 생각하는지'까지 생각할 줄 아는 능력

은 인간의 뇌가 진화하며 얻게 된 탁월함이다. 뇌의 진화 과정 중 가장 늦게 발달한 전두엽 피질 덕분에 우리는 사고 과정을 사고하면서 추상적, 개념적 생각까지 할 수 있게 되었다. 메타인지 능력은 교육에서 특히 중요하다. 무엇인가를 학습한 이후에 자신이 아는 것과 모르는 것을 명확하게 인지할 수 있어야, 부족한 점을 보완하고 그 부족한 점을 해결할 수 있는 학습 전략을 세울 수 있기 때문이다.

공부를 잘하는 학생은 지능이 높거나 암기력이 좋으리라고 생각할 수 있는데, 상위권 학생들의 가장 큰 특징은 우수한 지능보다 탁월한 메타인지 능력을 갖춘 것이라고 전문가들은 분석한다. 모르는 것이 무엇인지 모르면 문제를 해결할 수 없다. 상위권의 비결은 틀린 문제를 다시 틀리지 않는 것이다. '너 자신을 알라'는 소크라테스의 학습법도 결국은 메타인지에 대한 것이다. 공자 역시 "아는 것을 안다고 하고 모르는 것을 모른다고 하는 것, 이것이 바로 아는 것이다"라고 하여 메타인지의 본질을 간파하고 있었다.

학습에 있어서 메타인지 능력을 높이기 위한 효과적 방안 중 하나는 마구잡이로 지식을 집어넣는 것에만 집착할 것이 아니라, 넣은 지식을 다시 꺼내는 훈련을 하는 것이라 한다. 내가 학습한 것을 타인에게 제대로 설명할 수 있다면 어느 정도 성공한 것이다. 소크라테스의 문답법은 메타인지 능력을 향상시키기 위한 가장 좋은 훈련이었던 셈이다.

▸ 자신이 교사라면 학생들이 터무니없는 꿈을 꾼다고 느껴질 때 어떻게 조언할 것인가? (충북대학교)

02 다중지능 Multiple Intelligences

▶ 정의 : 하워드 가드너가 제시한 지능 이론으로, 인간의 지능은 서로 독립적이며 서로 다른 6~8가지 유형의 능력으로 구성된다는 이론.

흔히 말하는 '머리가 좋다'는 것은 정확히 어떤 의미일까? 공부를 잘하는 사람은 머리가 좋은 사람이고, 점수가 낮은 사람은 머리가 나쁜 사람일까? 국영수를 잘해 좋은 대학에 입학한 사람은 머리가 좋은 사람이고, 수능을 못 봐서 입시에 실패한 사람은 모두 머리가 나쁜 사람일까? 머리가 좋고 나쁨을 측정하는 기준은 학자에 따라 조금씩 다르지만, 많은 사람이 지능을 측정하는 도구로 가장 먼저 IQ를 떠올린다.

IQ 테스트는 언어 능력, 논리수학 능력, 공간지각 능력 등의 영역에 대해 모집단 전체에서 개인이 차지하는 위치를 수치화한 것이다. 개인마다 탁월한 영역이 다른데, 모든 것을 뭉뚱그려 하나의 숫자로 합산한 것이 IQ다. 하버드대학교의 심리학자 가드너 (Howard Gardner)는 이러한 IQ 측정 방법에 심각한 모순이 있다고 생각했다. 복잡한 인간의 잠재력을 몇 가지 지능으로 한정해 측정하는 것이 못마땅했던 것이다. IQ는 인간의 여러 재능 중 하나일

뿐, 인간의 능력을 결정짓는 절대적 잣대는 될 수 없다는 생각이었다. **복잡하고 오묘한 인간의 재능은 다양한 기준을 세우고 따로따로 측정하는 것이 맞다**는 것이 가드너의 다중지능 이론이다.

　다중지능 이론은 1983년 가드너의 저서《정신의 구조 다중지능 이론(Frames of Mind: The Theory of Multiple Intelligences)》에서 처음으로 등장했다. 처음에는 총 일곱 가지 지능이 제시되었다가, 추후에 여덟 번째 지능인 자연탐구 지능이 추가되었다. 여덟 가지 영역은 언어 지능, 논리수학 지능, 공간 지능, 신체운동 지능, 음악 지능, 대인관계 지능, 자기성찰 지능, 자연탐구 지능 등이다. 만약 IQ만 기준으로 삼았다면 김연아 선수도 모차르트도 그저 평범한 사람의 범주에 해당할 것이다. 하지만 다중지능 이론으로 본다면 이들의 천재성은 단박에 드러난다.

　사람들은 누구나 이 여덟 가지 지능을 모두 갖고 태어나는데, 사람마다 탁월한 강점 지능과 부족한 약점 지능이 다른 것뿐이다. 청소년기는 자신에 대한 올바른 정체성을 확립하는 시기다. 내가 어떤 사람인지를 정립하는 이 중요한 시기에, 일괄적인 성적만을 기준으로 학생들을 줄 세우는 것이 교육 현장의 현실이다. 교육의 목적은 자신의 강점을 살리고 약점을 보완하는 것이다. 아직 자신만의 강점과 탁월함을 발견하지 못한 채 불필요한 자기모멸감에 빠진 학생이라면, 가드너의 다중지능 이론을 진지하게 살펴보는 것도 좋겠다.

▸ 사람이 배워야 할 것 중에 대학에서 가르치지 않는 것은 무엇이라 생각하는가? (한양대학교)

03 자기효능감 Self-Efficacy

▶ 정의 : 자신이 어떤 일을 성공적으로 수행할 수 있는 능력이 있다고 믿는 기대와 신념.

인생은 끝없는 도전의 연속이다. 인간은 자기 앞에 놓인 과제와 목표를 달성하며 성장하고 발전한다. 거창하고 중요한 프로젝트부터 작은 습관을 고치겠다는 소소한 결심에 이르기까지, 사람들은 지금까지는 해본 적 없는 일들을 수행하며 조금씩 변화한다. 그런데 그 도전들이 성공하기 위해 반드시 필요한 것이 있다. 스스로 그 일을 잘해낼 수 있다는 자신에 대한 기대와 믿음이 그것이다.

지금 이 순간 자신에게 주어진 환경을 살펴 그것에 적합한 행동을 하고, 이 행동들을 통해 자신이 해야 할 과업을 성공할 수 있다고 스스로에게 기대하는 감정을 '자기효능감'이라 한다. 캐나다의 심리학자 벤듀라(Albert Bandura)가 처음으로 제시한 개념이다. 어떤 목표를 달성하기 위해서는 제일 먼저 자기 자신을 잘 알아야 한다. '지피지기백전백승(知彼知己百戰百勝)'의 선행조건이 되는 이치다. 자기를 잘 알면 그 판단을 바탕으로 이제부터 어떤 것을 행동으로 옮길지를 결정할 수 있다. 그다음 남은 일은 결정한 바대로 실제

그 일을 끝까지 우직하게 실천하는 것이다. 자기효능감이란 자신이 이 모든 과정을 얼마든지 해낼 수 있다고 생각하는 마음이다.

가령, 기말고사 성적을 올리겠다는 목표가 있는 학생은 우선 자신의 현재 상태를 진단해야 한다. 자신에 관한 판단과 다가올 기말고사에 대한 분석이 끝나면 그것에 맞는 시험 전략을 세울 수 있다. 하지만 야심 찬 계획이 공염불에 그치지 않고 성공으로 마무리되기 위해서는, 학생 스스로 나태함과 싸워가며 실제로 그 전략을 실행에 옮겨야 한다. 자기효능감이 높은 학생들은 자신이 이 모든 것을 얼마든지 잘할 수 있다고 믿는다.

자기효능감이 높은 사람들은 어려운 과제를 줘도 쉽게 포기하지 않는다. 성공한 과제의 난이도가 올라갈수록 성취감도 높아진다. 그 성취감이 또 다른 도전을 부른다. 설령 도전이 실패한다 해도 크게 실망하지 않는다. 자신의 능력에 대한 긍정적 신뢰가 깔려 있으므로 감정적 상처가 적다. 스트레스에 대한 회복력도 좋아 평온한 삶을 살아갈 수 있다.

벤듀라는 자기효능감을 높일 수 있는 네 가지 방안을 제시한다. 첫 번째는 일단 성공해보는 것이다. '고기도 씹어본 자가 맛을 안다'는 속담처럼, 성공을 해봐야 성공한 사람이 될 수 있는 것이다. 성공 경험이 다음 과제에 도전할 수 있는 믿음을 강화한다. 두 번째는 롤모델을 통해 간접적으로 배우는 방법이다. 무엇인가를 이루어내는 사람의 모습을 옆에서 지켜보다 보면, 나도 저렇게 할 수 있겠다는 자신감이 싹튼다. 세 번째는 말에 설득되는 것이다. 누군가의 칭찬이나 스스로 외치는 파이팅이 도전 의지를 높여줄 것이다. 마지막으로는 도전하기에 적합한 신체적·정서적 환경을 만드는 것이다. 몸이 아프면 약을 먹듯, 마음이 아파도 의식적으로 침체된 정서를 털어내기 위해 노력해야 한다.

어떤 도전을 시작하려면 일단 그 일을 착수하기 위한 동기 부여가 필요한데, 자기효능감이 없는 사람은 어떤 자극에도 쉽사리 동기 부여가 되지 않는다. 뭐든 엄두가 나지 않는 것이다. 그만큼 자기효능감은 인간이 자신의 목표를 향해 전진하는 길에 반드시 필요한 심리적 밑거름이다.

기출문제

▸ 삶의 중요한 관심사인 행복은 자존감을 회복하는 것이라고 할 수 있다. 자존감에 대해서 설명해보시오. (2018 한림대학교)

04 스팀 STEAM 교육

▶ 정의 : 과학기술에 대한 학생의 흥미와 이해를 높이고 과학기술 기반의 융합적 사고력과 실생활에서의 문제 해결력을 배양하는 교육.

애플 신화를 만든 스티브 잡스(Steve Jobs)의 탁월성에 대해 다양한 분석이 나오고 있다. 그중 주목할 만한 의견 하나는 '스티브 잡스의 성공 비결은 그가 과학, 공학, 예술 등의 능력을 두루 갖춘 융합형 인재였다'는 것이다. 스티브 잡스는 창의적 과학자인 동시에 뛰어난 경영자이며, 독보적 디자인 안목을 갖춘 예술가였다. 뭐든 성공하려면 '한 우물만 파라'던 조언은 이제 시대에 뒤떨어진 말이 되었다. 전공과 분야를 넘나드는 생각의 유연함은 미래 사회에 필수적인 성공 조건이 되고 있다.

 스팀은 'Science, Technology, Engineering, Arts, Mathematics'에서 각각 앞 글자만 따온 것이다. 스팀 교육은 미국에서 처음으로 제안되었다. 날이 갈수록 수학과 과학에 흥미를 잃어가는 미국 청소년들에게 이 분야에 재미를 느끼게 만들 방법을 고민하던 중, 고리타분한 이론에 실생활을 연계하는 방안을 생각해낸 것이다. 우리나라에서는 2011년, 교육과학기술부가 창의적 융합인재 교육을 위해 스팀 교육을 강화하겠다고 발표하면서부터 본격적으로 시작되었다. 스팀 교육은 '융합인재교육'이라고도 한다.

스팀 교육의 핵심을 한마디로 요약하면 '융합'이다. 스팀 교육에서는 지식이 과목으로 분류되어 주입식, 암기식으로 전달되는 것이 아니라, **한 지식이 다양한 영역을 넘나들며 다른 지식과 융합된다.** 하나의 주제가 첨단과학, 기술, 공학, 예술 영역까지 스토리텔링을 이루며 자연스러운 흐름을 형성하는 것이다. 이러한 교육 방식은 사람들이 무의식적으로 연상의 가지를 뻗어가는 사고의 흐름과 닮았다. 문과와 이과의 구별을 없애는 교육정책도 이와 같은 맥락에서 시행되는 것이다. 딱딱한 지식을 일방적으로 전달하는 방식이 아니기에, 스팀 교육에서는 교사와 학생 간의 자유로운 대화와 토론이 강조된다. 이 내용을 왜 배우는지, 어떻게 쓰이는지, 실생활과는 어떤 관계가 있는지를 생각하면서 공부하는 것이다.

만약 스티브 잡스에게 뛰어난 예술적 안목이 없었다면 아이폰은 그 혁명적 새로움을 전혀 어울리지 않는 투박한 몸체에 담아야만 했을 것이다. 생각만 해도 참혹한 일이다.

기출문제

▶ 고등학교에서 배운 것 중 대학을 준비하는 데 도움이 되지 않는다고 생각한 것이 있는가? (한양대학교)

05 몬테소리 교육 Montessori System

▶ 정의 : 이탈리아의 의사이자 교육가인 몬테소리가 고안한 교육법.

오늘날 아동교육에서는 아이들의 눈높이에 맞는 교육을 해야 한다는 것이 교사의 기본 자질이라고 전제하고 있다. '아이들을 인격적으로 대하고 그들의 입장을 고려해야 한다'는, 너무 당연해서 두말할 필요조차 없어 보이는 이 생각은 그러나 역사적으로 따졌을 때 비교적 최근에 생겨난 발상이다. 19세기 말까지만 해도 어린이는 몸집이 작을 뿐 어른과 마찬가지라고 생각했다. 어른과 동일한 기준으로 어린이를 판단하고 재단했다. 그런 관점에서 바라보면 아이들은 어리석고, 통제 불가능하며, 비이성적인 존재에 불과했다. 아동에 대한 교육 방법도 성인교육과 마찬가지로 일방적이고 주입식이었다. 알아들으면 다행이고, 따라오지 못하면 체벌과 훈육이 뒤따랐다. 지루함을 참지 못해 딴짓이라도 했다가는 가차 없이 정신지체아로 분류되었다.

당시 이탈리아의 의사이자 교육자였던 마리아 몬테소리(Maria Montessori)는 정신지체 아동이 수용되었던 정신병원에 근무하면서 당시의 사회가 아동을 취급하는 끔찍하고 폭력적인 방법에 문제의식을 느끼게 되었다. 그녀는 정신지체나 정신박약으로 분류되었던 아이들에게 자신이 개발한 교육 방법을 적용했다. 결과는 기대 이상이었다. 지체아로 취급받던 아이들이 놀라운 향상을 이룬 것이다. 자신감을 얻은 그녀는 정상적인 어린이들에게도 같은 방식의 교육을 실험한다. 그들 역시 이전보다 월등히 나아진 교육 효과를 거두었다. 점차 그녀의 교육 방법은 세상의 관심을 끌게 되었고, 현재는 전 세계에서 그녀의 이름을 딴 몬테소리 교육을 연구하고 실천하고 있다.

몬테소리 교육에서는 아이들이 자기 스스로 활동할 수 있도록 정돈된 환경을 조성하고, 아이들의 감각을 계발하는 특수 교구를 제공한다. 교사는 학습 과정에 지나치게 개입하지 않고, 아동의 활동을 관찰하는 역할에 충실하다. 그 결과, 아이들은 자주성을 갖고 스스로 과제를 해결하고자 창의력을 발휘하게 된다. 교육 영역은 일상생활, 감각, 수학, 언어, 문화 등 크게 5개 분야로 분류되어 있으며, 영역별로 교육 목적과 그것에 적합한 활동 및 도구가 구체적으로 규정되어 있다.

몬테소리 교육은 아동 중심의 교육관과 교육철학을 제시해 유아교육에 대한 변화의 계기를 마련했다는 데 역사적 의의가 있다. 또한 미개하고 무지했던 아동에 대한 교육관을 과학적으로 바꾸고, 어린이 스스로 배우는 것을 좋아하게 만들려고 노력했다. 몬테소리 교육이 정착되어가면서, 한편으로는 교구나 교육 방식이 지나치게 상세하게 규정되어 오히려 자율성이 위축된다는 문제점이 제기되기도 했다. 그러나 아동이 주체가 되는 과학적 교육 방법으로서의 몬테소리 교육은 100년이 지난 현재까지도 여전히 의미 있는 교육 방법의 하나로 전 세계에서 수행되고 있다.

기출문제

▸ 교사가 소극적 역할만 해야 한다는 관점과 적극적으로 이끌어야 한다는 두 가지 관점의 장단점을 밝히고 자신의 교육관을 설명해보시오. (2020 서울대학교)

06 브레인스토밍 Brainstorming

▶ 정의 : 일정한 테마에 관해 회의형식을 채택하고, 구성원의 자유발언을 통한 아이디어의 제시를 요구해 발상을 찾아내려는 방법.

 토론이나 회의를 하다 보면 각자 자기 생각만 내세우기 바빠, 나중에는 상대방의 주장이 무엇인지도 모른 채 '반대를 위한 반대'를 하는 경우가 생겨난다. 1930년대 미국의 한 광고회사의 책임자였던 알렉스 오스본(Alex Osborn)도 이런 회의 분위기 때문에 골머리를 앓았다. 회의 때만 되면 부서 간의 지나친 경쟁심 때문에 서로 무턱대고 반대만 해서 생산적인 토론이 불가능해진 것이다. 이 문제를 해결하기 위해 그는 새로운 회의 룰을 제안한다. 누가 어떤 의견을 내놓든 아무도 반대하지 못하게 한 것이다. 이러한 새로운 토론 방법을 브레인스토밍이라 한다.

 브레인스토밍은 **회의에 참여한 모든 사람이 자유롭게 의견을 말하면서 생각을 확산시키는 기법**이다. '브레인스톰'이라는 단어는 원래 '정신병 발작'이라는 뜻이 있다. 회의에 참여한 사람의 뇌에 폭풍이 몰아치듯 자유로운 발상을 하라는 뜻이다. 참가자의 자유로운 사고를 권장하는 방법이지만, 그래도 브레인스토밍 기법에는 반드시 지켜야 할 네 가지 규칙이 있다.

 첫 번째는 타인의 의견에 대한 어떤 가치판단도 하지 않는 것이다. 참가자는 자신의 아이디어에만 생각을 집중하고 타인의 주장을 반박하는 일에 에너지를 쓰지 않는다. 누군가로부터 비판을 받을지도 모른다는 압박감이 사라져야, 뇌에 폭풍이 일어난 것 같은 생각의 활기를 얻을 수 있기 때문이다.

두 번째는 자유로움이다. 무엇을 말할지, 무엇을 말하면 안 될지에 대한 금기를 두지 않는 것이다. 누가 어떤 말을 해도 바보 같다고 놀리지 않고, 어떤 의견도 금지되지 않는다. 이러한 자유로움은 사람들의 마음속에서 '웃음거리가 되는 얘기는 하고 싶지 않다'는 자기 규제를 벗어던지게 한다. 때로 주제와 동떨어진 얘기가 나오지만, 이런 의견도 가끔 참신한 아이디어의 원천이 되기도 한다.

세 번째는 질보다 양을 추구하는 것이다. 회의에서 기발한 아이디어 한두 개를 건지는 것보다, 많은 아이디어가 쏟아지게 하는 것이 더 중요하다. 그래야 초보들도 의견을 낼 수 있고, 엉뚱한 발상도 가능해진다. 얼핏 보면 아무말대잔치에 가깝다. 브레인스토밍은 아이디어의 양이 많아지다 보면 질적으로 좋은 아이디어가 태어난다는 생각을 밑바탕에 깔고 있다.

마지막으로, 남의 의견에 숟가락 얹는 것을 권장한다. 다른 사람의 아이디어를 듣고 연상되는 생각을 마음대로 발전시키거나 변형하는 것이 자유롭다. 한 사람이 떠올린 의견에 다른 사람의 아이디어가 덧붙여져 점점 쓸모 있는 생각으로 발전하기도 한다. 만약 계속해서 누구도 생각하지 못했던 참신한 생각만 내놓아야 하는 분위기라면 사람들의 말수가 점점 줄어들 것이 뻔하다.

07 맥락 효과 Contextual Effect

▶ 정의 : 처음 주어진 정보나 조건이 이후의 정보들을 받아들이고 해석하는 데 영향을 미치는 현상.

'합격을 부르는 면접 룩.'

취업을 준비하는 예비 사회인이라면 한 벌쯤 구비하고 있을 면접 복장에 대한 광고다. 고작 옷 때문에 당락이 결정되는 것도 아니고, 그 사람의 진면목이 옷에 담겨 있는 것도 아닐 텐데, 왜 유독 면접 자리에서는 용모가 강조되는 것일까.

구직자에 대한 어떤 데이터도 없는 상태에서 면접관이 판단의 근거로 삼을 수 있는 것은 이력서와 눈앞에 앉아 있는 사람의 외모뿐이다. 외모는 단지 예쁘고 잘생긴 것을 의미하지 않는다. 그 사람의 전체적 아우라가 신뢰감을 주는지가 중요하다. 깔끔하고 정중한 첫인상이 강조되는 이유다. 지원자의 인상이 믿음직하면 그가 제출한 이력서의 신뢰도까지 동반 상승한다. 면접관에게 좋은 첫인상을 주었다면 합격 확률도 높아진다.

이처럼 **최초로 입력된 정보가 뒤따르는 정보들의 기준이 되고, 전체 정보가 하나의 맥락을 만들어내는 것**을 맥락 효과라 한다. 즉 최초로 접한 정보에 의해 추가되는 정보들의 편향이 결정되는 것이다. 얼굴이 예쁜 사람이 능력까지 좋으면 완벽하다고 칭찬하면서, 못생긴 사람이 능력이 좋으면 독하다고 혀를 차는 것이 그 예다.

이러한 맥락 효과는 특히 소비자의 관심을 갈구하는 광고 분야에서 두드러진다. 같은 제품이라도 어떤 모델을 쓰는지에 따라 소비자의 인식은 긍정적 맥락을 만들기도 하고, 부정적 맥락을 만들기도 한다. 이미지 좋은 모델이 광고하는 상품은 모델의 이미지와 상품이 하나의 맥락을 만들며 가치가 올라간다. 반대로, 대부 업체와 같이 소비자의 인식이 좋지 않은 상품은 그것을 광고하는 모델의 이미지마저 훼손하는 경우가 많다. 연예인들이 특정 분야의 광고를 거부하는 것도 이러한 맥락 효과에 대한 우려 때문이다.

08 학습된 무기력 Learned Helplessness

▶ 정의 : 피할 수 없는 환경에 반복적으로 노출된 경험 때문에 자신의 능력으로 극복할 수 있는 상황에서도 자포자기하게 되는 현상.

인도에 서커스 코끼리를 길들이는 방법에 대한 유명한 일화가 있다. 태어난 지 얼마 안 된 어린 코끼리의 목에 밧줄을 건다. 새끼 코끼리는 목줄이 갑갑해 몸부림을 치며 벗어나기 위해 노력한다. 하지만 어린 코끼리의 힘으로는 줄을 끊을 수 없다. 몇 번을 시도했지만 모두 실패했다. 그렇게 코끼리는 점점 자라 어느새 어른이 되었다. 이제는 힘도 세져서 밧줄 정도는 손쉽게 끊어버릴 수 있다. 하지만 코끼리는 더 이상 줄을 끊을 시도조차 하지 않는다. 허술한 밧줄을 목에 걸쳐놓기만 해도 얌전히 줄에 묶여 있다. 어차피 무슨 짓을 해도 벗어날 수 없을 거라는 체념이 코끼리의 뇌리에 깊이 박혀 있기 때문이다.

1960년대 미국의 심리학자 셀리그만(Martin Seligman)은 개를 대상으로 학습이론을 실험하던 중에 기묘한 현상을 발견한다. 실험은 개를 우리에 가두고 꼼짝 못 하는 환경을 만든 후에 전기충격을 가하는 것이었다. 처음에 개들은 충격을 피해 도망가려 날뛰었다. 하지만 곧 거기에서 도망칠 방법이 전혀 없다는 사실을 깨닫는다. 현실을 자각한 이후, 개들은 어떤 충격이 가해져도 별다른 반응을 보이지 않는다. 그저 무기력한 태도로 고통을 감내할 뿐이다. 셀리그만은 이런 심리적 상태를 '학습된 무기력'이라 명명했다.

학습된 무기력은 아무리 노력해도 피하거나 극복할 수 없는 고통에 지속해서 노출되었던 경험 때문에, 후에 조건이나 환경이 바뀌어 얼마든지 고통에서 벗어날 수 있음에도 시도조차 하지 않고 자포자기하는 현상을 말한다. 이러한 심리 상태에 빠지면 개인의 잠재력은 억눌리고, 깊은 무력감이 영혼을 지배한다.

현대사회처럼 인간의 욕망이 노골화되고 경쟁이 심화된 환경에서는 누구나, 언제 어디서든 좌절을 경험하기 쉽다. 더구나 아직 자아가 확립되지 않은 어린 시절에 이러한 절망감을 반복적으로

느낀다면, 그때 학습된 무기력은 성인이 된 이후의 삶에도 끈질기게 영향을 미치게 된다.

학습된 무기력은 교육 현장에서 특히 눈여겨보아야 한다. 학생마다 개성과 재능이 다름에도 개별적 역량을 무시한 채 일괄적인 기준으로 오랫동안 평가받을 경우, 학생들은 아무리 노력해도 잘할 수 없다는 무기력에 빠지게 된다. 학교는 청소년들이 하루 중 가장 긴 시간을 보내는 곳이다. 많은 학생이 학교에서 어떤 성취감도 느끼지 못한 채 청소년기를 보내게 된다면 결과적으로 학교는 실패자를 양산하는 곳이 될 수도 있다.

학습적 억압 이외에, 가정 폭력이나 학대에 시달릴 때도 무기력이 누적되어 학습된다. 극심하게 억압적인 부모에게 의외로 고분고분한 사춘기 자녀가 있다면, 학습된 무기력에 빠진 것은 아닌지 의심해볼 필요가 있다. 피할 수 없는 정신적·육체적 폭력 상황에 대한 체념이 만성화되면 우울증으로 발전한다고 알려져 있다. 가해자가 불명확한 사이버 폭력으로 인해 극단적 선택을 하는 유명인의 경우도 학습된 무기력이 우울증으로 발전한 결과일 가능성이 크다.

기출문제

▶ 학교폭력과 그 방관자에 대하여 어떻게 생각하는가? (2020 연세대학교)

09 유치원 3법

▶ 정의 : 정부 지원금을 부정하게 사용하는 것과 같은 유치원의 비리를 막기 위해 마련된 유아교육법·사립학교법·학교급식법 개정안.

2018년 국정감사 보고에서 발표된 사립 유치원의 비리 실태에 전 국민이 공분했다. 200명도 넘는 원생들이 닭 3마리로 끓인 급식을 배급받는 동안 원장은 착복한 교비로 명품 가방, 외제차, 성인용품 등을 소비했다는 사례 발표에 여론이 분노로 들끓었다. 비리 유치원 명단을 공개한 박용진 의원은 이후 사립 유치원의 비리 척결을 위해 법안을 발의한다. 유치원 3법이라 불리는 이 법안은 유아교육법·학교급식법에 대한 개정안으로, 발의자의 이름을 따 '박용진 3법'이라고도 불린다.

사립 유치원은 공공 교육기관의 역할을 수행하기에 국가보조금이 지원되는 동시에, 설립자의 개인사업체처럼 간주해 경영적 자율권이 보장되는 양가적 측면이 있었다. 구조적으로 비리가 양산될 수 있는 환경이지만, 설령 감사에 적발된다 해도 시정 명령 같은 가벼운 행정처분이 전부였다. 유치원 3법은 2018년 발의되어 긴 논의가 이어지다가, 비리 사태 후 2년이 지난 2020년 1월 13일 의결되었다.

유치원 3법의 추진을 반대하는 쪽에서는, 법률이 사유재산권을 침해하고, 사립 유치원의 자율성을 과도하게 옥죄는 것이 문제라는 입장이다. 2019년 신학기에는 사립 유치원이 단체 휴원을 결의해 학부모 단체와 대립으로 치닫는 사태가 벌어지기도 했다. 전반적인 국민 여론은 아동 보육을 볼모로 집단 이기주의를 표출하는 사립 유치원단체에 대한 비판적 의견으로 수렴되었다.

유치원 3법이 시행됨에 따라, 이후로는 사립 유치원 운영의 투명성 확보를 위해 국가관리회계시스템(에듀파인) 사용이 의무화된다. 국가보조금을 교육적 용도 외에 원장이나 설립자가 부정하게 유용하는 것을 방지하기 위함이다. 설립자나 원장의 자격 요건도 강화되었고, 문제가 되었던 급식 운영에 있어서도 추후로는 학교급식법의 적용을 받게 된다.

기출문제

▸ 사립 유치원 비리 문제로 국가가 사립 유치원의 재정을 관리하는 것에 대해 어떻게 생각하는가? (공주교육대학교)

▸ 유치원 CCTV 설치 의무화에 대해 어떻게 생각하는가? (백석문화대학교)

- 암묵지·형식지 : 암묵지는 오랜 경험을 통해 개인의 머릿속에 누적되어 있지만 문자나 언어로는 기록되어 있지 않은 지식이다. 경험한 사람이 시행착오를 겪으며 체득한 노하우 등이 암묵지다. 이러한 암묵지가 매뉴얼로 정돈되어 다른 사람에게 공유될 수 있게 된 것이 형식지다. 형식지는 문서나 책, 영상 등 다양한 형식으로 표현이 가능하다. 조직에서 효과적인 지식의 공유가 이루어지기 위해서는 형식지뿐만 아니라 각 조직원에게 내재되어 있는 암묵지를 활용 가능한 형태로 발굴할 수 있는 시스템을 갖추는 것이 필요하다.

- 자기주도학습 : 공부에 필요한 전 과정을 학생이 중심이 되어 기획하고 실천하는 방식의 학습법이다. 학습 과정을 교사가 주도하는 것이 아니라 학생 스스로 이끌어 나가는 것이다. 학생은 자신이 공부해야 하는 이유와 필요성에 대해 인식하며, 그에 맞는 목표를 세우고, 목표에 맞는 공부를 위해 필요한 자료를 탐색한다. 자료가 준비되었다면 자신의 학습 성향을 파악해 자신에게 적합한 공부법을 선택한다. 누구의 강요 없이 스스로 동기를 부여하며 공부를 실천하고, 마지막으로 자신의 학습 결과에 대한 분석과 평가도 스스로 진행한다. 분석 결과를 바탕으로 공부법을 수정하며 자신이 설정한 목표를 향해 나아가는 것이 자기주도학습이다.

▸ 공부의 참 목적이 무엇이라고 생각하는가? (2018 연세대학교)

▸ '자기주도성'이란 다른 사람에게 의지하지 않고 자신이 스스로 계획하고 추진해나가는 능력을 말한다. 그러한 구체적 사례가 있다면 말해보시오. (2018 한림대학교)

■ 입학사정관제 : 학생들의 다양한 잠재능력과 소질 등을 다각적으로 평가해 신입생을 선발하고자 하는 제도다. 과거 한국의 입시 제도는 국가 주도하에 획일적인 점수 위주의 기준으로 실시되어왔다. 하지만 내신, 수능, 본고사 등 성적 중심의 선별 방식으로는 대학이 원하고 미래 사회에 적합한 인재를 육성할 수 없기에 변화의 필요성이 대두되었다. 입학사정관제는 2008년부터 정식으로 시행되었다. 대학별로 입학 업무를 담당하는 입학사정관을 두어 대학이 원하는 인재를 개별적 기준으로 선별한다. 하지만 취지의 정당성에도 불구하고 대학별로 선발 기준이 지나치게 다양하고, 수험생들이 준비에 혼란을 겪으며, 합격과 불합격 기준이 모호해 끊임없이 공정성 논란이 이어지고 있다.

■ 로스쿨 Law School : 법조인 양성을 목표로 설립한 3년제 전문대학원 과정이다. 우리나라에서는 41개 대학이 법학전문대학원 설치 인가를 신청해서 25개 대학이 최종적으로 승인을 받았다. 2009년 3월, 처음으로 로스쿨이 문을 열었다. 로스쿨 제도가 생겨난 미국에서는 1870년부터, 일본에서는 2004년부터 시작되었다. 그전까지 법조인을 선별하기 위한 유일한 길이었던 사법시험은 2017년 폐지되어 역사 속으로 사라졌다. 이후로

변호사 자격시험은 로스쿨 과정 이수자에게만 주어진다. 값비싼 등록금을 감당할 수 있는 계층만이 법조인이 될 수 있는 제도라며 로스쿨에 대한 비판적 여론이 확산하기도 했다. 반대로, 유능한 청년들이 장기간 고시생으로 전전하다가 결국 사회적 루저로 전락하고 마는 사법시험은 폐지되는 것이 옳다는 의견도 많았다.

■ 평생교육 : 일반적으로 '교육'이라는 말은 학교에서 이루어지는 학교교육과 동의어로 사용된다. 평생교육은 이보다 한층 포괄적인 의미로, 사람이 태어나서 죽을 때까지 생의 전 기간 동안 가정과 학교와 사회 속에서 이루어지는 모든 교육 활동을 의미한다. 교육은 학교에서 담당하는 것으로 인식되는 것에 반발해서 새로운 교육관을 강조하고자 지칭하게 된 용어다. 1967년, 유네스코에서 처음으로 주장한 교육론으로 이후 전 세계 많은 국가의 교육정책에 큰 변화를 불러왔다. 우리나라도 1970년대 방송통신대학이 설립되는 등 평생교육을 위한 다양한 제도와 정책이 마련되었다.

■ 마인드맵 Mind Map : 말 그대로 마음속에 떠오르는 생각으로 지도를 그리는 것이다. 노트에 필기하고 기록하는 일반적인 습관은 오히려 인간의 종합적 사고를 가로막기에 이 한계점을 극복할 방안이 필요한데, 이것이 마인드맵 방식이다. 영국의 언론인이었던 토니 부잔(Tony Buzan)이 주장하고 유럽에서 선풍을 일으켰다. 주제를 기재하고 중심 내용을 그린 후 중심에서 가지치기를 반복하며 관련 내용을 분류하면서 정리하는 방법이다.

■ 스키마 Schema : 인간이 외부 자극을 느끼는 순간, 그 사람의 머릿속에

서 작동하는 기본적인 인지구조를 말한다. 사람이 무엇인가를 보고, 듣고, 느끼고, 반응하고, 행동하는 매 순간, 그의 내면에서는 각 자극의 정체를 파악하기 위해 내장된 데이터를 탐색하는데, 이러한 심리적 조건을 스키마라 한다. 바탕에 깔린 과거의 지식이나 경험은, 새로운 지식을 이해하고 수용하는 방식에 영향을 미친다. 똑같은 지식이라 할지라도 그전에 어떤 지식과 경험을 지닌 사람인지에 따라 그 지식을 받아들이는 방식과 받아들인 지식의 깊이가 달라지는데, 이것이 스키마의 힘이다.

■ 대안학교 : 획일적이고 경쟁주의적인 공교육의 문제점을 보완하고, 학생마다 자율적 프로그램을 운영할 수 있게 고안된 특별 학교다. 1921년 설립된 영국의 서머힐 학교가 최초다. 이후 미국에서 자유학교, 개방학교 운동 등으로 확대되었다. 대안학교는 경쟁주의를 배제하며, 자연 친화적이고 공동체적인 삶을 목표로 다양한 교육법을 추구한다. 한국에서는 입시위주의 주입식 교육에 대한 대안으로 세워진 간디학교가 그 시작이었다.

> 기출문제

> ▸ 현행 학교교육의 문제점은 무엇인가? (2018 서울대학교)

■ 에듀파인 EduFine : 전국의 초·중·고등학교와 국공립 유치원에서 사용하고 있는 회계 관리 시스템이다. 교육(education)과 재정(finance)의 합성어다. 관련 기관의 모든 예산과 집행은 사적인 은행 거래가 아니라, 에듀파인에 탑재된 프로그램으로 결제를 해야 한다. 이 내역들은 교육당국이 실시간으로 확인하므로 회계 비리와 부정을 방지할 수 있다. 2019년 2월

사립 유치원도 에듀파인 사용을 의무화하는 법안이 공포되었다. 사립 유치원의 비리가 폭로된 사건들로 촉발된 이 법안에 따라 2020년 3월 1일부터는 모든 사립 유치원에 에듀파인 사용이 의무화된다.

기출문제

▸ 에듀파인이 무엇인지 설명해보시오. (이화여자대학교)
▸ 사립 유치원 비리의 원인은 무엇이며 이를 근절하기 위해 어떤 노력을 할 수 있을까? (순천향대학교)

■ 고교학점제 : 교육부에서 발표한 고등학교 교육에 대한 전면 개편안이다. 고등학교 수업도 대학교처럼 학생들이 자신의 기초 소양, 학력, 진로, 적성에 따라 스스로 선택하고, 이수해야 할 학점을 취득해서 졸업하는 제도이다. 3년 동안 192학점을 이수해야 졸업이 가능하다. 2022년 일부 고등학교에 부분 도입을 시작으로 2025년 전체 고등학교에서 본격적으로 시행될 예정이다. 출석만 하면 자동으로 졸업이 가능한 현재 제도와 다르게, 고교학점제에서 F학점은 미이수로 처리된다. 1학년 공통과목 이수가 끝나면 2학년부터는 본격적으로 선택과목을 골라야 하기에 자신의 진로에 맞는 전략 수립이 필요하다.

기출문제

▸ 우리나라의 좋은 교육제도와 좋지 않은 교육제도는 무엇이 있을까? (경인교육대학교)

〈확인 문제〉

대입 면접 합격을 위한 만점 전략

주제어를 학습한 후 다음의 질문에 대답해보자.

❶ 다음의 주제어 중에서 새롭게 익힌 단어를 골라 √표를 하자.

01 메타인지		02 다중지능		03 자기효능감	
04 스팀 교육		05 몬테소리 교육		06 브레인스토밍	
07 맥락 효과		08 학습된 무기력		09 유치원 3법	
10 암묵지·형식지		11 자기주도학습		12 입학사정관제	
13 로스쿨		14 평생교육		15 마인드맵	
16 스키마		17 대안학교		18 에듀파인	
19 고교학점제					

❷ 가장 흥미 있는 주제어를 정한 후 그 용어에 대한 정의와 관련된 확장 개념을 정리해보자.

❸ 수록된 〈면접, 논술 기출 질문〉 중 하나를 정해서, 면접관에게 답변한다고 가정하며 자신만의 논리를 전개해보자.

❹ 위의 주제어 중에서 과목별 에세이를 작성한다면 어떤 것을 선택할 것인가? 그 내용은?

예체능 계열에
꼭 필요한 어휘

미술대학은 조형예술 분야의 이론 및 실기 교육을 통해 전문 미술인을 양성하는 것을 목표로 한다. 음악대학은 음악에 대한 연주가와 이론가를, 체육대학은 선수와 이론가를 양성하는 것을 목표로 한다.

▶ 관련 전공 학과

성악, 기악, 관현악, 국악, 작곡, 실용음악, 동양화학, 서양화학, 조소학,

도예학, 디자인학, 사진학, 공예학, 애니메이션학, 가구학, 섬유디자인학,

응용미술학, 미용학, 체육학, 사회체육학, 레저스포츠학, 무용학,

스포츠지도학, 연극영화학, 미디어영상학 등

▶ 나는 이 계열에 얼마나 어울리는 사람일까? 체크해보자.

☐ 자라는 동안 내가 전공하는 분야에 대한 소질이 있다는 얘기를 많이 들었다.

☐ 장시간 꾸준하게 훈련하고 연습하는 것을 견딜 수 있는 인내심이 있다.

☐ 어릴 때부터 몸으로 하는 기능이 남들보다 앞섰다.

☐ 감수성이 좋고, 창의적 발상이 뛰어나다.

☐ 타인과 조화를 이루며 소통할 수 있다.

☐ 전공하는 분야에 닮고 싶은 롤모델이 있다.

☐ 남이 잘하는 것을 보고 모방하는 눈썰미가 뛰어나다.

☐ 남들보다 승부욕이 강한 편이다.

▶ **6주차에 나오는 학습 어휘이다. 한눈에 익히자.**

(* 기출문제 포함)

□ 프리마돈나·디바   □ 레퀴엠   □ 몽타주

□ 카메오   □ 필름누아르   □ 독립영화

□ 스크린쿼터 *   □ 데우스엑스마키나   □ 세계 3대 영화제 *

□ 프레타포르테   □ 팝아트   □ 오브제

□ 매너리즘 *   □ 전위예술   □ 패럴림픽

□ 오마주   □ 소나타   □ 팝페라

□ 뉴웨이브   □ 레게   □ 투시법

□ 미장센   □ 행위예술   □ 부조리극

□ 서든데스   □ 해트트릭   □ 리베로

□ 와일드카드   □ 맥거핀   □ 화이트워싱 *

□ 카피레프트   □ 드래프트 시스템

01 프리마돈나 Prima Donna · 디바 Diva

▶ 정의 : 오페라의 여주인공을 맡은 소프라노 가수.

20세기 최고의 프리마돈나이자 영원한 디바, 마리아 칼라스 (Maria Callas). 인간이 낼 수 있는 목소리의 한계를 초월하며 '오페라의 여신'이라는 호칭을 받았던 마리아 칼라스는 인간의 감정을 그대로 표출하는 압도적인 가창력으로 소프라노의 전설로 남았다. 목소리만큼이나 화려하고 극적인 삶을 살았던 그녀는 아직도 사람들의 기억 속에 남아 있는 최고의 성악가다.

프리마돈나는 '첫 번째'를 뜻하는 'Prima'와 '여성'을 의미하는 'Donna'가 합쳐진 이탈리아어다. 18세기 오페라의 배역을 호칭할 때는 주연을 맡은 여성 가수를 '프리마돈나', 남성 가수를 '프리모 우오모 (Primo Uomo)'라 불렀다. 직역하면 '제1의 여인'이라는 뜻이다. 오페라에서 가장 중요한 소프라노 파트를 맡은 여성이 '프리마돈나'다. 보통 오페라의 주연을 맡은 소프라노 가수는 가장 명성이 높은 성악가인 경우가 많기에, 점차 프리마돈나는 빼어난 실력을 지닌 여성 성악가를 가리키는 말로 일반화되었다. 우리나라를 대표하는 프리마돈나로는 소프라노 조수미가 유명하다.

디바 역시 '여신'을 뜻하는 이탈리아어 'Diva'에서 유래했다. 프리마돈나 중에서도 신의 소리에 가까울 정도로 탁월한 가창력을 지닌 여성가수에게 주어진 호칭이다. 왕 중 왕 같은 개념이다. '절대적 디바' 또는 '절대적 프리마돈나'로 불렸던 마리아 칼라스는 디바라는 이름에 걸맞은 압도적 가창력의 소유자였다.

이처럼 최고의 소프라노를 지칭하던 디바는 20세기에 들어와 영화, 연극, 대중음악 등과 같은 다양한 장르에서 두루 사용되기 시작한다. 주로 빼어난 가창력으로 승부하는 여성 솔로 가수를 가리킨다. 현대 대중음악에서는 가창력뿐만 아니라 홀로 무대를 압도할 수 있는 막강한 카리스마를 지닌 여성 연예인에게 두루두루 '디바'라는 명예를 부여했다.

02 레퀴엠 Requiem

▶ 정의 : 위령미사 때 드리는 음악. 진혼곡. 죽은 사람의 명복을 빌기 위한 합창곡.

정체를 알 수 없는 한 남자가 병마에 시달리는 모차르트를 찾아간다. 그는 자신의 신분을 숨긴 채 모차르트에게 작품을 의뢰한다. 이렇게 탄생된 곡이 바로 〈레퀴엠〉이다. 병상에 누워 있던 모차르트는 이 곡을 작곡하고자 혼신의 힘을 쏟았지만, 끝내 곡을 완성하지 못하고 죽음을 맞이한다. 결국 레퀴엠은 모차르트에게 죽음을 선사한 곡이 되고 말았다. 영화 〈아마데우스〉 중 한 장면이다. 영화는 모차르트에게 〈레퀴엠〉을 부탁한 인물이 그를 시기한 살리에리라고 그리고 있지만, 실제로는 죽은 아내에게 바칠 노래를 원했던 한 백작이라고 한다. 끝내 미완으로 남은 모차르트의 〈레퀴엠〉은 후대의 여러 사람이 나머지를 채우는 바람에 서로 다른 수많은 판본이 탄생하게 된다.

〈레퀴엠〉은 원래 **가톨릭에서 죽은 사람의 안식을 위해 바치는 위령미사곡의 별칭**이다. 미사는 의식이 진행되는 순서에 따라 자비송(Kyrie), 대영광송(Gloria), 신경(Credo) 등과 같이 봉헌되는 노래들이 고정되어 있다. 그중 진혼미사에서 의식을 시작하는 첫 번째 노래가 입당송인데, 그 노래의 라틴어 가사 첫 마디가 'Requiem aeternam(영원한 안식을)……'이다. 이런 이유로 레퀴엠은 통상 진혼미사곡 전체를 의미하며 진혼곡, 장송곡 등으로 번역된다.

시대가 변하면서 미사 음악 자체는 시들해졌지만, 죽음이라는 신비로운 주제의식 때문에 이후로도 많은 음악가가 레퀴엠을 작곡했다. 모차르트, 베를리오즈, 베르디, 드보르자크 등 위대한 음악가들이 각자 개성이 녹아 있는 레퀴엠을 남겼다. 레퀴엠에 포함된 곡 중 유명한 곡은 최후의 심판을 그린 〈분노의 날〉이다. 영화나 드라마에서 주인공의 격한 분노를 표현할 때 배경음악으로 사용되는 익숙한 곡들이다. 〈분노의 날〉 역시 분노의 감정을 작곡가마다 조금씩 다르게 표현하고 있어 흥미롭다.

현대에는 미사곡과 별개로, 그 단어가 지닌 신비와 어둠의 이미지를 차용해 각종 애니메이션, 게임, 영화 등 다양한 장르에서 레퀴엠이라는 용어의 의미가 확대되어 사용되고 있다. 무겁고, 음산하고, 우울하고, 강력하고, 비장하고, 웅장한 그 무엇을 표현하고 싶을 때 장르를 불문하고 레퀴엠이라는 용어가 호출된다.

03 몽타주 Montage

▶ 정의 : 따로따로 촬영한 화면을 적절하게 떼어 붙여서 하나의 긴밀하고도 새로운 장면이나 내용으로 만드는 영화나 사진 편집 구성의 한 방법.

현재 우리가 보는 영화의 기본적인 테크닉들은 1910년대 미국에서 완성되었다. 〈국가의 탄생〉으로 유명한 데이비드 W. 그리피스(David Wark Griffith) 감독은 현대 영화의 수많은 영상 문법을 창조한 인물이다. 영화는 촬영된 짧은 장면(쇼트, Shot)들을 이어 붙여 최종적으로 완성된 작품을 만드는 것이다. 그런 의미에서 생각해 보면 영화의 주제나 감흥은 촬영된 장면 그 자체가 아니라, 각각의 쇼트를 어떻게 연결하는지에 따라 달라진다고 할 수 있다. 쇼트와 쇼트를 붙이면 '신(Scene)'이 되고, 그 신들을 연결하면 한 편의 영화가 완성된다. 이 모든 과정을 몽타주(Montage)라 한다.

몽타주는 'Monter'라는 프랑스어에서 유래한 말로 '모으다, 조합하다'라는 의미다. 영화의 완성도는 결국 촬영된 조각들을 조립해서 새로운 영화 속 시공간을 창출하는 감독의 미적 안목에 달려 있다.

〈전함 포테킨〉으로 유명한 예이젠시테인(Sergei Mikhailovich

Eizenshtein) 감독에게 있어 몽타주는 장면들의 단순한 편집에 그치는 것이 아니라, 작가의 교묘한 예술적 의도에 따라 다양한 방식으로 화면들을 배치하는 것을 의미했다. 그는 두 개의 쇼트가 부딪치며 새로운 관념들이 창출되는 행위를 몽타주라 보았다. 영화가 제작되었던 초기에는 관객들이 영화를 보며 영상이 편집되었다는 것을 눈치 채지 못하게 하는 데 심혈을 기울였다. 하지만 이후에는 오히려 몽타주 기법을 눈에 띄게 드러냄으로써 영화만의 독특한 미감을 강조하기도 했다.

몽타주 기법은 서로 이질적인 장면들을 연속으로 이어 붙여 관객의 연상작용을 통해 새로운 의미를 보여주는 것이다.

오늘날 대부분의 광고는 개별적 장면을 결합해서 의미 있는 이미지를 연상할 수 있도록 고도화된 몽타주 기법을 활용한다. 광고는 한정된 시간 안에서 고객들이 최대한 상품을 좋아할 수 있도록 만들어야 한다. 친절하지만 장황한 설명을 늘어놓을 여유를 허락하지 않는다. 메시지가 농축된 짤막한 장면들이 지능적으로 연결되며 관객들을 의도한 방향으로 몰아치는 것이 광고의 몽타주 기술이다.

04 카메오 Cameo

▶ 정의 : 영화나 텔레비전 드라마에서 관객의 시선을 단번에 끌 수 있는 단역 출연자.

카메오는 원래 연극 용어로 '인상적 장면'을 뜻한다. 유명한 인기 배우가 연극 도중 예기치 않은 순간에 등장했다가 홀연 사라지는 것을 말한다. TV 쇼에서 '카메오 역할'은 유명 배우가 자기 자신을 연기하는 것을 뜻한다. 영화감독 앨프레드 히치콕(Alfred Hitchcock)은 자기가 감독한 영화에 잠깐씩 등장하는 것으로 유명했다. 이후 다른 감독들도 본인의 영화에 깜짝 출연하는 경우가 많아졌다. 피터 잭슨(Peter Jackson) 감독은 자신이 감독한 〈반지의 제왕〉 3부작 모두에서 카메오로 출연했다.

카메오는 단역이나 엑스트라와는 차이가 있는데, 그 등장만으로도 관객들의 시선을 집중시키기 때문이다. 유명한 인물이 그 영향력에 비해 지극히 짤막한 장면에 출연했다가 사라지는 것은 그것만으로도 독특한 효과를 자아낸다. 극 중 콘서트 장면에서 진짜 가수가 공연 장면을 소화한다거나, 작품 속에 등장하는 유명 인사 역할을 실제 유명 인사가 연기한다거나 하는 장면은 익숙한 카메오 등장 방식이다. 우디 앨런(Woody Allen)의 영화 〈애니 홀〉에서는 미디어 기능에 대해 연설을 늘어놓던 등장인물 앞에, 갑자기 세계적인 미디어 석학 마셜 맥루한이 나타나 관객에게 큰 즐거움을 주었다. 우리나라 영화에서도 이승엽 선수의 사인볼을 갖는 게 소원인 소아암 환자가 음식점에서 우연히 진짜 이승엽 선수를 만나 사인볼을 얻는 장면이 나온다. 카메오들은 제작진이나 출연자와의 인연 때문에, 혹은 작품이나 감독에 대한 존경의 뜻으로, 이 밖에도 다양한 이유로 출연을 허락한다.

절묘하게 기획된 카메오의 활용은 영화의 관전 포인트가 되기도 하고 작품의 화제성을 높이기도 한다. 그러나 종종 작품의 완성도는 떨어지면서 카메오의 유명세에 기대 관객의 관심을 끌어보려는 작품들이 있어 관객의 눈살을 찌푸리게 만든다.

05 필름누아르 Film Noir

▶ 정의 : 주로 암흑가를 무대로 한 1950년대 할리우드 영화를 가리켜 프랑스 비평가들이 붙인 명칭.

　　프랑스어로 '검은 영화'라는 의미다. 제2차 세계대전 이후 할리우드 영화가 프랑스에 소개되기 시작했는데, 그중에서도 **소자본으로 제작된 어두운 범죄 영화**를 지칭한다. 필름누아르 영화들이 주로 미국 영화임에도 프랑스어로 명칭이 굳어진 이유는 이러한 영화들이 제작된 미국에서 인정받지 못했기 때문이다. 관객들이 호응하지 않는 B급 영화는 프랑스로 건너가 재평가되고, 프랑스 비평가 니노 프랑크(Nino Frank)는 이를 '검은 영화(noir)'라 명명한다.

　　영화 분위기는 전체적으로 어둡고 냉소적이며, 범죄나 폭력 세계를 다루었다. 제2차 세계대전에 참전했던 군인들은 일상으로 복귀하지만, 그들을 기다리는 것은 경제공황의 후유증과 사회적 혼란뿐이다. 등장 인물들의 지배적인 정서는 허탈, 비관, 냉소다. 영화의 무대는 폭력과 범죄, 절망이 가득한 타락의 세계다. 배경은 도시의 뒷골목, 담배 연기 자욱한 술집, 어지러운 탐정 사무실, 비 내리는 암담한 거리 등이 많았고, 당장이라도 무서운 일이 벌어질 것 같은 불길함이 영화 전반에 깔려 있다. 적은 예산으로 열악한 환경에서 만들어진 영화들이기에, 밝고 선명한 화면과 화려한 볼거리를 담는 것은 처음부터 불가능했다. 인간관계에는 배신과 음모가 도사리고 있으며, 사건은 복잡하게 얽히고설켰다. 대표적인 작품으로는 존 휴스턴(John Huston)의 〈말타의 매〉(1941), 오선 웰스(Orson Welles)의 〈상하이에서 온 여인〉(1948) 등이 있다.

　홍콩 누아르는 필름누아르에서 나온 말로, 80년대 홍콩에서 제작된 필름누아르와 비슷한 분위기의 영화들을 지칭한다. 오우삼 감독과 주윤발이라는 걸출한 스타가 등장해 홍콩 누아르라는 새로운 장르를 만들어냈다. 〈영웅본색〉, 〈첩혈쌍웅〉으로 대표되는 홍콩판 액션 범죄 영화들이다. 주인공은 주로 갱단 소속의 범죄자들이고, 그들과 형사들이 암울한 사연으로 얽혀 남자들 사이의 의리와 우정, 죽음을 비웃는 냉소주의를 그린다. 영화는 전반적으로

화려한 총격전과 격한 액션이 강조된다. 홍콩의 중국 반환을 앞둔 시점에서 홍콩인들의 불안한 정서를 반영하듯 영화 전반에 짙은 허무주의가 깔려 있다. 홍콩 누아르는 이름만 비슷할 뿐 필름누아르와는 공통점보다 차이점이 더 두드러진다.

06 독립영화 Independent Film

▶ 정의 : 기존 상업자본에 의존하지 않고 창작자의 의도에 따라 제작한 영화.

2019년 8월 개봉한 김보라 감독의 〈벌새〉가 전 세계 영화제를 넘나들며 28개 분야에서 기록적인 수상을 했다. 하지만 연이은 수상 소식에도 불구하고 관객들이 극장에서 〈벌새〉를 만나기는 쉽지 않다. 상영하는 극장이 별로 없기 때문이다. 〈벌새〉는 배급망을 갖지 않은 독립영화다. 독립영화 또는 인디영화는 주요 영화 제작사의 통제에서 벗어나 작가 정신에 충실한 영화들이다.

일반적 상업영화는 영화의 제작, 배급, 마케팅 등 최종적으로 영화가 관객과 만나기 전까지 필요한 모든 과정을 대형 영화사의 시스템에 의해 통제받는다. 흥행 결과가 제작비를 초과해야만 수지타산이 맞기에, 상업영화는 영화의 주제의식부터 내용 전개까지 모든 측면에서 관객의 취향을 저격하는 방법으로 기획된다. 즉 기업이 영화를 제작하는 목적 자체가 소비자에게 많이 팔아 기업의 이윤을 극대화할 수 있는 히트 상품을 만든 것이다.

독립영화는 이러한 영화 제작 환경으로부터 '독립'된 영화를 말한다. 우선 회수해야 하는 기업의 자본으로부터 독립되어 있다. 일반적으로 독립영화는 감독의 자기 자본으로 자체 제작되거나, 별도의 모금으로 만들어진다. 눈치 볼 제작사가 없기에 독립영화는 감독이 표출하고 싶은 주제의식을 그려내는 데 자유롭다. 상업영화가 관객의 호응을 유도하는, 뻔하지만 안정된 방법에 의존하는 반면, 독립영화는 주제의식을 드러낼 수 있는 다양하고 대안적인 형식을 실험할 수 있다.

독립영화는 1980년대부터 세계적으로 시선을 끌기 시작했고, 우리나라의 독립영화 역시 1980년대 이후부터 제작되었다. 1987년 〈인재를 위하여〉 등의 초기 작품을 시작으로 〈오! 꿈의 나라〉, 〈달마가 동쪽으로 간 까닭은?〉, 〈낮은 목소리〉, 〈세 친구〉, 〈악어〉 등의 작품들이 관객의 주목을 받았다. 2000년대 후반에 들어서는 독립영화 전용관이 생겨났고, 2009년 〈워낭소리〉는 대한민국 독립영화 사상 처음으로 100만 명이 넘는 관객을 동원했다. 2009년 〈똥파리〉는 로테르담 국제영화제 최고상을 받아 독립영화의 장밋빛 미래를 예고하기도 했다.

07 스크린쿼터 Screen Quota

▶ 정의 : 극장이 자국의 영화를 일정 기준 일수 이상 상영하도록 강제하는 제도적 장치.

거대 자본으로 무장한 할리우드 영화는 세계 영화시장 점유율의 거의 절반을 차지한다. 〈반지의 제왕〉, 〈해리포터〉, 마블 사의 히어로물 등의 제작비는 웬만한 국내 대작 영화의 몇 배가 넘는다.

유명 할리우드 배우 한 명의 출연료가 국내 영화의 전체 제작비보다 높은 경우도 많다. 숫자로만 보았을 때, 할리우드 영화와 국내 영화와의 전쟁은 승산 없는 싸움이다.

스크린쿼터는 '국산 영화 의무 상영제'라고도 한다. 국내 영화관에서 한국 영화를 의무적으로 상영해야 하는 날짜 수를 정해놓은 제도다. 1966년 처음 제정되었고 1993년에 이르러 제대로 정착되었다. 영화관에서 지켜야 하는 국산 영화 상영 일수는 전체 영화관 운영 날짜의 40%인 146일이었지만, 얼마간 극장의 재량권을 적용하면 실제로는 106일 정도가 되었다. 이것을 지키지 못하는 영화관에서는 미달한 날짜만큼 영업정지 처분을 받았다. 그러나 2006년 한미 자유무역협상(FTA)을 앞두고 미국의 요구 때문에 한국 영화 의무 상영 일수는 73일로 축소되었다.

스크린쿼터는 우리나라뿐만 아니라 외국에서도 각자 실정에 따라 다양하게 운영되고 있다. 이 제도가 처음 시행된 곳은 영국이고, 브라질이나 이탈리아 등에서도 자국 영화 활성화를 위해 스크린쿼터를 운영하고 있다. 주된 영화 수출국인 미국에서는 흥행의 걸림돌로 작용하는 각국의 스크린쿼터에 각자 반대하는 입장이지만, 미국을 제외한 나라들에서는 다양한 영화의 발전을 위한 최소한의 장치로 이 제도를 옹호한다.

우리나라에서도 스크린쿼터의 보호가 아니었다면 상영관조차 배급받지 못했을 우수한 국내 영화들이 이 제도의 운용으로 인해 관객들과 만날 기회를 얻었다. 일각에서는 스크린쿼터의 보호를 받은 국내 영화가 별다른 노력 없이 상영관을 획득하는 바람에 오히려 경쟁력이 떨어질 거라고 우려하기도 했지만, 실제로 국산 영화에 대한 관객들의 기대와 호응이 높아지면서 국내 영화는 세계적 수준으로 비약했다. 2019년 상반기 한국 영화 관객 수는 5천 600만 명으로 전체 영화 관객의 52%를 차지했다.

기출문제

▸ 영화의 온오프라인 동시 개봉으로 인해 영화 산업의 흐름이 바뀌는 것에 대한 본인의 생각을 말해보시오. (2019 동국대학교)

08 데우스엑스마키나 Deus ex Machina

▶ 정의 : 고대 그리스극에서 자주 사용하던 극작술. 초자연적인 힘을 이용해 극의 긴박한 국면을 타개하고, 이를 결말로 이끌어가는 수법.

아침 드라마에 익숙한 법칙이 있다. 주인공은 마냥 착하고, 그런 주인공을 괴롭히기 위해 이 세상에 태어난 것 같은 악역은 지치지도 않고 끊임없이 못된 일을 저지른다. 그들 사이에는 온갖 사건·사고와 불치병이 난무한다. 도대체 실타래처럼 꼬인 이 스토리를 어떻게 해결하려고 이러는지 슬슬 시청자들이 불안감에 휩싸일 때쯤, 드라마는 전격적으로 결말을 맞이한다. 느닷없이 출생의 비밀이 밝혀지거나, 어디선가 압도적 능력을 갖춘 재벌이나 본부장이 나타나거나, 악의 축을 담당했던 인물이 별안간 미치거나 기억을 잃거나 죽어버리는 것이다. 이렇게 쉽게 해결될 문제를 두고 그동안 왜 그렇게 가슴을 졸였는지 자괴감마저 들 지경이다. 발암 직전의 고통에 시달리던 시청자들은 시원하게 문제가 해결되어 카타르시스를 맛보기도 하지만, 영 뒷맛이 개운치 않다. 왠지 무엇인가에 놀아난 것 같은 기분마저 든다.

이 불편한 마음을 아리스토텔레스(Aristoteles)와 호라티우스(Horatius Flaccus, Quintus) 같은 옛 철학자들도 똑같이 느꼈던 것 같다. 그들은 이와 같은 전개 방식을 '데우스엑스마키나'라 칭하며 신랄하게 비판했다. 라틴어 '데우스엑스마키나'를 문자 그대로 직역하면, '기계장치에서 나온 신'이라는 뜻이다. 그리스 시대, 연극이 진행되던 중 공연 말미에 뜬금없이 하늘에서 기중기나 도르래 같은 기계장치에 몸을 매단 '신' 역할의 배우가 등장한다. 그는 일

단 관객에게 자신을 신이라고 소개한 후, 갑자기 사악한 자에게 벌을 내리고 착한 자에게 상을 주며 모든 문제를 한 방에 해결해버린다. 가슴을 치며 고구마를 먹던 관객에게 시원한 사이다를 선사한 셈이다.

데우스엑스마키나는 이후 현대의 다양한 장르에서도 심심찮게 등장한다. 전체적 서사의 흐름에는 빠져 있던 누군가가 스토리의 개연성을 무시한 채 갑자기 툭 튀어나와 인위적인 해결책을 던지는 상황에 해당한다. 이러한 플롯은 독자나 관객의 공감을 획득하기 어렵고 이야기의 수준을 떨어뜨린다. 자극적이고 흥미 위주의 사건을 나열하다가 뒷감당이 안 될 때 작가가 가장 손쉽게 이야기를 마무리하는 방법이기도 하다. 역대급 흥행 기록을 세웠던 심형래 감독의 영화 〈디워〉를 한 평론가가 "데우스엑스마키나 식의 결론"이라고 비난해, 국민 여론이 둘로 갈리며 큰 논쟁이 벌어진 적도 있었다.

그러나 허술하고 저급한 전개 방식이라는 비판에도 불구하고 여전히 많은 장르에서 데우스엑스마키나 식 문제 해결은 빈번하게 등장한다. 바람처럼 나타나 모든 고통을 말끔히 쓸어버리는 끝판왕 같은 캐릭터가 주는 매력이 막강하다는 뜻이다. 막장이라고 욕하면서도 방송 시간만 되면 저절로 TV 앞에 앉게 되는 드라마들이 여전히 인기를 누리고 있는 것이 그 증거일 것이다.

09 세계 3대 영화제

▶ 정의 : 국제영화제작자연맹(FIAPF)이 공식적으로 인정하는 가장 저명한 3개의 국제영화제

　계급 간의 극명한 차이를 블랙코미디와 서스펜스로 그려낸 봉준호 감독의 〈기생충〉이 칸영화제에서 황금종려상을 받았다. 한국 영화사에 길이 남을 쾌거였다. 한국 영화는 갈수록 전 세계 영화시장에서 호응이 높고, 유수한 영화제에도 초청을 많이 받는 추세다. 전 세계에는 약 200여 개의 영화제가 있지만, **국제영화제작자연맹(FIAPF)이 공식적으로 인정하는 영화제는 단 3개뿐**(베니스영화제, 칸영화제, 베를린영화제)**이고, 이를 '세계 3대 영화제'로 손꼽는다.** 국제영화제작자연맹은 프랑스 파리에 본부를 둔 기관으로, 세계 영화 제작자의 권리를 대표하는 유일한 조직이다.

　3대 영화제 중 가장 오래된 영화제는 이탈리아에서 열리는 베니스영화제다. 1932년에 시작해 매년 8~9월에 수상작과 수상자가 발표된다. 최고의 작품에 수여되는 '황금사자상'은 과거 '무솔리니상'으로 불리며 비판의 대상이 되기도 했지만, 1949년부터 현재 이름으로 바뀌었다. 다른 영화제에 비해 시대적 변화에 가장 개방적인 영화제로, 얼마 전에는 상영관이 아닌 넷플릭스에서 개봉한 영화 〈로마〉에 황금사자상을 수여해 큰 화제가 되었다.

　한국 영화도 다수 수상했다. 강수연은 1987년 〈씨받이〉로 우리나라 배우 최초의 베니스영화제 여우주연상을 받았다. 이후 이창동 감독의 〈오아시스〉가 감독상을, 김기덕 감독의 〈피에타〉가 황금

사자상을 수상했다.

1946년 시작된 프랑스 칸영화제는 매년 5월에 막을 올린다. 1930년대 후반에 파시스트의 개입으로 베니스영화제가 정치적 편향성을 드러내자, 프랑스 정부의 지원을 받아 새롭게 개설된 영화제다. 이런 배경 때문에 예술성과 상업성이 조화롭게 어우러진 칸영화제는 현재 국제영화제 중 최고의 권위를 인정받고 있다. 시상은 경쟁 부문, 비경쟁 부문, 주목할 만한 시선 부문 등과 같이 범주를 나누어 진행되며, 경쟁 부문의 대상은 황금종려상이다. 1999년 임권택 감독의 〈춘향전〉이 우리나라 영화로서는 최초로 경쟁 부문에 진출한 바 있다. 이후로 임권택 감독의 〈취화선〉이 감독상을, 박찬욱 감독의 〈올드보이〉가 심사위원 대상을, 〈밀양〉의 전도연이 여우주연상 등을 수상했다. 임권택, 박찬욱, 이창동, 홍상수, 김기덕 감독의 작품들이 여러 부문에서 영예를 얻었다.

마지막으로, 1951년 독일에서 창설되어 매년 2월에 열리는 베를린영화제가 있다. 1951년 분단 상태였던 독일의 통일을 기원하는 의미로 시작되었다. 동독과 서독의 문화적 교류를 통해 통일을 이루고자 하는 목적으로 창설되었기에 초기에는 정치적 메시지가 뚜렷한 영화가 주류를 이루었다. 하지만 통일 이후 제삼세계 영화를 비롯해 실험적이고 다양한 영화들이 폭넓게 상영되어, 현재는 영화시장 중에서 가장 큰 규모를 자랑한다. 대상에는 금곰상을 수여한다. 〈사마리아〉의 김기덕 감독이 감독상을 수상했다.

▶ 가장 좋아하는 영화는 무엇인가? (2020 한양대학교)

10 프레타포르테 Prêt-à-porter

▶ 정의 : 오트쿠튀르와 함께 세계적인 양대 의상 박람회의 하나인 기성복 박람회.

세계적으로 유명한 패션쇼를 보면 도저히 사람이 입을 수 없을 것 같은 드레스를 입고 태연하게 워킹하는 모델의 모습에 의아할 때가 있다. 도대체 저렇게 괴상한 옷을 입을 사람이 있기는 한 걸까? 설령 있다고 해도 저런 옷을 입고 어디를 간단 말인가?

이러한 의상들을 '오트쿠튀르(Haute Couture)'라고 하며, 프랑스어로 '최고의 맞춤옷'이라는 뜻이다. 과거에 상류층을 위한 개인 맞춤옷에서 출발한 컬렉션인데, 최근에는 세계 패션의 트렌드를 주도하는 예술적 작품으로 의미가 있다. 이 작품에서 얻은 패션의 영감을 이정표 삼아 다른 디자이너들이 자신의 기성복을 디자인한다. 그러나 오트쿠튀르는 일반인이 입기에 지나치게 비싸고 실용성도 떨어졌다.

산업혁명이 시작되고 대량생산이 가능해지면서 그전까지 귀족들의 전유물이었던 오트쿠튀르를 대체할 기성복이 등장했는데, 이를 프레타포르테라 한다. 프레타포르테는 'Ready-to-Wear', 즉 '기성복'을 의미하는 프랑스어다. 프레타포르테는 오트쿠튀르 정도는 아니지만 질적으로나 미학적으로 세련되고 고급스러운 제품으로 제작되었고, 일상에서 착용할 수 있는 디자인이어서 큰 인기를 끌었다.

제2차 세계대전 이후 고급 기성복을 원하는 소비자가 점점 늘어나자 이를 위한 박람회가 개최된다. 파리, 뉴욕, 밀라노, 런던 등지에서 매년 봄, 가을에 개최되는 이 박람회를 통해 이브 생로랑, 피에르 가르뎅, 캘빈 클라인, 아르마니, 프라다 등과 같은 세계적 디자이너들이 자신의 의상을 발표했다. 이때 선보인 의상들이 그해 패션의 트렌드를 이끌어갔다. 기성복을 의미했던 프레타포르테라는 말은 아예 이 패션쇼 자체를 지칭하는 이름이 되었다. 매년 파리 프레타포르테에는 수천 명의 관계자가 참석해 전 세계 패션 산업의 동향을 가늠한다.

11 팝아트 Pop Art

▶ 정의 : 1950년대 초 영국에서 시작되어 1950년대 중후반 미국으로 확산된 뒤 꽃을 피운 현대미술의 한 조류.

제2차 세계대전이 끝났을 때, 세계 군사와 경제의 중심은 미국이었다. 유럽은 경제적으로 낙후되어 미국의 원조에 의지하고 있었다. 당시의 유럽인들에게 미국은 현대적 이미지가 가득하고 매력이 넘치며, 무한한 가능성을 지닌 선망의 땅이었다. 사회에는 풍요롭고 경제적으로 여유로운 중산층이 형성되었으며, 엘비스 프레슬리(Elvis Presley)와 마릴린 먼로(Marilyn Monroe)가 인기를 끌던 역동적인 세계였다. 미국의 이런 이미지가 사회에 만연하며, 대중들이 좋아하는 소비문화에 관한 관심이 급속도로 자라났다.

1956년, 영국의 리처드 해밀턴(Richard Hamilton)이 발표한 〈오늘날 우리 가정을 이토록 색다르고 매력적으로 만드는 것은 무엇인가〉라는 작품은 최초의 팝아트 작품으로 꼽힌다. 자본주의적 소비문화를 상징하는 텔레비전, 축음기, 진공청소기와 같은 소품들과 평범한 주변 사물의 사진들을 덕지덕지 가져다 붙여 얼핏 싸구려 이미지의 콜라주로 보이는 미술 작품이다. 작품 속 보디빌딩을 하는 남자가 들고 있는 캔디에 'POP'이라는 글자가 크게 쓰여 있어서 팝아트라는 이름이 시작되었다. 대중문화라는 중의적 의미를 담고 있다고도 한다. 이 작품을 시작으로 팝아트는 누구나 쉽게 감상할 수 있는 민주적 미술이라는 점에서 큰 인기를 끌기 시작한다.

팝아트의 거장 앤디 워홀(Andy Warhol)은 만화 한 컷, 신문의 한 장면, 영화배우 브로마이드와 같은 대중적 이미지를 실크스크린 판화 기법으로 복제해 반복적으로 배열하는 것을 즐겼다. 그는 자신의 작품에 추상적 의미를 부여하는 것을 거부했다. 예술은 예술가만의 독자적이고 배타적인 세계를 표현하는 것이 아니라, 언제든지 복제할 수 있고 몰개성적인 것으로 모두에게 오픈되었다. 리히텐슈타인(Roy Lichtenstein)은 사람들에게 친숙한 만화 기법으로 작품을 표현해 작가의 개성을 줄이고 대중적 친밀감을 얻었다.

진정한 작품이라면 인간 내면의 심오함이나 철학적 주제를 탐구해야 마땅하다는 기존의 예술 명제를 비웃듯, 팝아트는 **주변에서 흔히 볼 수 있는 소품들을 대상으로 삼아 가볍고 독특한 미학을 추구**했다. 텔레비전, 광고, 쇼윈도, 표지판, 코카콜라, 만화 캐릭터, 인기 배우 등 흔하고 상업적인 소재들을 다뤄 순수예술과 대중예술이라는 이분법적이고 배타적인 분류법을 무너뜨렸다.

이처럼 팝아트는 순수예술이 표방하는 우월성과 지적 허세를 거부함으로써 전통을 넘어섰다는 평가를 얻었지만, 다른 관점에서는 진정성 있는 비판적 대안을 제시하지 못하고 소비문화에 굴복한 것으로 폄하되기도 한다. 어쨌거나 팝아트는 매스미디어가 발달하고 자본주의가 고도화되어가는 20세기 산업사회를 대표하는 미술 양식으로 인정받고 있다.

12 오브제 Objet

▶ 정의 : 초현실주의 미술에서, 생활에 쓰이는 갖가지 물건들을 작품에 그대로 이용한 것.

프랑스어로 '물체, 물건, 대상' 등의 의미를 지닌 단어다. 예술에서 오브제란 **작품과 관계없어 보이는 일상적인 물건이 돌연 작품 속에 사용됨으로써 새로운 미적 의미를 지니게 된 것**을 말한다. 식물, 동물, 광물과 같은 자연 재료에서부터 사람이 만든 사물에 이르기까지 다양한 물건들이 예술가의 표현으로 작품 속에서 상징적 의미를 갖게 된다. 예술가는 이러한 사물에 새로운 정의를 부여해 익숙한 사물을 낯선 존재로 거듭나게 한다. 사물이 오브제로 사용되는 순간, 그것은 우리가 한 번도 생각해본 적 없는 기묘한 연상 작용을 유발해 새로운 예술적 각성을 환기한다.

프랑스 미술가 마르셀 뒤샹(Marcel Duchamp)은 평범한 물건에 짧은 제목을 달아 그대로 전시하는 레디메이드(Ready-Made)를 발명했다. 나무 의자에 자전거 바퀴를 붙인 뒤 〈자전거 바퀴〉(1913)라는 제목을 달았는데, 이것이 최초의 오브제 작품이다. 그는 아무런 의미가 없던 사물들도 예술가가 선택하고 조합하면 그것 역시 작품이 될 수 있다는 관점을 제시했다. 즉 예술가의 창작활동이 예술가가 작품을 제작하는 직접적 행위가 아니라, 예술가가 새로운 관점의 아이디어를 표현하는 활동 그 자체에 있음을 주장한 것이다. 평범한 양변기에 〈샘〉이라는 제목을 붙인 뒤샹의 오브제 작품은 20세기 예술의 새로운 지평을 열었다.

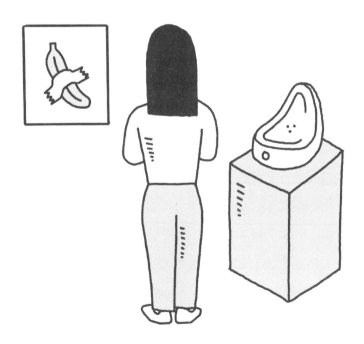

13 매너리즘 Mannerism

▶ 정의 : 예술 창작이나 발상 면에서 독창성을 잃고 평범한 경향으로 흘러 표현 수단의 고정과 상식성으로 인해 예술의 신선미와 생기를 잃는 일.

현대에서 '매너리즘에 빠졌다'라고 하면, 어떤 일에 대한 열정이 사라지고 틀에 박힌 방법으로 일관하는 태도를 의미한다. 창의성이나 자발성이 사라지고, 더 잘해보고자 하는 고민도 없이 습관적으로 일을 처리해버리는 자세다. 매너리즘에 빠진 예술가들은 비슷한 작품들을 기계적으로 쏟아내고, 관료들이 매너리즘에 빠진 사회에서는 큰 사고들이 심심찮게 터지곤 한다.

원래 매너리즘은 현대에서 통용되는 의미와는 정반대의 뜻을 지닌 말이었다. 매너리즘은 이탈리아어 '마니에리스모(Manierismo)'에서 기원한다. 방식을 따르는 주의, 즉 독특한 스타일을 추구하는 예술 사조를 가리키는 용어였다. 16세기 이탈리아와 스페인에서 나타난 미술 양식 중 하나다.

16세기 이전까지 유럽의 예술가들은 레오나르도 다빈치, 라파엘로, 미켈란젤로 등 르네상스 시대 거장들의 조화와 균형이 강조된 작품들을 추종했다. 그러나 종교개혁, 지동설, 신대륙 발견 등 천 년을 넘게 유지되었던 기존의 신념들이 무너져내리는 사회 분위기는 예술 경향에도 변화를 몰고 왔다. 르네상스 시대 작품들의 안정적 아름다움 대신, 자신만의 매너(표현 방식)를 드러내는 개성적인 예술 작품들이 등장하기 시작한 것이다.

파르미자니노(Parmigianino), 로소 피오렌티노(Rosso, Fiorentino), 브

론치노(Agnolo Bronzino), 엘 그레코(El Greco) 등이 매너리즘 양식을 대표하는 화가들이다. 그들은 비례가 맞지 않은 인물, 인위적이고 과장된 포즈, 파괴된 구도, 명확하지 않은 원근법 등 기존의 미의식을 뒤흔드는 와해된 조형미를 보여주었다. 당대의 익숙한 질서를 파괴하며, 어찌 보면 현대적 의미의 매너리즘에 빠져 있던 당시 예술계에 낯선 충격을 준 방식이 예술 사조로서의 매너리즘이었다.

▸ 창의력을 키우려면 어떤 공부를 해야 할까? (2020 고려대학교)

14 전위예술 Avant-Garde

▶ 정의 : 기존 예술에 대한 인식, 가치를 부정하고 새로운 예술의 개념을 추구하는 예술운동.

예술가의 내면에 들어찬 감정을 색채와 형태로 표현한 러시아 화가 칸딘스키(Wassily Kandinsky)는 그의 저서《예술에서의 정신적인 것에 대하여(Über das Geistige in der Kunst)》속에서 전위미술에 대한 정의를 내린다. 칸딘스키에 따르면, 이 세상에는 시대정신을 이루는 삼각형이 존재한다. 눈에 보이지는 않지만, 사람들의 정신세계가 모여 삼각형을 이루고 있다고 상상하면 될 것이다. 삼각형의 맨 밑면에는 다수의 대중이 자리 잡고 있고, 꼭짓점에는 고독한 소수의 예술가가 존재한다. 소수의 예술가가 느끼는 그 정신세계를 다수의 대중은 아직 이해하지 못한다.

시간이 흐름에 따라 이 삼각형은 조금씩 앞으로, 위로 전진하는데, 그에 따라 처음에 소수의 예술가만 느꼈던 그 감성이 조금씩 아래로 밀려 점차 다수의 대중도 공감하게 된다. 계속해서 예술가는 다수의 대중보다 앞서가면서 새로운 감각을 선도한다. '아방가르드'는 프랑스어로 맨 앞에서 가는 선발대를 의미한다.

아방가르드는 **예술이나 문화에서 전통을 파괴하는 실험적인 경향을 보인 작품이나 경향**을 말한다. 19세기 초, 프랑스와 독일을 중심으로 자연주의와 고전주의에 대항해 등장했다. 그들은 기존의 인습에서 벗어나 익숙한 예술의 경계를 허무는 방식으로 표현했다. 우리말로는 '전위'라고 하며 전위예술, 전위음악, 전위재즈 등 다양한 장르에서 응용된다.

전위예술가들은 '현실 자체가 혼돈 속에 존재하기 때문에 본질을 파악하기 위해서는 현실과의 관계를 끊어야 한다'고 생각했다. 이성과 인습을 비판하고 표현의 혁신을 꾀했던 초현실주의, 구체성을 버리고 추상으로 돌아선 입체파, 미래파의 미술들이 전위예술을 대표한다. 전위음악은 기존의 악기가 아닌 빈 병, 톱, 쇠판 등의 물체로 소리를 내는 등의 실험적 작품을 선보였다. 문학은 객관적 현실이 아닌 주관적, 심리적 이미지를 서술했다. 작품의 결말도 독자가 자의적으로 판단하도록 열려 있었고, 모호한 이미지와 시점으로 인물들은 과거, 현재와 미래가 혼동된 주관적 시간 안에 존재했다.

사실주의 비평가들은 인간이라는 존재의 본질을 고독과 실존적 불안으로 규정했던 전위예술의 태도를 역사의식이 결여된 타락한 예술가의 모습이라고 신랄하게 비판했다. 무작위적 허무주의가 현실에 엄연히 존재하는 사회적 모순을 직시하지 못하게 만든다는 것이다. 반면 모더니즘 비평가들은 전위예술이 보여주는 인간의 불안과 고독 역시 가장 근대적인 인간 본질에 가깝기에, 아방가르드가 시민 예술의 가장 진보된 형태라는 상반된 평가를 내렸다.

15 패럴림픽 Paralympics

▶ 정의 : 신체적·감각적 장애가 있는 운동선수들이 참가해 펼치는 올림픽 경기 대회.

제2차 세계대전 당시 유대인 신경외과 의사 루트비히 구트만 (Ludwig Guttmann) 박사는 영국의 한 병원에서 척추 손상 환자들을 치료하고 있었다. 전쟁은 수많은 젊은이에게 장애를 남겼다. 구트만은 척추가 망가진 환자들을 효과적으로 치료할 방법을 고심하다가 운동요법을 생각해냈다. 환자들은 그의 처방에 따라 휠체어를 타고 다양한 스포츠를 시작한다. 젊은 군인 환자들은 운동을 하면서 서서히 건강을 회복했고, 점차 운동 기량도 향상되어 1948년에는 국제대회를 개최하기에 이른다. 최초에는 참전병만으로 시작되었던 이 대회는 조금씩 규모가 커지더니, 1960년에는 모든 장애인이 참가할 수 있는 국제대회로까지 발전한다. 제1회 로마 패럴림픽이다.

애초에 패럴림픽은 척추에 손상을 입은 환자들만의 경기였기에,

하반신마비를 뜻하는 'Paraplegic'과 'Olympic'을 합성해 대회 이름을 정했다. 선수들도 휠체어에 의존하는 선수들만 참가할 수 있었다. 그러나 제1회 로마 대회 이후 패럴림픽은 빠르게 체계를 갖추기 시작했고, 1976년부터는 척추 장애뿐만 아니라 장애를 지닌 모든 선수의 경기로 발전한다. 그에 따라 'para'는 하반신마비의 개념에서, '함께, 나란히'라는 어근을 의미하게 되었다. 1988년 하계 올림픽 개최지였던 서울 대회 이후로, 패럴림픽은 하계 올림픽이 끝난 도시에서 같은 연도에 하계 올림픽에 상용되었던 시설을 이용해 개최하는 것으로 규정했다.

국제패럴림픽위원회(IPC)는 경기에 참여할 수 있는 선수의 장애 유형을 10개 범주로 세분화했다. 우선 신체적 장애가 8개 항목으로 가장 많다. 근력 손상, 운동 범위 손상, 사지 절단, 다리 길이 차이, 저신장 등이 그것이다. 거기에 시각 장애와 지적장애가 더해져 총 10개 항목이 완성된다. 선수들은 본인이 지닌 장애의 성격에 따라 참여할 수 있는 경기 종목이 제한되었다. 현재 하계 패럴림픽은 22개 종목, 동계 패럴림픽은 6개의 종목으로 구성되어 있다. 종목의 수는 동계 올림픽이 하계 올림픽보다 적지만 패럴림픽에서는 같은 종목이라도 장애 등급별로 각각 별도의 경쟁을 치르기 때문에 하계 올림픽에 비해 메달의 숫자는 현저히 많다. 예를 들어, 패럴림픽에서는 100m 남자 육상 종목에 16개의 금메달이 걸려 있다.

우리나라는 2018년 평창에서 총 49개국이 참가한 동계 패럴림픽을 개최했다. 1988년 서울 패럴림픽에 이어 두 번째 개최였다.

16 오마주 Hommage

▶ 정의 : 영화에서 존경의 표시로 다른 작품의 주요 장면이나 대사를 인용하는 것.

2020년 2월 92회 아카데미 시상식에서 〈기생충〉으로 감독상을 수상한 봉준호 감독은 수상 소감에서 마틴 스콜세지 감독과 쿠엔틴 타란티노 감독에게 존경을 표현했다. 스콜세지 감독의 말을 인용하며 현재의 영광을 거장에게 돌리는 봉준호 감독의 모습에 전 세계 관객들은 또 다른 감동에 휩싸였다. 그러나 봉준호 감독처럼 존경하는 선배 예술가에 대한 자신의 마음을 직접 말로써 표현할 기회를 얻는 것은 흔한 일은 아니다. 예술가나 문학가는 그 마음을 작품에 녹여 드러내기도 한다. 같은 자리에서 봉준호 감독이 언급했던 쿠엔틴 타란티노는 그의 영화 〈저수지의 개들〉에서 오우삼 감독의 〈첩혈쌍웅〉 권총 신을 각색해 삽입했다. 이러한 방식을 오마주라 한다.

오마주는 프랑스어로 '감사, 경의, 존경' 등을 의미한다. 원래는 중세의 기사가 주군에게 무릎을 꿇고 충성심을 표현하는 자세를 가리키는 말이었다. **예술 장르에서는 자신이 존경하는 작가나 작품의 일부를 자신의 작품에 인용하는 것**을 말한다. 타인의 작품 일부를 차용한다는 점에서 패러디와도 유사하지만, 패러디는 그 목적이 풍자를 통해 웃음을 유발하는 것이라면, 오마주는 원작자에 대한 존경심을 표출하는 것이 목적이다. 영화뿐만 아니라 문학, 인문학, 사회학, 대중문화 등 다양한 영역에서 사용된다.

히치콕, 오손 웰스, 스티븐 스필버그, 리들리 스콧, 마틴 스콜세지 등과 같은 영화계 명장들의 작품은 후대의 다양한 영화 속에서 인용되었다. 유명하고 특이한 장면을 다시 가져다 쓰는 행위 자체가 존경했던 선배에 대한 헌사와 경배의 의미이다.

그러나 오마주라 주장하면서 허락 없이 타인의 작품을 베끼는 경우도 많아 종종 표절 시비가 발생하기도 한다. 누구나 알 법한 거장의 작품인데, 개인적인 존경의 표시라 주장하며 타인의 작품을 인용하는 일이 벌어져 도덕적 지탄을 받기도 한다. 대중음악에서 특히 오마주와 표절의 경계가 애매해서 발매된 음원을 삭제하는 일이 발생한 적도 있다.

오마주가 빛을 발하려면 그것을 담고 있는 창작물 자체의 완성도가 담보되어야 한다. 작품의 부족함을 타인의 유명세로 보강하려는 의도로 오마주를 거론할 때, 대중은 쉽게 속지 않는다.

■ 소나타 Sonata : 서양 고전음악에서 기악을 위한 음악 형식의 하나로, 주로 노래가 동반되는 칸타타에 대비되어 연주만 되는 작품을 가리킨다. '소리 내다'라는 뜻의 이탈리아어 '소나레(sonars)'에서 유래되었고, '노래 부르다'라는 뜻의 '칸타타'와는 반대 개념이다. 13세기에 처음 등장해 조금씩 개념이 변했다. 주로 리듬과 색채는 대조적이지만 조성이 연관된 3~4개의 악장으로 이루어진 악곡을 의미했다. 표제가 없고 절대음악적인 기악을 위한 독주곡 또는 실내악 곡으로 이루어진다.

■ 팝페라 Popera : 1997년에 새로 등장한 음악 장르로, 팝과 오페라의 합성어다. 오페라를 어렵다고 느끼는 이유는 오페라의 구성이 전적으로 클래식 음악으로 이루어져 있기 때문이다. 팝페라는 오페라의 엄격함과 보수적 틀을 벗고 자유롭게 노래함으로써 대중의 인기를 얻게 되었다. 영국의 뮤지컬 배우 출신의 소프라노 사라 브라이트만(Sarah Brightman), 이탈리아의 성악가 출신인 안드레아 보첼리(Andrea Bocelli), 다국적 그룹 일 디보(Il Divo), 대한민국의 키메라(Kimera)와 임형주 등이 대표적 팝페라 가수다.

■ 뉴웨이브 New Wave : 1970년대 후반부터 1980년대 초반에 걸쳐 세계적으로 유행했던 록 음악의 한 장르다. 반체제적이고 반항적이며, 냉소적이면서 거칠고 공격적인 펑크록의 반작용으로 일어난 새로운 록이다. 뉴웨이브는 빠른 템포로 기분을 흥분시키며 들썩거리게 하는 느낌의 음악이

다. 1970년대 후반으로 가면서 영국이나 미국 등의 나라에서 각각의 특징을 보이며 따로 발전한다. 영국 밴드인 더 폴리스(The Police)와 미국 밴드인 블론디(Blondie) 등이 유명하다.

■ 레게 Reggae : 1960년대에 시작된 자메이카의 대중음악 장르다. 자메이카 토속 음악에 미국의 '리듬앤드블루스'가 결합해 만들어졌다. 레게라는 말은 '현재 유행하는'이라는 뜻의 자메이카식 영어다. 레게 음악의 가장 큰 특징은 독특한 리듬에 있다. 4분의 4박자로 느리게 연주되며 한 마디의 세 번째 박이 강박이다. 가사는 가난했던 자메이카 빈민층의 사회적 불만과 사회에 던지는 격렬한 메시지를 담고 있다. 1970년대에 영국, 미국 등 세계적으로 크게 유행했다. 밥 말리(Bob Marley)는 레게 음악을 상징하는 대표적인 가수이자 작곡가다.

■ 투시법 : 미술에서 거리에 따라 사물의 크기를 다르게 그림으로써 원근감을 드러내는 방법이다. 투시법의 발명 이전에 화가들은 공간의 원칙에 따라 그리는 것이 아니라 인물의 중요성에 따라 크기를 달리했다. 중요한 인물은 멀리 있어도 크게 그리고, 별 볼 일 없는 인물은 가까이 있어도 작게 그렸다. 그러나 투시법에 따라 3차원의 세계는 2차원의 평면에 담기고, 멀고 가까운 거리감이 눈에 보이는 것과 비슷하게 그림에 표현될 수 있었다. 선만으로 사물의 원근 관계를 표현하는 투시법을 선 원근법이라 하고, 명암과 색채 변화로 거리감을 나타내는 투시법을 공간 원근법, 색상 원근법이라고 힌다.

■ 미장센 Mise-en-Scène : '장면화'라는 의미의 프랑스어로, 연출가가 무대

위의 모든 시각적 요소들을 배열하는 행위를 함으로써 영화의 각 장면을 미학적으로 연출하는 기술을 의미한다. 영화라는 예술 장르는 각 장면의 완성도를 높이기 위해 촬영, 편집, 녹음과 같은 기술적 측면과 아울러, 마치 연극의 연출처럼 영화의 프레임 안에 놓이는 요소 간의 관계, 카메라의 동선, 조명 등 편집 이전의 과정에서도 다양한 표현을 기획한다. 미장센을 강조하는 감독은 영화의 시각적 요소 간의 배치를 통해 영화의 주제를 만들어낸다. 우연히 놓여 있는 것처럼 보이는 소품, 배경, 배우 등 그 모든 요소가 감독이 표현하고 싶은 주제를 위해 어떤 역할을 한다는 것이다.

■ 행위예술 : 전달하고 싶은 메시지를 육체를 통해 표현하는 예술이다. 주로 야외 공간에서 시연되며, 예술가가 그 자리에서 직접 연기함으로써 표현한다. 행위예술은 회화, 조각, 무용 등으로 갈래가 나뉜 예술 형식을 통합해 형식 사이의 구분을 없애기 위한 시도다. 한국 최초의 행위예술은 1968년에 시연된 강국진의 <투명 풍선과 누드>로 알려져 있다.

■ 부조리극 : 부조리는 불합리, 모순, 불가해 등을 뜻하는 단어다. 철학적 개념으로는 '전혀 의미를 찾을 수 없는 것'을 뜻한다. 1950년대 사무엘 베케트(Samuel Beckett), 장 주네(Jean Genet), 유진 이오네스코(Eugène Ionesco) 등의 작품은 이러한 부조리라는 관념을 연극으로 형상화했다. 인간이 삶의 목적을 발견하고 자신의 운명을 제어하기 위해 몸부림치는 것은 헛된 일이며, 인간은 절망과 혼동, 불안으로 가득한 버려진 존재라는 비관적 인식이 극의 주제다. 부조리한 세계를 그리는 부조리극의 언어는 논리가 사라진 채 뒤죽박죽인 경우가 많고, 문맥과 관련 없는 말장난, 진부한 상투어, 반복어 등으로 가득 차 있다. 《고도를 기다리며(Waiting for

Godot)》,《대머리 여가수(La cantatrice chauve)》 등이 대표작이다.

■ **서든데스** Sudden Death : 운동경기에서 정해진 시간 안에 승부를 가리지 못했을 경우, 연장전에서 먼저 득점하는 팀이 승자가 되고 그 즉시 경기가 종료되는 시스템을 가리킨다. 원래는 '돌연사'를 의미하는 단어다. 축구에서는 연장전에서 먼저 골을 넣는 팀이 승리하고, 그 골을 골든골이라한다. 선수들의 체력을 보호하고 게임의 흥미를 높이기 위해 1993년 세계청소년축구대회에서 최초로 도입했다. 골프에서는 메달 토너먼트에서 두명 이상의 동점자가 나왔을 때 연장에서 임의로 한 홀을 정해 그 홀에서가장 타수가 낮은 사람이 승리하게 된다.

■ **해트트릭** Hat Trick : 축구나 아이스하키 등 여러 명의 선수가 뛰는 종목에서 한 명의 선수가 한 경기에 3골 이상을 넣는 것을 말한다. 해트트릭은원래 크리켓 경기에서 투수가 연속해서 타자 3명을 아웃시켰을 때 투수의 명예를 칭송하고자 모자를 선물한 것에서 유래된 용어다. 야구에서는사이클링 히트를 달성한 타자를 의미하기도 한다. 주로 축구 용어로 많이알려져 있으며, 한 경기에서 6골 이상을 득점하는 경우는 더블 해트트릭이라고 한다.

■ **리베로** Libero : '자유'를 뜻하는 이탈리아어 단어다. 배구에서의 리베로는 수비를 전문으로 하는 선수를 뜻한다. 리베로는 후위 지역에서만 경기할 수 있고 서브, 블로킹을 할 수 없다. 같은 팀 선수들과 다른 색상의 유니폼을 입으며, 리베로 선수는 교체 횟수에 제한이 없다. 축구에서의 리베로는 최종 수비수지만 공격에도 적극적으로 가담하는 선수를 말한다. 수

비수는 자신이 마크해야 할 선수가 있는데, 리베로는 전담해야 할 상대 선수가 없어 다른 수비수를 보조하거나 공격에 적극적으로 뛰어든다. 공격에 자유롭게 가담할 수 있어 리베로라 불린다.

■ 와일드카드 Wild Card : 축구, 테니스, 체조, 야구 등 일부 스포츠 종목에서 출전 자격을 얻지 못했지만 특별히 출전이 허용되는 선수나 팀이다. 가령, 올림픽 축구에서는 23세 이하만 출전하는 것이 규정이지만 23세 이상의 선수 3명을 와일드카드로 쓸 수 있다. 야구에서의 와일드카드는 포스트 시즌에 진출하지 못한 팀 중에서 기량이 뛰어난 팀에 플레이오프의 기회를 주는 것을 뜻한다. 와일드카드에는 한 경기를 더 치르거나 원정 경기를 치러야 하는 등의 불이익이 주어지기도 한다. KBO 리그에서는 정규 시즌 5위 팀에 다시 한번 기회를 주는 것을 말한다.

■ 맥거핀 Macguffin : 영화에서 굉장히 중요한 것처럼 등장한 인물, 사건, 사물이 영화가 끝날 때까지 아무것도 아닌 것처럼 사라져버리는 것을 말한다. 헛다리 짚기 장치다. 관객들의 궁금증을 자아내고 시선을 집중시키지만, 혼란만 유발하고 긴장감만 높일 뿐 결국 아무 의미도 없는 것이다. 히치콕 감독이 영화 <사이코>에서 사용하면서 보편화되었다. 가령, <미션 임파서블>에 등장하는 '토끼발'은 매우 위험한 것으로 암시되어 주인공이 온갖 고생을 하지만, 그 실체는 결국 공개되지 않는다. 맥거핀은 이야기의 전개를 유도하고 관객의 기대심리를 배반함으로써 긴장감을 유발한다.

■ 화이트워싱 Whitewashing : 문자 그대로는 더러운 곳에 흰색 페인트로

덧칠하는 행위를 말하지만, 영화에서 원작과 상관없이 무조건 백인 배우를 캐스팅하는 할리우드의 관행을 일컫는다. 1961년 영화 <티파니에서 아침을>에서 백인 배우인 미키 루니가 일본인 역할을 맡았던 것이 대표적 사례. <마션>의 한국계 과학자 '민디 박', <닥터 스트레인지>의 티베트인 '에이션트 원'도 모두 백인이 캐스팅되어 논란이 일었다. 최근에는 화이트워싱이 인종차별적 관행이라는 비판이 거세지자, 일본계 역할에 캐스팅되었던 백인 배우가 출연하기로 한 영화에서 스스로 하차하는 일도 벌어졌다.

▸ 인종차별을 혁파하기 위해서 우리는 어떤 노력을 해야 할까? (한동대학교)

■ **카피레프트** Copyleft : 지식과 정보에 대한 저작권(copyright)의 반대 개념으로, 창작물에 대한 권리를 다른 사람들과 공유하자는 운동이다. 모든 지식은 이미 존재하는 지식을 바탕으로 발전하기 때문에 개인이나 기업이 어떤 지식을 독점하는 것은 옳지 않다는 생각이다. 지식을 공개하면 새로운 지식이 더욱 활발하게 발전할 수 있다는 믿음이 깔려 있다. 실제로 리눅스(Linux), 운영체제가 오픈 소스로 공개된 덕분에 전 세계 개발자들은 다양한 프로그램을 개발할 수 있었다. 스마트폰에 사용되는 안드로이드 운영체제도 리눅스 기반의 오픈 소스 운영체제다. 카피라이트는 창작자의 창작 의지를 높이며, 카피레프트는 광범위한 지식 활용의 기회를 넓힌다는 데서 각각 의의가 있다.

■ 드래프트 시스템 Draft System : 프로 스포츠에서 입단이 결정된 신입 선수들을 한데 모은 뒤, 스카우트를 하려는 팀들이 각 후보자 중에서 한 명씩 번갈아 뽑는 제도를 말한다. 이를 통해 스카우트 경쟁이 불필요하게 과열되는 것을 막고, 우수한 선수들이 균형 있게 분배될 수 있다. 원래 야구에서 시행되던 제도였으나 현재는 배구, 축구, 농구 등 스포츠 전 분야에서 도입하고 있다. 더 나아가 기업이나 정부 기관에서 이직 대상 후보 직원을 모아 역량을 투명하게 공개하고, 부서장이나 상사가 지목하는 방식으로 활용되기도 한다.

〈확인 문제〉
대입 면접 합격을 위한 만점 전략

주제어를 학습한 후 다음의 질문에 대답해보자.

❶ 다음의 주제어 중에서 새롭게 익힌 단어를 골라 √표를 하자.

01 프리마돈나·디바	02 레퀴엠	03 몽타주
04 카메오	05 필름누아르	06 독립영화
07 스크린쿼터	08 데우스엑스마키나	09 세계 3대 영화제
10 프레타포르테	11 팝아트	12 오브제
13 매너리즘	14 전위예술	15 패럴림픽
16 오마주	17 소나타	18 팝페라
19 뉴웨이브	20 레게	21 투시법
22 미장센	23 행위예술	24 부조리극
25 서든데스	26 해트트릭	27 리베로
28 와일드카드	29 맥거핀	30 화이트워싱
31 카피레프트	32 드래프트 시스템	

❷ 가장 흥미 있는 주제어를 정한 후 그 용어에 대한 정의와 관련된 확장 개념을
정리해보자.

❸ 수록된 〈면접, 논술 기출 질문〉 중 하나를 정해서, 면접관에게 답변한다고
가정하며 자신만의 논리를 전개해보자.

❹ 위의 주제어 중에서 과목별 에세이를 작성한다면 어떤 것을 선택할 것인가?
그 내용은?

공학 계열에
꼭 필요한 어휘

자연과학을 기초로, 공동의 안전이나 복지를 위해 유용한 사물이나 환경을 만들어내는 것을 목적으로 하는 학문이다. 토목·건축·기계·금속·전기·전자·화학·컴퓨터공학 등이 대표적인 분야다. 자연과학이 이미 존재하는 현상에 대해 연구하는 것에 반해, 공학은 추구하는 목적에 도달하기 위해 지금 존재하지 않는 것을 만들어내고자 하는 연구의 방향성을 갖고 있다. 공학을 실천하는 사람을 엔지니어 또는 기술자라고 부른다.

▶ 관련 전공 학과

건축학, 분자학, 공업화학, 교통공학, 금속공학, 기계공학, 나노공학,

도시공학, 로봇공학, 멀티미디어학, 메카트로닉스공학,

모바일시스템공학, 반도체학, 산업공학, 섬유공학, 세라믹공학,

소프트웨어공학, 시스템공학, 신소재공학, 자원공학, 원자력공학,

자동차공학, 재료공학, 전자공학, 전기공학, 정보통신공학,

제어계측공학, 조경학, 조선공학, 지구해양과학, 컴퓨터공학, 토목공학,

항공우주공학, 항공운항공학, 해양공학, 화학공학, 환경과학 등

▶ 나는 이 계열에 얼마나 어울리는 사람일까? 체크해보자.

☐ 수학이나 과학 등 기초 과목에 소질이 있다.

☐ 무엇인가를 설계하고 만드는 것에 관심이 많다.

☐ 무슨 일이든 분석적으로 따지는 경향이 있다.

☐ 일을 가장 효율적으로 해결하는 방법을 찾는 것을 좋아한다.

☐ 공간지각 능력이 좋고, 어릴 때부터 과학 현상에 대한 호기심이 많았다.

☐ 기계를 보면 그 안에 숨어 있는 작동 원리가 궁금하다.

☐ 게임을 하다가 게임은 어떻게 개발한 것인지 생각이 발전할 때가 있다.

☐ 새로운 전자 기기에 관심이 많아 종종 얼리어답터(early adopter)라는 얘기를 듣기도 한다.

☐ 복잡하고 어려운 수학 문제를 끝까지 물고 늘어져 해결하는 것에 쾌감을 느낀다.

☐ 랜섬웨어 *   ☐ 빅데이터 *   ☐ 디지털 포렌식 *

☐ 휴머노이드 *   ☐ 광섬유   ☐ 바이오 디젤 *

☐ 희토류   ☐ 스마트 팜 *   ☐ HACCP

☐ 탄소섬유   ☐ 언택트   ☐ 스테레오 *

☐ 반도체 *   ☐ 탄화수소   ☐ 비트코인

☐ 스트리밍 *   ☐ 드론   ☐ 사물인터넷 *

☐ 딥페이크 *   ☐ 밈 *   ☐ 인포데믹 *

☐ OTT *   ☐ 테더링   ☐ RFID

01 랜섬웨어 Ransomware

▶ 정의 : 사용자 PC를 인질로 삼는 보안 공격.

유괴범은 대부호였던 톰 멀런의 아들을 납치하고 아들의 몸값으로 200만 달러를 요구한다. 200만 달러라는 거액의 몸값과 아들의 목숨을 사이에 두고 아버지와 유괴범 사이에 숨 막히는 두뇌전이 펼쳐진다……. 1996년 멜 깁슨 주연의 영화 〈랜섬〉의 내용이다. 어떤 무리한 조건이라도 무조건 응할 수밖에 없을 정도로 소중한 것을 담보로 부르는 몸값이 바로 랜섬이다.

랜섬웨어는 몸값을 뜻하는 'Ransom'과 제품을 뜻하는 'Ware'의 합성어다. 조금 과장되게 표현하면 현대인들에게 유괴된 가족만큼이나 소중한 것 중 하나가 컴퓨터에 저장된 데이터들이다. 중요한 작업 파일이나 이메일, 사적 역사가 누적된 사진 파일 등 잃어버리면 심각한 일이 벌어지는 중요한 자료들이 개인의 컴퓨터에 누적되어 있다. 대상을 기업으로 확장하면 그 심각성은 더 커진다. 랜섬웨어는 그 자료들을 노린다.

랜섬웨어에 걸리면 자신도 모르는 사이에 중요한 파일들이 암호화되어 아무것도 열리지 않는다. 해커들은 해독용 백신을 제공하는 대가로 금품이나 비트코인을 요구한다. 여간한 전문가가 아닌 이상, 해독용 프로그램 없이 망가진 파일을 복구하기는 불가능하다. 심지어 대가를 지불한다고 해도 파일이 복구된다는 보장도 없다. 감염된 자료의 가치가 높을수록 높은 랜섬을 지불하게 된다.

랜섬웨어는 주로 불법 프로그램을 설치하거나 이메일에 첨부된 파일을 열 때 자동으로 설치된다. 최근에는 보안이 취약한 사이트

에 잠복해 있다가 보안 패치가 설치되지 않은 방문자를 공격하기도 한다. 2017년 전 세계를 공포에 몰아넣은 유명 랜섬웨어로는 워너크라이, 페트야 등이 있다. 이로 인해 전 세계의 유명 기업이나 공공기관이 큰 피해를 입었다. 국내의 한 영화관은 랜섬웨어의 공격으로 인해 발권이나 상영이 모두 멈춰버린 초유의 사태를 맞기도 했다.

최신 랜섬웨어는 점점 더 다양한 신종 악성 코드를 활용하는 지능형 공격 양상을 보인다. 정부 기관은 이에 대한 피해를 막고자 예방 지침을 발표하고 있다. 소프트웨어는 최신 상태로 업데이트하고 백신은 주기적으로 점검하며, 발신인을 알 수 없는 이메일은 열람하지 말아야 한다. 불법적 콘텐츠 공유 사이트는 방문을 삼가고, 중요한 자료들은 늘 안전한 곳에 백업해두는 것이 좋다.

IT 기술의 발전은 인간 삶의 질을 높이고 날이 갈수록 더 고도화된 기술의 혜택을 누릴 수 있도록 도와준다. 하지만 이와 더불어 이를 활용한 악성 범죄도 증가하고 있는데, 대표적인 예가 랜섬웨어다.

기출문제

▸ 랜섬웨어가 무엇인지 말해보시오. (서울여자대학교)

▸ 해킹과 악성 프로그램을 구분해보시오. (숙명여자대학교)

▸ 사이버 범죄는 무엇이 있는가? (가톨릭대학교)

02 빅데이터 Big Data

▶ 정의 : 기존의 데이터베이스로는 수집·저장·분석 따위를 수행하기가
어려울 만큼 방대한 양의 데이터.

　문자 메시지를 보내고, 검색하고, 유튜브로 동영상 보고, 멜론으
로 음악 듣고, 온라인 쇼핑을 하고, 트윗하고, 인스타그램에 사진
을 올리고, 넷플릭스로 영화를 본다……. 누군가의 하루다. 이 평
범한 하루 동안 그는 자신도 모르는 사이에 어마어마한 양의 정보
를 생산했다. 그리고 그가 만들어낸 그 정보들은 어딘가에 저장되
어, 분석되고 해석되며 활용된다. 얼핏 사소하고 무가치해 보이는
이 데이터들이 쌓이면 정보 처리 기술이 발달한 현대의 디지털 환
경 속에서 중요한 의미를 지닌 자료로 변모한다. 이렇게 누적된 단
일 데이터 집합의 크기가 수십 테라바이트(TB)에서 수 페타바이트
(PB)에 이르게 된 거대한 데이터를 빅데이터라 한다.

　2016년 알파고와 이세돌 9단의 바둑 대결은 인간과 빅데이터가
정면으로 맞붙은 최초의 싸움이었다. 알파고는 프로 바둑기사 기
보 3,000만 수를 학습한 후 패턴을 추출해 최적의 승리 확률을 뽑
는 전형적 빅데이터 활용 방식으로 이세돌 기사에 맞섰다. 대국 전
만 해도 고도의 두뇌 싸움인 바둑에서 컴퓨터가 인간을 이기는 것
은 불가능하다는 전망이 대세였다. 그러나 결과는 전 세계 사람들
에게 큰 충격을 안겼다. 빅데이터에 기록되지 않았던 신의 한 수로
이세돌 기사가 단 한 번 이겼을 뿐, 나머지 네 번의 싸움은 알파고
가 승리한 것이다. 인간을 능가하는 인공지능의 시대가 시작되었

음을 알리는 상징적 사건이었다.

인류는 지금 빅데이터 시대에 살고 있다. 인류가 탄생한 이후 지금까지 쏟아낸 정보의 총량 정도를 현대에는 하루 이틀 만에 만들어낸다. 그리고 이 누적된 데이터 안에는 필요한 모든 정보가 들어 있다. 복잡한 사회현상에 대한 정확한 예측도 가능하고, 개인들은 자신에게 필요한 맞춤형 정보를 받을 수 있으며, 이를 통해 과거에는 꿈도 꾸지 못했던 다양한 것들이 실현된다. 질병이나 문제적 사회현상에 대해 미리 경고할 수 있고, 심지어 유사 이래 처음으로 인간의 행동까지 예측할 수 있다고 한다. 교통, 날씨, 자연재해 등 생활의 편의와 안전과 관련된 정보에서부터 정치, 사회, 경제, 문화 등 전 영역에 걸쳐 인간에게 가치 있는 정보를 제공할 수 있다.

그러나 빅데이터가 지닌 이러한 잠재력은 다른 측면에서는 커다란 위험요소로 작용할 수 있다. 빅데이터 자체가 수많은 개인의 사적 정보 집합체이기에, 자칫하면 고유하게 보존되어야 할 개별적 사생활이 임의로 노출되고, 내가 모르는 목적을 위해 내 정보가 이용될 수도 있기 때문이다.

기출문제

▸ 빅데이터의 매력은 무엇이라 생각하는가? (경기대학교)
▸ 빅데이터라는 말은 어디서 비롯된 단어인가? (고려대학교)

▶ 정의 : PC나 노트북, 휴대폰 등 각종 저장매체 또는 인터넷상에 남아 있는 다양한 디지털 정보를 분석해 범죄 단서를 찾는 수사 기법.

　현대인들의 일상은 대부분 디지털 기기와 함께하고 있다. 그러다 보니 원하든 원치 않든, 어떤 형태로든 디지털 데이터에 흔적을 남기기 쉽다. 범죄자들도 다르지 않다. 요즘은 어떤 범죄에 대한 범인의 행적과 심리를 좇는 과정에서 그들이 디지털 기기에 남긴 족적을 추적하는 것이 수사의 기초가 되었다. 실제로 세상을 떠들썩하게 했던 사건 중 디지털 데이터에 대한 분석이 사건을 해석하기 위한 절대적 단서가 되었던 경우가 많았다. 세월호 참사에서는 배가 침몰하는 상황에서, 대피하지 말고 그 자리에 가만히 있으라고 지시했던 지도부의 우매함과 안일함이 학생들의 문자 메시지에 고스란히 담겨 있었다. 연예인 불법 동영상 촬영이나 숙명여고 시험지 유출 사건 등에도 디지털 정보에 대한 수사가 결정적인 증거들을 제공했다.

　이처럼 컴퓨터, 노트북, 휴대전화 등 각종 디지털 기기나 네트워크상에 남아 있는 디지털 정보를 분석해서 범죄 단서를 찾는 수사 기법을 디지털 포렌식이라 한다. 포렌식(Forensics)은 '법의학적인, 법정의'라는 뜻의 형용사다. 즉 디지털 포렌식이란 디지털 정보를 수집해 사법기관에 제출할 수 있도록 법적으로 효용성 있는 데이터로 뽑아내는 작업을 뜻한다. 범죄자가 디지털 기기에 남아 있는 범행의 흔적을 삭제하면, 수사관은 삭제된 데이터를 복구하거나 미처 삭제되지 않고 잠복된 정보를 찾고자 시도한다.

디지털 포렌식은 정보통신 기술이 발달하는 것과 비례해 점점 더 고도화되고 있다. 개인용 컴퓨터에서 시작했던 것이 이제는 스마트폰, 디지털카메라, 애플리케이션, 클라우드, CCTV, 네트워크 등으로 분석 범위가 넓어지고 있다. 활용 용도도 다양해서 처음에는 각종 범죄에 대한 과학수사를 위해 주로 이용했던 것이 이제는 민간 기업의 회계감사, 내부 감사 등 다양한 비즈니스 영역에서 이용되고 있다. 클라우드, 사물인터넷, 빅데이터로 대표되는 제3 플랫폼이 부각됨에 따라 앞으로 디지털 포렌식의 범위에도 많은 변화가 예상된다.

디지털 포렌식을 통해 수집한 자료들이 법정에서 증거로 효력을 갖기 위해서는 반드시 지켜야 하는 원칙이 있다. 우선 적법한

절차를 준수해서 증거가 수집되어야 한다. 위법한 방법으로 수집된 증거는 아무리 결정적 메시지를 담고 있어도 법적 효력을 잃는다. 또한 그렇게 수집된 증거가 위조, 변조되지 않았음을 증명할 수 있어야 하며, 증거가 재판이나 법정의 검증 과정에서도 항상 동일하게 재현되어야 한다. 이처럼 증거물이 획득, 이동, 분석, 보관, 제출에 이르는 각 단계에서 디지털 증거가 훼손되지 않아야 한다.

갈수록 디지털 범죄가 급증하는 현대사회에서 이제 디지털 포렌식은 선택이 아닌 필수가 되었다. 우리나라는 대검찰청에 디지털 포렌식 센터를 두고 있고, 일선 검찰청에도 디지털 포렌식 인력을 속속 배치하고 있다. 국가디지털포렌식센터에는 대검찰청 과학수사부가 근무하면서 디지털 포렌식과 사이버 범죄 관련 수사 등을 진행하고 있다.

기출문제

‣ 디지털 포렌식에 있어서 가장 중요한 것은 무엇이라고 생각하는가?
(국민대학교)

‣ 디지털 포렌식 보안 분야와 관련해서 알고 있는 정보를 말해보시오.
(극동대학교)

‣ 사이버 수사관이 하는 일이 무엇인가? (호서대학교)

04 휴머노이드 Humanoid

▶ 정의 : 인간의 신체와 유사한 모습을 갖춘 로봇.

    2004년 개봉된 영화 〈아이, 로봇〉은 인간과 공생하게 된 로봇들이 스스로 지능을 갖고, 인간에게 반란을 꿈꾸는 잿빛 미래를 그리고 있다. 원작은 SF 소설의 대부 아이작 아시모프(Issac Asimov)의 동명 소설이다. 소설이 발표된 시기가 1950년대라는 사실은 놀랄 만하다. 아주 오래선에 상상한 미래의 모습이 시금 봐도 선혀 낯설지 않을 뿐만 아니라, 소설이 그리고 있는 로봇이라는 존재가 조금씩 우리 주변에서 존재를 드러내고 있기 때문이다.

    '로봇'은 '강제노동'을 뜻하는 체코어 'Robota'에서 유래된 말이다. 1920년대 체코인 작가 차페크(Karel Capek)가 처음 사용했다. 로봇이란 인간의 행동이나 작업 등을 자동으로 할 수 있게 만든 기계장치를 말한다. 인간을 대신해 집 안을 알아서 청소해주는 둥 그런 기계장치도 로봇이다. 로봇 중에서 사람의 모습을 닮은 것을 휴머노이드라 한다. 인간을 뜻하는 'Human'과 '닮다'라는 의미의 '-oid'가 결합한 합성어다. 사람과 비슷한 외모에 두 팔을 지니고, 두 다리로 걷는 로봇이 휴머노이드다.

    휴머노이드 개발에 일찍부터 관심을 기울인 나라는 일본이다. 세계적으로 유명한 휴머노이드는 혼다의 '아시모', 후지쓰의 '홉', 소니의 '큐리오' 등이다. 아시모는 인간처럼 사람의 손을 잡고 두 발로 걸으며, 인공지능이 탑재되어 안내원 업무까지 수행할 수 있다. 홉은 유연성이 뛰어나 물구나무서기나 종이에 글씨 쓰기 같은 미세한 작동이 가능하며, 큐리오는 사람의 음성을 듣고 풍부한 감정적 표현을 하는 것으로 유명하다.

    우리나라의 대표적 휴머노이드는 카이스트의 '휴보', KIST의 '마루'와 '아라' 등이다. 휴보는 자연스럽게 걷고, 춤추고, 심지어 가위바위보도 할 수 있다. 마루와 아라는 인공지능형 로봇으로 상대방을 바라보며 누구인지 알아맞힐 수 있다고 한다.

더욱더 인간과 비슷한 휴머노이드를 만들기 위한 기술 개발은 끊임없이 진화를 거듭하고 있다. 영국 기업 지오믹에서는 실제 사람의 얼굴을 한 휴머노이드 생산을 앞두고 있다. 이 로봇들은 고독한 노인들의 친근한 동반자로 제공될 계획이라고 한다. 독일의 연구진은 휴머노이드의 온몸에 인공 피부를 이식하는 데 성공했다. 인간의 피부에는 수백만 개의 감각수용기가 있어 수많은 데이터를 취합하고 뇌에 보내 빠르게 처리한다. 휴머노이드의 인공 피부에 미세한 감각 센서를 탑재하면, 각 셀이 취득한 데이터를 분석해 자극에 적합하게 반응할 수 있다. 이들은 사람과 협업해야 하는 작업장에서 유용하게 쓰일 것으로 전망된다.

이처럼 진화된 휴머노이드에 대한 전 세계 과학자들의 관심은 날로 뜨거워지고 있다. 가까운 미래에 영화에서만 보았던 일들을 일상에서 아주 자연스럽게 경험하게 될지도 모를 일이다.

기출문제

▸ 인공지능이 갖춰야 할 능력이란 어떤 게 있을까? (2020 고려대학교)

▸ 4차 산업혁명의 화두 가운데 하나는 인공지능이다. 인공지능이 발전함에 따라 전쟁에도 인공지능이 사용될 수 있는 상황이 되었다. 근자에 인공지능을 탑재한 전투로봇이 개발되어 인간의 동제를 벗어나 민간인을 무차별 살상할 수 있다는 가능성이 제기되고 있다. 어떻게 하면 이러한 인공지능의 부작용을 없앨 수 있을 것인가? (동국대학교)

05 광섬유 Optical Fiber

▶ 정의 : 중심부 유리를 통과하는 빛이 전반사가 일어나도록 한 광학적 섬유.

전기는 아무리 전선이 구부러져 있어도 전선만 이어져 있다면 어느 방향으로든 전류를 전달할 수 있다. 그러나 빛은 그렇지 않다. 빛은 항상 직진하며, 절대 휘어져 움직이지 않는다. 부분적으로 반사나 굴절이 일어나기도 하지만, 전선을 타고 달리는 전기처럼 자유자재로 이동할 수는 없다. 그런데 만약 빛이 전기 신호처럼 자유롭게 전달될 수 있다면 어떨까? 광섬유는 이를 가능하게 한다.

광섬유는 1/100mm 정도 굵기의 가느다란 석영 유리 섬유다. 굴절률이 높은 코어가 중심에 있고, 굴절률이 낮은 클래딩이 바깥에서 코어를 감싸고 있다. 코어의 한쪽 끝으로 들어간 빛은, 코어와 클래딩의 경계면에서 전반사를 연속하며 앞으로 전달된다. 전반사란 굴절률이 높은 매질에서 굴절률이 낮은 매질로 빛이 이동할 때 입사각이 임계각보다 클 경우, 빛이 전부 반사되는 현상을 말한다. 이런 원리에 따라 광섬유가 어떤 모습으로 휘어져 있다 할지라도, 빛은 섬유의 안쪽 벽면에서 전반사를 거듭 반복하며 앞으로 나아간다. 광섬유는 여러 분야에서 유용하게 활용되고 있다.

광섬유는 1963년 듀퐁사에 의해 개발되었고, 1980년대 말 미쓰비시 레이온사에서 특허를 받아 발전시켰다. 빛의 진로를 마음대로 유도할 수 있는 특성 때문에 광섬유는 장식용 램프나 내시경 등에 널리 이용된다. 최근에는 광통신 케이블로 사용하는 데 성공해 첨단 신소재로 주목받고 있다. 광섬유는 구리 케이블보다 더 많

296

은 정보를 잡음 없이 전달할 수 있다. 머리카락 하나 정도의 굵기면 수십만 회선의 전화 신호를 주고받을 수 있다. 게다가 구리 전선은 이동하는 동안 저항을 받아 거리가 멀어질수록 전류가 약해지는데, 광섬유는 수십 킬로미터 거리를 이동해도 신호가 약해지지 않는다. 따라서 광케이블은 전류량을 증폭시키기 위한 중계기가 거의 필요하지 않아 장거리 통신에 필요한 비용을 획기적으로 줄일 수 있다. 광섬유의 원료가 되는 규소는 어디서나 쉽게 구할 수 있기에 대부분의 국가에서 구리 전선을 광케이블로 교체하는 작업을 진행하고 있다.

우리나라에서는 1977년부터 광섬유 국산화를 위한 기술 개발 연구에 돌입했다. 최근에는 5G 광통신 수요에 대비해 광통신에 필요한 각종 부품 연구의 국산화에 전력을 기울이고 있다. 광 모듈, 광 분배기, 광 송신기, 광 수신기 등을 국내 기술로 개발할 계획이다. 특히 광 모듈 활용에 필요한 광원 소자, 광학 소자, 수광소자 등 광통신의 경쟁력을 좌우하는 핵심 칩을 중점적으로 양산하고자 한다. 그간 광통신 부품에서 우위를 선점하고 있던 일본과의 무역 갈등이 심화되면서 광통신 관련 영역에서도 핵심 기술에 대한 국산화가 시급해진 것이다.

06 바이오 디젤 Bio Diesel

▶ 정의 : 콩, 쌀겨, 유채 따위에서 추출한 식물성 기름을 원료로 만든 바이오 연료.

국가 간 갈등이 발생할 때마다 세계적 산유국들이 원유를 무기화할 위험은 언제든 도사리고 있다. 원윳값 변동에 따라 세계경제의 수많은 지표가 요동친다. 연료는 세상을 움직이는 가장 막강하고 기초적인 힘이기 때문이다. 하지만 석유로 대표되는 화석연료는 매장량이 한정되어 있어 언젠가는 바닥을 드러낼 것이다. 고갈되지 않고 지속해서 생산될 수 있는 에너지원에 대한 탐색이 불가피하다.

동식물 등 바이오매스(biomass)에서 추출되는 에너지를 통틀어 바이오 에너지라 부른다. 이 중에서 폐식용유, 유채꽃, 콩 등과 같은 식물성 유지를 알코올과 반응시켜 만든 것을 메틸에스터라 하고, 그중 순도 높은 것을 바이오 디젤이라 부른다. BD5는 바이오 디젤 5%에 경유 95%를 혼합한 것이고, BD20은 바이오 디젤 20%에 경유 80%를 혼합한 것이며, BD100은 바이오 디젤 100%를 말한다.

유럽에서는 유채꽃, 미국에서는 대두유, 우리나라는 대두유와 폐식용유를 주된 원료로 사용한다. 이 중에서 바이오 디젤에 대한 보급량은 유럽이 가장 크기에, 유채꽃이 바이오 디젤의 원료로 가장 많이 사용된다. 그 외에도 다양한 원료를 계속 탐색 중인데, 자트로파처럼 먹지 못하는 식물은 재배가 쉽고 저렴해서 차세대 바이오 디젤의 원료로 주목받고 있다.

바이오 디젤은 기존의 화석 에너지 사용에서 비롯된 대기오염이나 온실효과를 감축할 수 있다. 우리나라의 이산화탄소(CO_2) 배출량은 세계 10위권 안에 들 정도로 많은 편이다. 바이오 디젤은 이산화탄소와 독성이 높은 오염물질의 배출이 적은 데다, 식물에서 생산되므로 고갈될 염려가 없다. 그러나 아직은 성분의 안전성이 떨어져 바이오 디젤을 주유한 차량이 운행 중 시동이 꺼지는 현상이 발생하곤 했다. 제조원가도 현재 개발 상태로는 아직 경유보다 비싸 경제성에 대한 대책 마련이 필요하다. 더 나아가 식물 원료를 재배하기 위해 살충제나 비료를 소비한다면 결과적으로 환경에 오히려 악영향을 끼치는 것은 아닌지 재고해야 할 필요가 있다.

우리나라는 1988년부터 바이오 연료에 관한 연구에 뛰어들었다. 폐식용유와 식물성 오일, 대두유 등을 섞어 바이오 디젤로 전환하는 연구가 진행되었고, 2006년부터 바이오 디젤이 상용화되

어? 어디서 치킨 냄새가?

실제 닭 튀기는 냄새가 난다고 합니다!

기 시작했다. 그러나 우리나라 업체에서 바이오 디젤을 생산하기 위해 사용하는 원료는 전량 수입에 의존하고 있기에, 바이오디젤이 값비싼 수입 원유에 대한 대안이 되기에는 한계가 있다.

▸ 신재생에너지는 왜 개발해야 할까? (2020 서울대학교)

▸ 바이오 에너지의 원리에 대해 설명해보시오. (2020 서울대학교)

▸ 국가적 차원에서 에너지 부족을 어떻게 해결해야 하는가? (2019 고려대학교)

▸ 미래에 자신이 개발해보고 싶은 신재생에너지가 있다면 무엇인지 설명하시오. (2017 국민대학교)

07 희토류 Rare Earth Element

▶ 정의 : 원자번호 57번부터 71번까지 15개 원소에 스칸듐과 이트륨을 포함시킨 총 17개의 원소.

2019년 중국과 미국의 무역 전쟁이 격해지는 와중에 중국 정부는 공식적으로 희토류의 무기화를 시사했다. 중국은 전 세계 희토류의 95%를 생산한다. 미국은 연간 1만 1천t 이상의 희토류를 수입하는 최대 수요국이며, 수입량의 80% 이상을 중국에 의존한다. 그러니 중국이 마음만 먹는다면 얼마든지 희토류로 미국을 압박할 수 있다. 실제로 중국은 2010년 일본과의 센카쿠 열도 분쟁이 발생하자 일본에 대한 희토류 수출을 전면 금지했다. 일본은 하루 만에 백기투항하고 중국에 사과했다. 덩샤오핑은 '중동에 석유가 있다면, 중국에는 희토류가 있다'고 자부했을 정도로 현재 희토류가 세계시장에서 지닌 영향력은 막강하다.

희토류는 말 그대로 '희귀한 흙'이라는 뜻이다. 어떤 특정한 원소나 광물의 이름이 아니라, 원자번호 57번 란타넘(La)부터 71번 루테튬(Lu)까지의 란타넘족과 21번 스칸듐(Sc), 39번 이트륨(Y)까지의 17종류 원소를 총칭하는 말이다. 간혹 악티늄족이 포함되기도 한다. 이러한 광물들은 화학적으로 안정되고 열전도율이 좋으며 전기적, 자성적, 발광적 성질이 탁월해 다양한 환경 분야와 첨단 제품에 이용된다. 첨단산업에 없어서는 안 된다는 뜻으로 '첨단산업의 비타민', '첨단산업의 쌀'이라 불리기도 한다.

희토류는 전기차와 하이브리드 자동차, 풍력발전, 태양열발전 등 21세기 저탄소 녹색성장에 필수적인, 영구자석 제작에 꼭 필요한 물질이다. 또한 반도체, 스마트폰 등의 전자 기기를 비롯해 미사일 등의 군사 무기에도 널리 사용된다. 희토류 중에서 가장 많이 소비되는 네오디뮴(Nd)은 전체 희토류 소비의 40%를 차지한다. 네오디뮴을 첨가한 자석은 자력이 10배 이상 강해져 자석을 소형화할 수 있다. 이렇게 희토류는 소재의 성능을 향상하는 특성이 있어 많은 산업에서 필수 원료로 주목받는다.

사실 희토류가 귀한 이유는 매장량이 적기 때문이 아니다. 이름과 달리 희토류의 매장량은 생각보다 풍부하다. 다만 매장된 원석에서 순물질을 추출하는 것이 매우 어렵다. 채굴하고 가공하는 과정에서 극단적인 환경오염과 산업재해가 발생하기에 선진국의 까다로운 법적 기준에 맞춰 희토류를 생산하는 것은 거의 불가능하다. 이런 이유로 희토류는 주로 땅이 넓은 개발도상국에서 생산된다. 중국, 브라질, 러시아, 콩고민주공화국 등의 나라가 세계적 희토류의 산지가 된 것도 이러한 조건에 부합되기 때문이다.

무분별한 개발이 진행되었던 중국 남부 지역에서는 심각한 환경 파괴가 자행되어 산림이 훼손되고 산이 무너지고 식수원이 오염되었다. 그런데도 중국이 희토류 생산을 포기할 수 없는 이유는 앞으로도 4차 산업혁명 관련 산업에서 희토류가 핵심 소재로 부상하며, 희토류의 가치가 점점 더 높아지고 있기 때문이다. 희토류의 가치가 높아질수록 다양한 국제분쟁에서 중국이 활용할 수 있는 압박 카드가 하나 더 늘어나는 셈이다.

08 스마트 팜 Smart Farm

▶ 정의 : 정보통신 기술을 농업 전반에 접목해서 작물의 생육 환경을 관리하고 생산효율성을 높일 수 있는 농장.

'뼛골 빠지게 일한다'는 표현이 있다. 기계화 이전의 농업은 그야말로 강도 센 노동을 농부에게 요구했다. 농업은 대표적인 노동집약적 산업이었다. 노동집약적 산업이란 생산에 필요한 여러 가지 요소 중 기술이나 장비가 아니라 주로 사람의 노동력에 의존하는 산업을 의미한다. 별다른 기술이 없어도 노동력만 투자하면 웬만큼 결과물을 얻을 수 있지만, 투자된 노동력에 비해 값싼 저부가가치 상품을 얻는 것이 노동집약적 산업의 특징이다.

4차 산업혁명의 물결은 농업에도 변화를 몰고 왔다. 빅데이터, 인공지능, 로봇, 사물인터넷 등이 접목된 농업은 21세기를 이끌어 갈 새로운 고부가가치 산업의 하나로 새롭게 조명되고 있다. 이처럼 농사 기술에 첨단 정보통신 기술이 적용되어 지능화된 농장을 스마트 팜이라 한다. 스마트 팜에는 재배하는 농작물에 적합한 습도, 온도, 이산화탄소 농도, 일사량, 영양분 등을 분석해서 각각의 요소를 자동으로 제어할 수 있는 장치가 구비되어 있다. 농산물에 최적화된 환경이 유지되므로, 단위면적당 생산량이 많아지는 것은 당연하다.

　최첨단의 드론이나 로봇도 동원되어 인간의 노동을 대신한다.

중국에서 개발한 농약 살포 드론은 인간이 화학물질에 노출되는 위험을 줄여주면서도 광범위한 지역에 효과적으로 농약을 뿌릴 수 있다. 프랑스의 드론은 경작지의 작물을 스스로 분석해 각 작물에 필요한 비료를 선택적으로 살포한다. 미국에서 개발된 잡초 제거 로봇은 잡초와 농작물을 인식하면서 빠른 시간에 잡초만 제거해서 제초제의 사용을 획기적으로 줄였다.

우리나라의 스마트 팜 시장 규모도 해마다 가파르게 증가하는 추세이며, 대기업들도 스마트 팜 사업에 열정적으로 뛰어들고 있다. 기존의 비닐하우스보다 생산성이 비약적으로 높아진 첨단 온실이나, 식물공장과 같은 대규모 지능형 스마트 팜이 구축되는 중이다. 실제로 빅데이터로 소비자의 식생활 패턴을 분석해 출하량을 예측하고, 스마트 팜을 활용해 재배한 채소를 새벽에 빠르게 배송하는 업체들이 성업 중이다.

그러나 스마트 팜의 활성화를 위해 아직은 해결해야 할 과제가 많다. 대부분의 스마트 팜은 막대한 자본 투자가 필요한 대규모 기업형 농업이다. 주로 대기업이 주도하는 이유가 그것이다. 스마트 팜이 발전하면 그에 따라 새로운 일자리가 창출되겠지만, 반대급부로 기존의 농민층은 급속도로 붕괴할 것이 뻔히 예측된다. 실제로 큰 기업에서 스마트 팜으로 토마토 대량생산을 기획한 적이 있지만, 농산물 가격 하락을 우려하는 농민들의 반대로 무산되었다. 그러나 전 지구적 관점에서 생각해보면, 인구 증가와 기후변화로 인해 미래에는 식량 부족 문제에 봉착할 것이 자명하다. 그 문제를 해결할 열쇠가 스마트 팜 산업에 달려 있다고 해도 과언이 아니다. 지혜로운 상생의 방안이 필요한 시점이다.

▸ 과학기술이 발달하면서 일어나는 문제점을 친환경적으로 해결한 사례에 대해 말해보시오. (연세대학교)

09 HACCP 위해요소중점관리기준

▶ 정의 : 식품의 원재료 생산에서부터 최종 소비자가 섭취하기 전까지 각 단계에서 생물학적, 화학적, 물리적 위해요소가 해당식품에 혼입되거나 오염되는 것을 방지하기 위한 위생 관리 시스템.

원시인들이 생존을 위해 먹을 것을 사냥하거나 재배했듯, 현대인들은 식생활을 위해 각종 식료품을 구매한다. 그런데 우리가 먹는 대부분의 식재료들은 제 손으로 직접 기른 것이 아니다. 여기서 문제가 발생한다. 과연 먹어도 괜찮을까? 뭘 넣어서 만든 제품일까? 혹시 먹어서 탈이 나지는 않을까? 식품은 다른 공산품들과 달리 우리 몸으로 직접 섭취하는 것이기에, 다른 어떤 상품보다 유해성에 대해 민감할 수밖에 없다.

그래서 염려하는 소비자를 안심시키기 위해 상품 포장지는 식품에 대한 총체적 정보를 제공한다. 유통기한, 영양 분석, 생산지, 생산 과정, 알레르기 특이성 등등. 그리고 이 식품이 안전하다는 증거로 포장지 한구석에 HACCP 표시를 넣는다.

HACCP이란 위해요소(Hazard)를 분석(Analysis)해서, 그를 막기 위해 중요하게(Critical) 관리(Control)해야 할 항목(Point)을 파악하는 것을 의미한다. '해썹', 혹은 '위해요소중점관리기준'이라 한다. 식품이 원재료에서 출발해 제조, 가공, 보존, 유통, 조리 단계를 거쳐 최종적으로 소비자의 식탁에 놓이기까지 각 단계별로 어떤 잠재적 위험이 발생할 수 있는지를 규명한 후 이를 중점적으로 관리하기 위한 과학적, 위생적 체계를 수립한 것이 HACCP이다.

HACCP은 1960년대 미국 NASA에서 우주인에게 제공될 완전무결한 식품을 만들기 위해 처음으로 고안한 방법론이다. 당시 우주식품을 생산하던 한 기업이 이 방법을 적용해 효과적으로 상품을 생산하자, 미국 FDA에서는 우주식품뿐만 아니라 미국의 다른 식품들의 생산에도 이 제도를 적용할 것을 권고한다. 이후 HACCP은 전 세계적으로 널리 확산되었다.

간헐적으로 발생하는 음식물 위생 사고는 국민에게 큰 충격과 불안을 안겨준다. 다량의 납 성분이 검출되어 큰 파문이 일어났던 중국산 배추김치 사건이나, 불량 재료를 넣어 속칭 쓰레기 만두라 불렸던 냉동만두 파동, 아직도 완전히 해결되지 않은 다국적 기업 맥도날드의 햄버거병 등. 이 모든 것은 결론적으로 식품에 대한 관리가 미흡해서 생겨난 사건들이다. 우리나라는 1995년부터 HACCP을 식품위생법에 명시했고, 이를 담당하는 기관으로 한국식품안전관리인증원을 설립했다. HACCP의 의무 적용 품목은 점점 확대되어 2019년 초 기준 전체 가공식품 생산량의 85% 정도가 HACCP 인증을 받았다.

HACCP의 관리는 7원칙 12절차로 규정된 매뉴얼에 따라 방법론이 체계화되어 있다. 식품 기업이 HACCP 인증을 받기 위해서는 위와 같은 까다로운 인증 절차를 통과해야만 한다. 새로운 설비를 투자하고, 익숙하게 사용하던 성분들을 바꾸기도 한다. 그러나 이렇게 인증을 통과한 식품에서도 간간이 문제가 발생해 아직 HACCP 인증 제도가 완전하지 않다는 사실이 밝혀질 때도 있다. 단체 급식으로 식중독을 일으킨 업체들도 대부분 HACCP 인증을 받은 업체들이다. HACCP에 대한 지속적인 개선이 필요하다. 최근에는 기존의 HACCP 시설에 사물인터넷을 도입해 중요 관리점을 자동화하는 스마트 HACCP이 개발 중이다.

10 탄소섬유 Carbon Fiber

▶ 정의 : 원사 안에 탄소가 92% 이상 함유된 섬유. 철에 비해 무게는 4분의 1에 불과하지만 10배의 강도와 7배의 탄성을 갖고 있는 섬유.

　국내 기업 효성그룹이 2028년까지 탄소섬유 사업에 1조 원을 투자하기로 발표했다. 미래산업의 쌀로 불리는 탄소섬유는 그동안 일본이 세계시장을 장악하고 있었다. 세계 탄소섬유 생산의 2/3 정도를 차지하는 일본과의 무역 전쟁에서 흔들리지 않으려면 탄소섬유 산업에 대한 국산화는 시급한 과제라 할 수 있다.

　탄소섬유는 수많은 탄소 원자가 길게 늘어서 분자 사슬을 이루고 있는 섬유다. 실 안에 탄소가 92% 이상 함유되어 있는데, 철과 비교하면 무게는 1/4 정도지만 철보다 10배가 강하고, 7배나 탄력적이다. 전도성이 높고, 부식에 강하며, 고온에서도 크게 변형되지 않는다. 섬유의 지름은 $10\mu m$ 내외로 극히 가늘다. 탄소섬유의 가장 큰 장점은 무엇보다 가볍다는 점이다. 철을 사용해야 하는 모든 용도에 대체할 수 있지만 그 무게가 월등히 가벼우므로 무한한 응용이 가능하다. 그 때문에 탄소섬유를 꿈의 신소재, 미래산업의 쌀이라 부르는 것이다.

탄소섬유는 지금부터 약 100여 년 전인 1880년, 발명가 에디슨(Tomas Edison)이 전구의 필라멘트에 사용하면서 알려지기 시작했다. 이후 미국의 화학섬유 기업 유니언 카바이드사에서 레이온이라는 초기 탄소섬유를 개발했고, 일본과 영국도 뒤이어 개발에 성공하면서 미국, 일본, 유럽이 탄소섬유에 대한 선진 기술을 보유하게 되었다. 탄소섬유에 대한 상업적 활용은 1970년대 일본 기업 도레이에서 아크릴섬유를 제조하면서부터 본격화되었다.

현재 탄소섬유는 전 세계 다양한 기업에서 뜨거운 관심을 보이는 핵심 소재다. 애플은 스마트폰과 노트북의 주요 자재를 탄소섬유 기반으로 생산하고 항공기, 자동차, 선박, 철도 등 무거운 철을 사용해야 했던 산업에서는 탄소섬유를 이용한 생산에 앞다투어 돌입하고 있다. BMW, 람보르기니를 비롯한 국내외 자동차 기업들은 가볍고 튼튼한 자동차 생산을 위해 탄소섬유를 이용한 생산 시스템을 구축했다. 항공과 우주 분야에서도 비행기나 인공위성의 주요 동체를 탄소섬유로 대체했고, 그 밖에도 의류, 스포츠 용품과 같은 일상적인 소비재에도 탄소섬유는 두루 활용되고 있다. 건축물이나 설비 재료에서도 탄소섬유의 특장점은 빛을 발한다.

이처럼 '검은 보석'으로까지 추앙되는 탄소섬유를 우리나라에서는 2012년까지 전량 수입에 의존해왔다. 하지만 조금씩 국내 신소재 전문 기업들이 자체적 탄소섬유 생산을 위한 기술 개발과 설비투자에 돌입하면서, 우리나라도 국제무역 전쟁에서 탄소섬유의 무기화에 대응하기 위한 자생력을 강화하고 있다.

11 언택트 Untact

▶ 정의 : 접촉을 뜻하는 콘택트(contact)에 부정·반대를 뜻하는 언(un)을 붙인 신조어.

2020년, 사람들의 기대와 달리 코로나19의 여파가 장기화되면서 사회의 많은 부분이 변했다. 가장 압도적인 변화는 사람들 사이의 접촉을 피하는 문화의 확장이다. 언택트는 이러한 환경 속에서 등장한 신조어다. 콘택트(contact)에 부정의 의미인 언(un-)을 합성한 것으로, 우리말로는 '비대면'으로 풀이된다.

사실 언택트는 정확한 영어식 표현은 아니다. 비대면은 non-contact, contactless, no touch 등으로 표현해야 올바르지만, 우리나라에서는 언택트라는 용어가 많이 쓰인다. 처음에는 패스트푸드점에 등장한 키오스크의 주문 방식을 설명하기 위해 창안되었으나, 이후 코로나19 사태가 확산되면서 사회 전반의 거리 두기 문화를 두루 지칭하는 말로 의미가 넓어졌다.

외출이나 출근을 하지 않는 사람들은 일상생활의 많은 부분을 온라인에 의존하게 되었다. 작업은 온라인으로 처리하고, 식사는 배달 업체를 이용하며, 쇼핑은 온라인 몰을 활용한다. 회의, 교육, 문화생활도 비대면으로 진행할 수 있도록 방법론과 기술이 점점 진화하고 있다.

코로나19의 확산으로 인해 오프라인 기반의 많은 산업이 고전을 겪는 반면, 언택트 방식의 산업군은 오히려 유례없는 발전과 성장을 기록했다. 최근에는 온라인과 오프라인이 연결되어 타인과 접촉하지 않고도 매체와 수단을 넘나들며 다양한 방식의 소비가 가능해졌다. 온라인에서 구매한 물건을 대형 매장에서 찾아가고, 스타벅스 상품을 온라인으로 주문해서 새벽배송으로 받을 수도 있다.

사회적 거리 두기가 장기화되면서 바깥세상과 소통하고 싶은 사람들의 욕망은 온라인을 통해 세상으로 뻗어가고 있다. 언택트를 넘어 온택트(ontact)의 시대가 도래한 것이다.

〈한걸음 더〉
대입 논술 만점을 위한 개념어휘

■ 스테레오 Stereo : 입체적인 음감을 주기 위해 여러 개의 회로와 신호로 음을 재생하는 것이다. 입체음향을 뜻하는 스테레오포닉(Stereophonic)을 줄여서 '스테레오'라 한다. 일반적으로 두 개 이상의 스피커에 맞춰 데이터를 사용하는 2채널 재생 및 녹음을 뜻한다. 반대로 한 개의 스피커로만 음향을 내보내는 것을 '모노'라 한다. 보통 스테레오와 모노가 음질을 구별하는 개념이라 알고 있지만, 실제로 음질과는 상관이 없다. 스테레오가 두 개 이상의 스피커를 여러 장소에 배치해서 소리가 입체적이고 현실감이 높아 고음질이라 느껴지는 것뿐이다.

기출문제

▸ 트랜지스터의 증폭 원리에 대해 설명해보시오. (2019 건국대학교)

■ 반도체 : 도체와 절연체의 중간 정도의 전기 전도성을 갖는 물질이다. 이러한 물질에 화학적 처리를 하면 전류를 흐르게 할 수도 있고 전류의 흐름을 조절할 수도 있다. 낮은 온도에서는 거의 전류가 통하지 않으나, 온도를 높이면 전기 전도성이 높아진다. 대표적인 반도체는 게르마늄이나 실리콘에 비소, 안티몬, 인듐, 갈륨 등과 같은 물질을 넣은 것이다. 이 밖에도 특정한 용도에 따른 다양한 반도체들이 있다. 다이오드, 트랜지스터, 집적회로 등의 전자소자를 만드는 데 사용된다.

▸반도체란 무엇인가, 반도체는 언제 전류가 흐르나? (한국기술교육대)

■ 탄화수소 : 탄소와 수소로만 이루어진 탄소화합물이다. 탄화수소는 유기화합물의 모체를 이룬다. 성상에 따라 지방족 탄화수소와 방향족 탄화수소로 나누어진다. 가장 간단한 구성의 탄화수소는 탄소 원자 1개와 수소 원자 4개로 이뤄진 메테인(CH_4)이다. 탄소 원자는 다른 원자와 결합할 때 4개의 전자가 결합에 관여한다. 이처럼 다른 원자에 비해 결합 횟수가 많고 다양한 종류의 결합을 할 수 있기에 자연에는 매우 많은 탄소화합물이 존재한다. 일상에서 가장 흔히 접하는 대표적인 탄화수소 물질은 석유다. 탄화수소는 인간 생활의 여러 분야에서 폭넓게 이용되고 있다.

■ 비트코인 Bitcoin : 지폐나 동전처럼 눈에 보이거나 실생활에서 통용되는 화폐가 아니라, 온라인 거래상으로 유통되는 가상의 디지털 화폐다. 컴퓨터 정보의 기본 단위인 비트(Bit)와 동전(Coin)의 합성어다. 2009년 '사토시 나카모토'란 필명을 가진 신원불명의 프로그래머가 개발해 발행하기 시작했다. 중앙은행 없이 전 세계적 범위에서 P2P 방식으로 개인 간에 자유롭게 송금 등의 금융거래를 할 수 있게 설계되어 있다. 광산에서 금을 캐듯 채굴자로 표현되는 사람들이 공개된 소프트웨어로 비트코인을 채굴하는 것이 특징이다. 금융위기 이후, 달러화의 가치 하락이 우려되면서 대안 화폐로도 주목받았다. 통화공급량이 엄격히 제한되고 있지만 완전한 익명성이 보장되어 마약 거래, 무기 밀매와 같은 범죄에 악용될 가능성이 지적되고 있다.

■ 스트리밍 Streaming : 인터넷상에서 음성이나 동영상 등의 영상물을 하나가 아니라 여러 개로 나누어 물 흐르듯이 보내 실시간 재생하는 기법이다. 보통 파일을 수신할 때는 일단 내려받은 뒤에 여는 작업을 하지만, 동영상처럼 크기가 큰 파일을 재생할 때에는 내려받는 데 시간이 오래 걸릴 수 있다. 이럴 때 콘텐츠가 여러 개로 나뉘어 도달하면 수신할 때 전체 콘텐츠의 다운로드를 기다릴 필요가 없다. 하드디스크의 용량도 제약받지 않고, 속도도 빠르게 콘텐츠의 감상이 가능하다.

▸유튜브와 같은 동영상 매체가 활자 책에 비하여 갖는 장점과 단점을 말하고 단점을 보완하기 위한 방안을 말해보시오. (공주교육대학교)

■ 드론 Drone : 조종사가 탑승하지 않고 무선전파 유도로 비행과 조종을 할 수 있는 비행기나 헬리콥터 모양의 무인기를 뜻한다. 드론이라는 말은 '낮게 윙윙거리는 소리'를 뜻하는 단어로, 드론이 비행할 때 발산하는 소리가 벌이 날아다니며 윙윙대는 소리와 비슷하다고 해서 붙여진 이름이다. 처음에는 군사적 용도로 개발했지만 현재는 영상 촬영, 기상정보 수집, 농약 살포 등 용도가 확대되고 있다. 25g 정도의 초소형부터 10t이 넘는 초대형까지 다양하며, 점차 상업적 목적의 민간용 드론이 여러 분야에서 활약하고 있다

■ 사물인터넷 : 스마트폰, PC를 넘어 자동차, 냉장고, 세탁기, 시계 등 모든 사물이 무선통신 기술을 통해 인터넷에 연결되는 것을 말한다. 인터넷

에 연결된 사물들은 인공지능 기술을 통해 데이터를 주고받으며 스스로를 분석하고, 학습된 정보를 사용자에게 제공하기도 한다. 사용자는 원격으로 이를 조정한다. 사물인터넷은 개인의 일상뿐만 아니라, 산업 부문이나 공공 부문에서도 다양하게 활용된다. 그러나 최근 취약한 보안을 틈타 사생활이 유출되는 등 부작용이 드러나기도 했다.

기출문제

▸ 플랫폼 경제가 우리 사회의 핵심 이슈로 등장하고 있다. 인터넷을 기반으로 가치를 창출하는 경제를 플랫폼 경제라고 정의했을 때, 지원자의 전공 분야를 응용하여 플랫폼 경제를 구현한 사례를 설명하시오. (2019 국민대학교)

■ 딥페이크 Deepfake : 스스로 학습한다는 의미의 'deep learning'과 가짜를 뜻하는 'fake'의 합성어로, AI가 사람의 이미지를 합성한 영상을 말한다. 예전에 다른 사람의 몸에 얼굴만 조악하게 잘라 붙이던 것과 다르게, 인공지능이 대상의 표정과 안면 근육을 분석해 이제는 정교하고 사실적인 합성물의 생성이 가능해졌다. 딥페이크를 구현하는 앱까지 등장해서 누구나 합성 영상을 만들 수 있는 상황이 되니 이를 이용한 범죄도 증가했다. 정치적 가짜뉴스부터 포르노 필름에 유명인의 얼굴을 합성한 딥페이크 포르노에 이르기까지, 다양한 방식의 범죄에 이 기술이 활용되고 있다. 이에 대한 규제 방안이 마련되지 않는다면 딥페이크는 미래에 가장 끔찍한 기술로 전락할지도 모른다.

▸ 안면 인식 기능이 발달되어 사회 곳곳에서 활용될 경우 발생할 수 있는 문제와 이점에 대해 논리적으로 말해보시오. (2018 경희대학교)

■ 밈 Meme : 리처드 도킨스의 유명한 저서 《이기적인 유전자》에서 처음으로 등장한 개념이다. 인간의 형질이 유전자를 통해 전달되고 진화하듯, 비유전적인 인간의 문화도 중간 매개체를 통해 타인에게 전달되는데, 이 중간 매개체를 밈이라 한다. 즉 유전적인 정보를 전달하는 gene처럼, 문화적 정보는 meme을 통해 전달된다. 밈은 사람들의 두뇌에 전염되어, 그들의 태도를 바꾸면서 스스로를 복제하기에 마인드 바이러스로도 불린다. 패션, 사상, 노래, 생산방식 등 사람들의 문화 심리에 영향을 미치는 모든 것이 밈이다. 현대에는 인터넷상에서 인상적이거나 재미있어 널리 유행하는 짤막한 콘텐츠를 의미하기도 한다.

▸ 사회 구성원 간에 충돌하는 집단기억을 타당하게 비교분석하는 방안에는 무엇이 있을까? (2020 한양대학교)

■ 인포데믹 Infordemic : '정보'를 뜻하는 'Information'과 '유행병'을 뜻하는 'epidemic'의 합성어다. 허위 정보나 악성 루머 등이 인터넷을 통해 매우 빠르게 퍼지는 현장이다. 단순히 소문이 확산되는 것만이 아니라, 이를 통해 사회적 혼란과 갈등이 양산되고, 개인 프라이버시가 침해되며, 심

각할 경우 국가적 안보를 위협하고 경제적 위기를 초래하기도 한다. 2010년 연평도포격사건이 아군의 연출이라는 괴담이 유포되었던 일이나, 메르스 유행 당시 낯선 질병에 위축된 국민들에게 메르스에 대한 비과학적 예방법이 유행했던 일이 대표적이다. 가수 타블로에 대한 학력위조 루머는 개인의 프라이버시를 심각하게 훼손했던 거짓 의혹이었다. 그 폐해가 심각하고 광범위해서, 인포데믹은 디지털 시대의 흑사병으로 불리기도 한다.

> ### 기출문제
>
> ▸최근 SNS를 통해 프라이버시와 인격권 침해 등 윤리적 문제가 중요한 쟁점으로 제기되고 있다. 이러한 문제를 방지하는 일은 왜 중요한가? (2017 성신여자대학교)

■ OTT Over The Top : 문자 그대로 번역하면 '셋톱박스를 넘어서'라는 의미이다. top은 케이블 TV의 셋톱박스를 뜻한다. 광대역 인터넷과 이동통신의 발달로, 영화나 드라마와 같은 영상을 셋톱박스라는 매개체 없이 PC, 스마트폰, 태블릿 컴퓨터 등 다양한 플랫폼에서 시청할 수 있게 되었다. 대표적인 OTT 서비스로 넷플릭스와 유튜브가 있다. OTT 서비스의 발달은 초고속 인터넷의 보급으로 가능해졌으며, 인터넷 속도가 보장되면서 끊기지 않는 동영상 시청이 가능해졌다. 그런 이유로 대부분의 OTT 서비스는 2000대 중후반부터 보급되었다. 2006년 구글은 유튜브를 인수했고, 2007년 애플은 애플TV를 선보였다. 국내 지상파 방송으로는 POOQ 등이 있다.

▸ OTT가 영상 산업에 미치는 영향에 대해서 설명하시오. (대진대학교)

■ 테더링 Tethering : 1990년대 PC로 인터넷에 접속하려면 모뎀(modem)이 필요했다. 휴대폰이 모뎀의 기능을 하면서 다른 외부 기기의 인터넷 사용을 가능하게 하는 방법을 테더링이라 한다. 테더는 밧줄이라는 뜻으로, 테더링은 밧줄로 연결한다는 의미가 된다. 노트북, 테블릿, PDA 등의 IT 기기들이 스마트폰을 통해 인터넷에 접속할 수 있다. 유선 케이블을 연결하거나 블루투스, Wi-Fi 같은 무선 연결의 방법이 있다.

■ RFID Radio Frequency Iidentification : 태그, 라벨, 카드 등에 극소형의 반도체 칩을 붙여 여러 정보를 저장하고, 이를 무선주파수를 이용해 읽어내는 시스템을 말한다. 바코드와 달리, 물체에 직접 접촉하거나 조준하지 않아도 데이터를 읽을 수 있다. 장애물이 있어도 정보를 인식하고, 반복적 기록도 가능하며, 물리적 손상만 없으면 반영구적으로 쓸 수 있다. 바코드보다 많은 양의 데이터를 저장할 수 있어 차세대 인식 기술로 꼽힌다. 도서관의 출납 관리, 대중교통 요금 징수, 대형 할인점의 계산 등 일상의 여러 분야에서 다양하게 활용된다.

대입 면접 합격을 위한 만점 전략

주제어를 학습한 후 다음의 질문에 대답해보자.

❶ 다음의 주제어 중에서 새롭게 익힌 단어를 골라 √표를 하자.

01 랜섬웨어	02 빅데이터	03 디지털 포렌식	
04 휴머노이드	05 광섬유	06 바이오 디젤	
07 희토류	08 스마트 팜	09 HACCP	
10 탄소섬유	11 언택트	12 스테레오	
13 반도체	14 탄화수소	15 비트코인	
16 스트리밍	17 드론	18 사물인터넷	
19 딥페이크	20 밈	21 인포데믹	
22 OTT	23 테더링	24 RFID	

❷ 가장 흥미 있는 주제어를 정한 후 그 용어에 대한 정의와 관련된 확장 개념을 정리해보자.

❸ 수록된 〈면접, 논술 기출 질문〉 중 하나를 정해서, 면접관에게 답변한다고 가정하며 자신만의 논리를 전개해보자.

❹ 위의 주제어 중에서 과목별 에세이를 작성한다면 어떤 것을 선택할 것인가? 그 내용은?

자연과학 계열에
꼭 필요한 어휘

자연과학은 자연에 존재하는 일반적인 원리를 합리적
이고 논리적인 방법으로 밝혀내는 학문이다. 공학, 의
학과 같은 응용과학의 기초를 이루며, 순수한 지식의
탐구 자체를 목적으로 하는 학문이라는 의미에서 순수
과학이라고도 한다.

▶ 관련 전공 학과

물리학, 수학, 화학, 정밀화학, 생명공학, 유전공학, 천문학,

지구환경과학, 지구정보공학, 대기과학, 우주과학, 천문학, 농공학,

원예학, 축산학, 수산학, 식품공학, 식품영양학, 의류의상학, 조리과학,

지리학, 지질학, 환경과학 등

▶ 나는 이 계열에 얼마나 어울리는 사람일까? 체크해보자.

☐ 수학이나 과학 등 기초 과목에 흥미와 소질이 있다.

☐ 과학적 원리에 대해 의문이 생기면 해결될 때까지 파고든다.

☐ 학교 다니는 동안 동아리나 단체 활동은 과학 관련된 것을 주로 선택했다.

☐ 어릴 때부터 '왜'라는 질문을 많이 했다.

☐ 논리적 오류를 조목조목 잡아낼 수 있다.

☐ 수학이나 과학 과목의 공식들은 원리와 유도 과정을 이해해야 직성이 풀
   린다.

☐ 해결되지 않는 문제에 집착하는 경향이 있어 끈질기게 매달리곤 한다.

☐ 눈에 보이는 자연현상의 숨은 원리에 대해 호기심이 생길 때가 많다.

▶ **8주차에 나오는 학습 어휘이다. 한눈에 익히자.**

(＊기출문제 포함)

☐ 줄기세포 *   ☐ 유전자 변형 생물 *   ☐ 유전자 가위 *

☐ 트랜스 지방 *   ☐ 라돈   ☐ 다이옥신 *

☐ 패러다임 *   ☐ 엔트로피   ☐ 카오스이론

☐ 열섬 현상 *   ☐ 람사르협약 *

☐ 교토의정서·파리기후협약 *   ☐ 대체 육류 *

☐ 가이아 이론 *   ☐ 열역학 *   ☐ 쿼크 *

☐ 싱크홀   ☐ 마하수   ☐ 환경호르몬

☐ 피톤치드   ☐ 힉스 입자 *   ☐ 리튬폴리머 전지

01 줄기세포 Stem Cell

▶ 정의 : 신체 조직으로 분화할 수 있는 세포.

　국내에서 금지된 줄기세포 시술을 받고자 중국이나 일본 등지의 해외에서 불법으로 치료받던 환자들이 부작용에 시달리거나 사망하는 사건이 벌어지곤 한다. 그만큼 아직 안전성이 입증되지 않은 치료법인데도, 목숨을 건 도박에 줄을 설 정도로 줄기세포에 기대를 거는 사람들이 많다. 도대체 줄기세포에는 어떤 능력이 숨어 있는 것일까?

　줄기세포란 아직 특정한 세포로 분화가 진행되지 않아 필요에 따라 몸을 구성하는 모든 종류의 세포로 분화할 가능성을 가진 세포를 말한다. 가령, 우리 몸에 난 상처를 아물게 한다거나 감기로 망가진 후각 신경세포를 다시 살린다거나 하는 것 등이 줄기세포의 힘이다.

줄기세포에는 수정란에 존재하는 배아줄기세포와, 출생 이후 몸의 여러 조직에 존재하는 성체줄기세포가 있다. 배아줄기세포는 몸을 이루는 모든 종류의 세포로 분화할 수 있고, 노화가 되지 않기 때문에 한 개의 배아줄기세포로 수많은 환자의 치료에 필요한 다양한 조직을 얻을 수 있다. 그러나 배아줄기세포는 그 자체가 곧 하나의 생명이므로 치료 수단으로 이용하기에는 윤리적인 문제가 발생한다. 성체줄기세포는 성체가 된 후에도 조직이나 기관으로 이미 분화된 세포들 사이에 남아 있는 줄기세포다. 사람의 피부, 골수, 제대혈 등에서 얻을 수 있다. 모든 기관으로는 분화하지 못하고 피부, 힘줄, 혈구 등 몇 가지 조직으로만 제한적으로 분화한다.

앞으로의 의학은 기존의 약물 치료나 수술과 같이 질병에 대처하는 치료법이 아니라, 아예 손상된 세포나 장기를 새로 바꾸는 재생의학이 대세가 될 거라는 전망도 있다. 줄기세포 연구자들이 꿈꾸는 장밋빛 미래는 암이나 당뇨병 같은 난치병에 대한 치료법을 찾는 것은 물론, 총 200개가 넘는 우리 몸의 기관과 장기를 새로 만들어 대체하는 것이다. 요즘에는 성형외과나 피부과에서 줄기세포를 이용한 노화 방지 시술을 시행해서 회춘을 꿈꾸는 많은 사람들 사이에 뜨거운 감자로 떠오르고 있다.

그러나 줄기세포를 이용한 시술은 아직 안전성을 확보하지 못한 상태다. 배양 중 세포가 괴사해버리거나, 반대로 암세포처럼 무한 증식되기도 한다. 부작용에 대한 대책이 마련되지 않았음에도, 다른 방법을 찾지 못한 환자들의 절망을 이용해 불법적 이윤을 챙기는 업체가 성행하는 것이 현실이다. 그만큼 줄기세포가 지닌 대체 불가능한 효용성이 막강하다는 의미다.

여러 국가에서 경쟁적으로 연구에 막대한 자원을 투자하는 만큼 줄기세포를 이용한 치료법은 향후 지속해서 발전할 것으로 전망된다.

기출문제

▸유전자 복제 기술의 발전으로 과거의 멸종식물들을 살려낼 수 있다면 본인이 살려내고 싶은 멸종동물과 그 이유를 설명하시오. (2017 세종대학교)

02 유전자 변형 생물 GMO : Genetically Modified Organism

▸ 정의 : 유전자 조작 기술을 이용해 인위적으로 변형 및 조작된 유전물질을 포함하고 있는 살아 있는 모든 생물체.

2018년 8월, 식약처가 GMO 감자의 수입을 최종 승인했다. 수입 대상은 미국 회사 심플롯의 튀김용 감자로, 잘 변색하지 않고 튀겼을 때 유해물질이 생겨나지 않도록 유전자를 조작한 감자다. 그동안 한국은 옥수수, 대두, 면화, 캐놀라 등 6가지 유전자 변형 작물에서 특정 성분을 추출해 사용했다. 그러나 감자는 원재료를 그대로 먹는 작물이다. 아직 유전자 변형 작물의 위험성에 대한 검증이 마무리되지 않은 터라 논쟁이 격해졌다.

유전자 변형 생물은 DNA 재조합 기술 등을 이용해 한 생물체

속에 다른 생물체의 유전자를 끼워 넣어, 새로운 성질을 갖도록 변형하거나 조작한 생물체다. 생물에 대한 유전자 조작은 상품의 질을 높이거나 경작에 편한 방식으로 변형시켜 생산성을 높이는 목적으로 많이 사용된다. 이는 씨 없는 수박이나 방울토마토처럼 농작물을 자연적으로 교배해 새로운 품종을 만드는 '육종'과는 다르다. 자연적 교배가 아니라, 다른 동식물에서 추출한 유전자를 주입하는 인위적 조작이기 때문이다.

유전자 조작 기술은 인슐린을 대량생산하는 의학적 용도 등으로 먼저 사용되었다. 이것이 식품의 모습으로 드러난 것은 1994년 미국에서 개발된 무르지 않는 토마토다. 이를 시작으로 해충에 저항성이 높은 옥수수, 비타민 A 결핍을 막는 황금쌀, 오메가3를 생산하는 돼지, 빠르게 자라는 연어 등 갈수록 다양한 GMO 생물이 개발되고 있다.

유전자 변형 생물은 유용성과 위험성을 동시에 내포하고 있어 찬반 논란도 첨예하게 대립한다. 찬성하는 입장에서는 해충에 잘 견디고 쉽게 부패하지 않는 유전자를 지닌 작물을 개발하면 전 지구적 식량문제를 해결할 수 있다고 주장한다. 점점 증가하는 육류에 대한 요구도 값싸고 잘 자라는 사료를 개발하면 획기적으로 가축의 생산량을 늘려 문제를 해결할 수 있다는 것이다. 더구나 GMO 사료를 활용하면 단백질 생산에 필요한 석유 자원도 아낄 수 있기에 환경문제에 일조할 수 있다는 의견이다. 특정 영양소에 대한 결핍도 선택해서 충족할 수 있고, 의학 성분이 강화된 식품을 개발해 질병 치료에도 도움을 받을 수 있다는 것이 찬성론자들의 주장이다.

그러나 유전자 변형 생물은 안정적인 자연 상태의 유전자가 파괴되어 생겨난 돌연변이이기 때문에 서서히 부작용이 드러나고 있다. 반대론자들은 GMO에 잠복된 부작용은 아직 다 밝혀지지 않았고, 언젠가는 그로 인해 생태계에 심각한 교란이 발생할 것이라고 경고한다. 실제로 병충해에 강하도록 개발된 작물 때문에 살충제에 더 강력한 내성을 지닌 슈퍼잡초가 출현하기도 했다. 그 밖에도 다양한 동물실험에서 부작용 사례가 보고되고 있다.

각국에서는 GMO 작물이 포함된 상품에는 제품에 함량 표시를 해서 소비자의 정당한 알 권리를 보장하도록 GMO 표시 법안을 마련하고 있다.

기출문제

▸ 유전자 변형 식품(GMO)으로 인해 발생하는 문제점과 해결법에 대해 말해보시오. (2019 연세대학교)

03 유전자 가위 Genetic Scissors

▶ 정의 : 특정 염기 서열을 인지해 해당 부위의 DNA를 절단하는 제한효소.

동식물 유전자의 특정 부분을 정교하게 잘라내는 기술을 유전자 가위라 한다. 유전자 가위는 쇠로 만들어진 도구가 아니라, 제거하고 싶은 특정 유전자에 결합해 DNA를 자르는 데 사용하는 인공효소다. 1970년 DNA의 특정한 염기 서열을 인식해 절단하는 제한효소가 발견되면서 연구가 시작되었다. 천연 유전자 가위라 할 수 있는 제한효소는 유전자 짜깁기 기술에 있어서 필수적인 요소다.

이후 인공 유전자 가위가 개발되어 본격적인 유전자 편집 기술이 발전한다. 1세대 징크 핑거, 2세대 탈렌을 거쳐 현재는 3세대 유전자 가위 크리스퍼(CRISPR)를 이용한 기술이 주목받고 있다. 크리스퍼는 대장균에서 발견된 반복적 염기 서열을 의미한다. 이후 그것이 유산균에서 특정 박테리아에 대한 면역을 기억했다가 다시 발현하는 기능을 하고 있음이 밝혀져 크리스퍼를 이용한 유전자 가위에 관한 연구가 가속화되었다.

유전자 가위 기술은 난치병에 대한 해결 방안으로 많은 환자의 기대를 모으고 있다. 지구 온난화로 멸종 위기에 처한 카카오나무와 같은 작물은 현재 유전자 가위 기술로 바이러스에 대한 저항성이 높은 유전자로 개량하는 연구가 진행 중이다. 같은 방식으로 혈우병이나 에이즈 같은 치명적인 질병에 대해서도 유전자 가위 기술이 유일한 희망으로 부각되고 있다. 크리스퍼 유전자 가위로 인해 그전까지 오랜 시간이 소요되던 유전자 편집이 이제는 며칠 안에 가능하다. 이런 이유로 크리스퍼 유전자 가위는 'DNA의 혁명'이라고까지 일컬어진다.

또한 유전자 가위는 부작용이 우려되는 유전자 변형 생물(GMO)에 대한 대안으로도 주목받고 있다. GMO 기술은 외부의 유전자를 삽입해 변이를 일으키는 것이지만, 유전자 가위는 자신의 유전자 중에서 약한 유전자를 잘라내어 스스로 유전자를 복원할 수 있도록 하는 기술이기 때문이다.

예를 들어, 병충해에 강한 GMO 콩이 식물에 동물 유전자를 주입한 것이라면, 유전자 가위를 이용한 콩은 병충해에 약한 DNA를 잘라내기만 하면 된다. 실제로 미국, 일본 등의 국가에서는 유전자 가위를 이용해 일부 유전자에 교정만 가한 작물을 'Non-GMO'라고 규정했다.

반면 유럽연합 국가들은 유전자 가위 기술 적용 작물도 넓은 의미에서 GMO이므로 규제해야 한다는 의견이다. GMO 문제의 심각성을 주장해온 한 학자는 유전자 가위 기술이 부분적으로 GMO와 다르다고 해서 안전한 것으로 간주해서는 안 된다면서, 어떤 기술이든 일말의 불확실성이 남아 있다면 당연히 규제해야 하는 것이 국가의 의무라고 주장했다.

유전자 가위는 안전성에 대한 검증 이외에도 윤리적 문제에 대한 논란도 초래했다. 2014년 중국에서는 유전자 가위로 원숭이 배아에서 특정 유전자를 바꾸는 데 성공했다. 같은 기술로 사람의 정자, 난자의 DNA를 뒤바꾼다면 원하는 대로 인간의 성별도 바꿀 수 있을 것이다.

기출문제

▶ 크리스퍼 유전자 가위에 대해 설명해보시오. (2018 중앙대학교)

04 트랜스 지방 Trans Fat

▶ 정의 : 액체 상태의 불포화 지방을 고체 상태로 가공하기 위해 수소를 첨가하는 과정(부분경화)에서 생성되는 지방.

지방에는 포화 지방과 불포화 지방이 있다. 포화 지방은 주로 동물성 기름에 많이 들어 있고, 상온에서 대체로 고체 상태다. 올리브유나 참기름과 같은 식물성 기름은 대부분 상온에서 액체이며, 불포화 지방산으로 이루어져 있다. 액체로 존재하는 불포화 지방산은 상온에서 장기간 보관할 경우 산패가 발생하고 맛이 떨어진다. 이 때문에 불포화 지방산에 인위적으로 수소를 첨가해 고체 포화 지방산을 만드는데 이것이 바로 트랜스 지방, 다른 말로 가공유지 식품이다. 대표적인 것이 마가린과 쇼트닝이다.

트랜스 지방은 처음 개발되었을 때 큰 인기를 끌며 급속도로 퍼져나갔다. 장기 보존이 쉬우니 가격이 싸고, 끓는점이 높아 높은 온도에서 조리할 수 있다. 고온에서 튀긴 요리들은 바삭바삭한 질감과 고소한 감칠맛을 내고, 요리한 후에도 산패가 적어 유통기한이 길다. 트랜스 지방을 사용해 만든 빵과 과자는 처음의 식감이 오래도록 유지된다. 그래서 공장에서 대량생산되어 길게 유통되는 라면이나 과자 등에는 트랜스 지방이 애용되고 있다.

비만의 원인으로 지탄받는 지방은 원래 우리 몸의 필수영양소 중 하나다. 과도하게 흡수되었다 할지라도 적당한 운동을 통해 분해되고, 각종 효소 작용으로 에너지원이나 신체 조직을 만드는 데 사용된다. 그러나 트랜스 지방은 자연적으로 존재하지 않던 물질이다. 때문에 우리 몸에서 분비되는 지방분해효소의 98%가 트랜스 지방을 분해하지 못한다. 섭취는 점점 늘어나지만 분해되지 않으니 몸 안에 점점 쌓여가는 것뿐이다. 쌓인 트랜스 지방은 체지방으로 축적되어 비만과 고지혈증을 유발하고, 혈관을 좁히는 나쁜 콜레스테롤을 증가시킨다. 심장병, 동맥경화, 뇌졸중, 암, 치매, 당뇨병, 대장암, 유방암 등 온갖 성인병의 주범인 것이다.

안 먹어야겠다고 결심해도, 트랜스 지방은 우리 식생활 곳곳에 숨어 있어 피하기가 쉽지 않다. 마가린, 쇼트닝, 마요네즈, 냉동 피자, 도넛, 케이크, 쿠키, 크래커, 팝콘, 각종 튀김 등에 트랜스 지방이 잔뜩 들어 있다. 패스트푸드가 바삭거리고 고소하며 부드러운 맛을 내는 것도 트랜스 지방 덕분이다.

그러나 트랜스 지방의 정체가 밝혀진 이후, 2006년 미국에서 시작된 트랜스 지방 퇴출 바람은 전 세계로 번지기 시작했다. 세계보건기구에서는 전체 열량 섭취에서 트랜스 지방의 섭취 비율을 1% 미만으로 권장하고 있다. 한국에서는 1일 섭취량을 2g으로 제한한다.

식생활에 대한 정보는 내 몸의 건강과 직결된 문제인 만큼 관심과 주의를 기울일 필요가 있다. 식물성 원료를 사용하고 있으니 트랜스 지방이 동물성 지방보다 몸에 좋을 것이라고 막연하게 생각하는 사람들도 아직 많다. 입에서 당긴다고 습관적으로 패스트푸드를 찾는 일이 반복된다면, 오랫동안 분해되지 못한 채 몸 안에 쌓여 있던 트랜스 지방으로부터 치명적인 공격을 당하는 날이 찾아올지도 모를 일이다.

▸3대 영양소가 무엇이며, 각 영양소에서 생성되는 노폐물을 말해보 시오. (2020 서울대학교)

05 라돈 Rn, Radon

▶ 정의 : 원소기호 Rn, 원자번호 86번 원소.

2018년 유명 브랜드 침대에서 대량의 라돈이 검출되어 전국적으로 큰 파장을 일으켰다. 매트리스에 음이온 파우더를 첨가하는 과정에서 라돈이 생성되었다고 한다. 하루 중 1/3의 시간을 보내는 침대에서 1급 발암물질인 라돈이 검출되었다는 소식은 국민들을 경악하게 했다. 제작사는 사과문을 내고 해당 침대를 전격 회수했지만, 이미 오랜 시간 침대를 사용했던 소비자들은 잠복된 재앙을 안고 불안하게 살아야 하는 처지가 되었다.

라돈은 공기, 물, 토양과 같은 자연계에 존재하는 비활성 기체다. 우라늄, 토륨 등의 원소가 방사성 붕괴를 하며 라듐을 배출하고, 라듐이 누출된 대기나 암석에는 라듐이 붕괴하며 라돈이 생성된다. 라돈은 지구상 어디에나 존재하지만 무색, 무취, 무미여서 사람이 느끼기는 어렵다. 라돈 가스는 공기보다 7.5배나 무겁기에 땅속에서 스며 나온 후 주로 대지 아래로 가라앉는다. 자연에서뿐만 아니라 콘크리트, 석고보드, 석면 등 건축 자재에서도 방사되어 실내로 침투한다.

그동안 라돈의 위험성에 관한 연구는 지속적으로 진행됐다. 1950년대에는 라돈이 폐암의 원인이라는 사실이 밝혀져 라돈에 대한 경각심이 고취되었다. 라돈은 지구를 이루는 천연 물질에서 발생해서 각종 건물의 지하로 가라앉기에 건물의 낮은 곳은 라돈 수치가 높다. 실내 공기가 순환되지 않은 채 한 공간에 오래 머물러도 라돈이 농축된다. 한번 들어온 라돈은 공간의 밑바닥에 가라앉아 쉽게 빠져나가지도 않는다. 라돈 저감을 위해 습관적으로 환기를 하자는 캠페인을 벌이고 있지만, 겨울철에는 오히려 찬바람이 들어오는 틈새까지 밀봉하는 집이 많아서 라돈의 실내 농도가 바깥보다 수백 배나 높아지기도 한다.

세계보건기구는 라돈이 흡연에 이어 폐암을 일으키는 두 번째 원인이라고 발표했다. 폐암 발생의 대략 10%가 라돈에서 유발된 것이라 한다. 미국 환경청은 라돈의 농도가 높은 실내에서 평생 흡연자로 살아갈 경우, 폐암의 발병 확률이 비약적으로 높아진다는 자료를 발표해 국민에게 라돈의 위험성을 강조했다.

일상에서 라돈을 줄이는 가장 손쉬운 방법은 주기적으로 환기하는 것이다. 또한 노후되어 여기저기 틈새가 노출된 건물은 갈라진 틈을 막아야 토양에서 라돈이 스며드는 것을 방지할 수 있다. 요즘에는 아예 건물을 신축할 때 라돈 저감 시공법을 이용하는 경우도 늘고 있다.

06 다이옥신 Dioxin

▶ 정의 : 2개의 산소 원자로 2개의 벤젠 고리가 연결되어 있고, 그 이외에 염소가 결합되어 있는 방향족 화합물.

1967년, 미군 비행기가 베트남 비무장지대에 대량의 고엽제를 살포했다. 밀림의 나뭇잎을 없애 시야를 확보함으로써 게릴라전을 막고, 숨어 있는 베트남 부대를 쉽게 발견하기 위해서였다. 고엽제를 담은 용기에 오렌지색 띠가 둘러 있어 '오렌지 작전'이라고도 불렸다. 그런데 곧 살포된 고엽제에 다이옥신이 함유되어 있다는 사실이 밝혀지면서 국제 여론이 들끓게 된다. 미국은 그해에 바로 이 작전을 중지했지만, 그때 살포된 다이옥신의 후유증은 아직까지 이어지고 있다. 살포 당시에 몇백만 명에 달하는 베트남 사람들이 다이옥신으로 인해 직접적인 피해를 입었고, 얼마 지나지 않아 기형아들이 속출했다. 우리나라의 참전 용사들도, 제초제를 뿌린 미군들도 지속적으로 고통에 시달리고 있다.

다이옥신은 산소 원자 한두 개에 벤젠고리 두 개가 연결된 여러 종의 물질을 통칭하는 일반명사다. 독성으로 문제가 되는 다이옥신은 염소와 결합한 벤젠고리 두 개가, 두 개의 산소원자로 연결된 PCDD 종류다. 무색무취에 맹독성을 지녔다. 우리 생활에서 검출되는 다이옥신은 대부분 쓰레기 소각장에서 발생한다. 쓰레기 소각장에서 다이옥신이 검출되는 이유는 온갖 물질이 뒤섞인 쓰레기 속에, 유기화합물이나 염소이온 등과 같이 다이옥신 생성에 필요한 재료들이 모두 들어 있기 때문이다. 게다가 다이옥신은 낮은 온도에서 불완전 연소가 일어날 때 더 많이 방출되는데, 소각장은 온도가 적정하게 관리되지 않아 다이옥신의 분출이 더 극심해진다. 이렇게 생성된 다이옥신은 여간해서는 잘 분해되지 않고 자연계에서 안정적으로 존재한다.

다이옥신은 인류가 만들어낸 물질 중 최악의 독물로 꼽힌다. 독극물의 대명사로 떠올리는 청산가리보다 무려 1,000배나 강한 독성을 지니고 있다. 피부 접촉, 호흡, 구강 등 어떤 경로로든 사람의 몸에 들어올 수 있고, 어디로 들어오든 전신에 해악을 끼치며, 물에 녹지 않아 몸 밖으로 배출되지도 않는다. 만성 피부 질환, 근육 기능장애, 염증, 암, 발기부전, 기형아, 유전자 돌연변이, 신경계 질환 등을 일으킬 수 있다고 알려져 있다. 세계보건기구는 다이옥신을 유전이 가능한 1급 발암물질로 규정했다.

인간은 먹이사슬의 꼭대기에 위치한다. 자연계에서 돌고 돌던 다이옥신은 최종적으로 다이옥신을 만들어낸 인간의 몸에 축적된다. 자신이 만들어낸 칼날로 제 목숨을 겨냥하는 인간의 숱한 어리석음 중 다이옥신은 가장 위험한 흉기라 할 것이다.

기출문제

> ▸ 인류가 직면한 환경문제에 대한 자신의 의견을 말해보시오. (2019 고려대학교)

▶ 정의 : 어떤 한 시대 사람들의 견해나 사고를 지배하는 이론적 틀이나 개념의 집합체.

2세기, 프톨레마이오스(Ptolemaeus)에 의해 체계화된 천동설은 13세기부터 17세기까지 기독교 사회에서 세상을 이해하는 기준이자 세계관이었다. 천동설은 16세기, 폴란드의 천문학자 코페르니쿠스(Nicolaus Copernicus)가 태양 중심의 체계인 지동설을 제시하면서 무너졌다. 기존의 천동설이 진화해 지동설로 발전한 것이 아니라, 세상을 장악했던 하나의 체계가 새롭게 등장한 이론에 의해 완전

히 전복된 것이다. 새로운 이론의 등장으로 인간은 완전히 다른 방식으로 세상을 이해하는 틀을 얻었다. 이처럼 **한 시대에 인간 사고를 지배하는 인식 체계를 패러다임**이라 한다.

패러다임이라는 말은 원래 외국어 문법을 공부할 때, 동사 변화 패턴 등에 쓰이는 '범례'에서 기인한다. 즉 비슷한 결론에 도달할 수 있게 해주는 관습적 예시 같은 것이 패러다임이라는 말의 기원이다. 재판관이 판결을 내릴 때 참고하는 관습법상의 판례 같은 것이다. 이 말이 현재의 의미, 즉 어떤 한 시대 사람들의 견해나 사고를 근본적으로 규정하는 테두리로서의 인식 체계를 의미하는 말로 사용된 것은 토머스 쿤(Thomas Kuhn)의 저서《과학혁명의 구조(The Structure of Scientific Revolution)》에서였다.

토머스 쿤은 이 책에서 '과학의 발전은 일정한 방향으로 누적되어 이루어진 것이 아니라, 시대에 따라 패러다임을 전환해온 것'이라는 새로운 과학 사관을 밝히며 오늘날의 패러다임이라는 용어를 사용했다. 그는 천동설에서 지동설로 이론 체계가 변화하는 과정을 과학혁명의 단적인 사례로 제시했다. 과학 이론은 옳고 그름의 문제가 아니라 당대인들의 신념과 가치의 문제라는 것이다. 그의 개념에 따르면, 현재 우리가 신봉하는 표준화된 과학 이론 역시하나의 패러다임일 뿐 절대적 진리는 아니라는 결론에 도달하게 된다.

이처럼 과학은 진리가 축적하면서 점진적으로 진보하는 것이 아니라, 기존에 진리라고 인정되었던 패러다임을 부정하면서 혁명적 파괴, 즉 새로운 패러다임의 등장을 통해 단절적으로 발전한다. 이를 '패러다임의 전환'이라 한다. 패러다임은 과학뿐 아니라 철학, 사상, 교육, 산업, 예술 등 전방위적 분야로 개념이 확대되었다. 빠르게 변화하는 현대사회에서는 다양한 영역에서 급속도로 '패러다임의 전환'이 진행되고 있다.

기출문제

▸ 다윈은 '종의 기원'에서 생물의 진화론을 발표하여 세상을 놀라게 했다. 진화론은 경쟁을 기반으로 하는 자본주의의 발달을 초래하였다. 이처럼 가설이 사회에 영향을 미치는 경우의 사례를 들고 그 영향에 관해 얘기하시오. (2018 고려대학교)

08 엔트로피 Entropy

▶ 정의 : 자연 물질이 변형되어 원래로 돌아갈 수 없는 현상. 무질서도.

엔트로피는 쉽게 말하면 '무질서도'다. 뒤죽박죽인 상태가 가지런한 상태보다 엔트로피가 높다. 엔트로피를 낮추기 위해서는 추가로 에너지를 투입해야 한다. 비유적으로 표현하면 어질러진 방이 깔끔하게 정돈된 방보다 엔트로피가 높다. 의식적으로 노력하지 않으면 방은 저절로 너저분해지고, 어지러운 방을 다시 깔끔하게 만들려면 인간의 노동 에너지가 더해져야만 한다. 엔트로피의 개념은 1850년, 독일의 물리학자인 루돌프 클라우지우스(Rudolf Clausius)에 의해 처음 제안되었고, 오스트리아의 물리학자 볼츠만(Ludwig Boltzmann)에 의해 좀 더 쉽고 깊이 있게 재정의되었다.

'자연계에서 모든 에너지는 형태를 바꾸어도 보존된다'는 에너지 보존의 법칙에 입각한다면, 에너지는 다양한 방향으로 자유롭게 변화가 일어나야 마땅하다. 쉽게 말해, 뜨거운 물이 공기 중에 에너지를 발산하고 차가운 물로 식어버렸다면, 공기 중에 분산된 에너지가 식은 물로 이동해 다시 뜨거운 물로 변화하는 일도 랜덤하게 발생해야 한다는 것이다. 하지만 이러한 일은 결코 저절로 일어나지 않는다. 굴러가던 공의 운동에너지는 마찰하는 땅에 열에너지를 발산하고 정지한다. 하지만 땅의 열에너지가 공으로 이동해서 정지한 공이 저절로 움직이지는 않는다. 기존의 에너지보존 법칙으로는 설명할 수 없는 현상이다. 이를 설명하기 위해 클라우

엄마는 네 방의
'엔트로피 지수'를
낮출 필요가 있다고
판단되는데….

지우스는 엔트로피라는 새로운 물리량의 지표를 제안한다.

볼츠만은 엔트로피에 확률의 개념을 추가해서 새롭게 설명했다. 빨간 잉크와 파란 잉크를 한 그릇에 쏟으면 곧 섞이는 것이 자연스러운 현상이다. 의식하지 않고 노란 공과 파란 공을 두 개의 바구니에 넣었을 때, 두 가지 색깔이 분리되어 바구니에 들어갈 확률보다 마구잡이로 섞여 바구니에 담길 확률이 높다. 이처럼 자연에서 모든 현상은 확률상 발생하기 쉬운 방향으로 변화한다는 것이다. 자연적으로 내버려두면 모든 것은 서로 섞이는 방향으로 변해간다. 엔트로피는 자연에서 **변화가** 일어나는 **방향**을 말한다. 볼츠만의 정의에 따라 엔트로피는 열과 관련 없는 다양한 자연현상에도 두루 적용할 수 있게 되었다.

결국 엔트로피를 낮추기 위해서는 에너지를 추가해야 한다. 자연은 계속 섞여 우주의 엔트로피는 시간이 흐를수록 증가한다. 하지만 인간은 무질서를 극복하고 질서를 유지하며 세상을 가지런하게 만들고자 노력한다. 생각해볼 문제는, 한 곳의 엔트로피를 낮추려면 다른 곳의 에너지를 투입해야 하고, 그러기 위해서는 다른 부분의 엔트로피가 더 증가하게 된다는 점이다. 인간은 더욱 편리한 삶을 위해 해마다 더 많은 양의 에너지를 사용하고 있다. 하지만 인간의 에너지 사용 총량만큼 지구의 엔트로피 총량도 증가한다. 인간이 에너지를 남용하면 안 되는 이유다.

09 카오스이론 Chaos Theory

▶ 정의 : 겉으로는 불규칙해 보이지만 나름대로 질서를 지니고 있는 현상들을 설명하려는 이론.

캄캄한 하늘에 빛나는 수많은 별빛을 바라보며, 고대 그리스인들은 태초의 우주에 무질서하고 공허한 공간만이 존재했을 거라고 상상했다. 그들은 이것을 카오스, 즉 무질서 혹은 혼돈이라 불렀다. 그 무질서한 공간에 조금씩 형태와 모양이 생겨나고 이제 질서가 잡힌 현재의 우주, 코스모스가 생겨났다.

카오스이론은 **무질서한 혼돈 속에도 논리적 법칙이 숨어 있는 현상**을 의미한다. 겉으로 보기에 아무런 규칙이 없어 보이지만, 초깃값이 미세하게 변해도 결과가 크게 달라지는 자신만의 질서가 그 안에 존재한다. 그 숨어 있는 정연한 질서를 밝혀내고, 새로운 사고방식을 제시하는 것이 카오스이론을 연구하는 목적이다.

1961년, 미국의 기상학자인 로렌츠(Edward Norton Lorenz)는 대기현상을 설명하기 위해 기온과 기압, 기압과 풍속 등의 상관관계를 나타내는 기상 모형을 연구하던 중 초깃값의 작은 차이가 날씨 패턴에 큰 변화를 일으킨다는 사실을 알게 되었다. 가령, 브라질에서 나비 한 마리가 날갯짓을 한 것이 미국 텍사스에 토네이도를 몰고 오는 원인이 될 수 있다는 것이다. 날갯짓 한 번 속에 전제된 수많은 선행조건이 다른 결과를 초래하는 근거가 되기 때문이다. 무질서해 보이던 현상에 대한 수학적 체계를 세운 그의 발견은 카오스이론이라는 새로운 수학 이론의 씨앗이 되었다. 이후 과학자들은 카오스이론을 활용해서 예측하기 어렵다고 생각했던 다양한 역학적 현상들의 인과관계를 밝혀내기 시작했다.

카오스이론은 기상, 천문, 경제, 수학, 물리 등 광범위한 분야에서 관찰되고 있다. 태풍이나 지진 등 기상과 관련된 연구뿐 아니라 심장의 운동과 돌연사의 관계, 행성의 생성과 소멸, 떨어지는 나뭇잎의 낙하운동 등 얼핏 우연처럼 보이는 많은 현상 속에도 카오스이론은 숨어 있다. 주가나 환율처럼 극심하게 변동하는 주식시장은 우리 일상 속의 대표적인 카오스다. 특히 주가의 복잡한 흐름을 밝혀 성공 확률을 높이려는 투자 모형에는 투자자들의 비상한 관심이 쏠리고 있다.

10 열섬 현상 Heat Island

▶ 정의 : 일반적인 다른 지역보다 도심지의 온도가 높게 나타나는 현상.

여름철 빌딩이 늘어선 아스팔트 위를 걸을 때와 풀과 나무가 많고 높은 건물이 없는 야외를 걸을 때, 분명 같은 날 같은 햇볕을 받고 있는데도 분명하게 기온 차이를 느끼게 된다. 상쾌한 환경으로 인한 기분 탓이 아니라, 실제로 도시가 교외보다 기온이 더 높다. 같은 날 도시의 온도가 교외보다 5℃에서 10℃까지 더 높은데 이러한 현상을 도시의 열섬 현상이라고 한다.

열섬 현상은 도시의 생태적 환경이 복합적으로 작용해 하나의 거대한 열 덩어리를 만들어낸 결과로 생겨난다. 우선 도시는 배출하는 인공 열이 어마어마하다. 밤낮을 구별하지 않는 인공 조명과

냉난방기 사용으로 뿜어내는 열은 도시 전체를 데우는 보일러 역할을 한다. 또한 아스팔트로 덮인 도시의 지표는 열 배출을 막는 보호막 기능을 하고, 열을 식혀줄 빗물의 흡수와 증발도 막는다. 거리의 자동차들은 종일 화석연료를 태우며, 시멘트 덩어리인 빌딩들은 태양에너지를 받는 면적을 확장한다.

이렇게 더워진 공기는 도시의 상공으로 떠오르고, 도시의 상공에는 마치 섬처럼 거대한 열을 지닌 공기층이 형성된다. 열섬 현상은 여름철보다 겨울철에 더 두드러지지만, 열섬 현상으로 인한 사람들의 괴로움은 겨울보다 여름에 크기 때문에 주로 여름철에 더 많이 이슈가 된다. 우리나라는 서울, 부산, 대구에서 뚜렷이 확인된다. 실제로 초겨울에 외곽 지역에는 눈이 내리는데, 같은 날 도시에서는 비가 내리는 경우도 많다.

도심 상공으로 떠오른 뜨거운 공기는 도시의 오염물질까지도 고스란히 머금고 있는데, 이것을 '먼지돔'이라 한다. 도시의 상승 기류로 외부에서 흘러온 다른 오염물질까지도 도시 상공에 차곡차곡 쌓이고, 이런 먼지돔은 스모그를 만들며 도시의 환경문제를 야기한다. 태풍과 같은 여간한 바람이 아니면 먼지돔은 흩어지지 않는다.

열섬 현상을 막기 위해서는 열섬을 만드는 원인에 대한 다각도의 대책이 필요하다. 냉난방 연료나 자동차의 사용을 줄이고 도심에 공원·녹지 등을 충분하게 조성해야 한다. 아울러 도시의 설계 단계에서 바람이 지나갈 수 있는 바람길을 고려해서 빌딩을 건축해야 열섬 현상을 막을 수 있다.

11 람사르협약 The Ramsar Convention

▶ 정의 : 물새의 서식지로서 국제적으로 가치가 높은 습지의 보호를 위해 맺어진 국제 협약.

　바다나 강처럼 완전히 물에 잠겨 있지는 않지만, 1년 중 많은 시간 동안 물에 잠겨 있는 젖은 땅을 습지라 한다. 지표의 6% 정도가 습지에 해당한다. 육지에 거주하는 사람들은 지구 전체에 습지가 얼마나 많은 생태적 공헌을 하고 있는지 실감하기 어려울지도 모른다. 그러나 습지는 생물 다양성 보존과 인간의 생존을 위해 절대적으로 중요한 역할을 하고 있다.

　습지에는 아주 많은 생명체가 살고 있다. 오랜 세월 동안 쌓인 퇴적물이 수많은 생물 종을 생존할 수 있게 해준 것이다. 습지의 동식물과 미생물들은 물에 포함된 질소, 인 등의 물질을 흡수해 서식지의 오염물을 제거하고, 우리가 먹는 물고기나 새우 등에 필요한 영양을 공급해준다. 습지는 많은 양의 물을 머금어 홍수를 막고, 해일이나 태풍의 피해도 줄여주며, 가뭄 때는 생활용수나 농업용수를 제공한다. 습지는 무엇보다 물새늘의 생존을 위해 매우 중요한 장소다. 해양 생물의 60% 정도가 습지에 알을 낳거나 서식하고, 새들은 습지에서 먹이를 구하고 휴식을 취하기도 한다. 습지에는 지구상의 생물 중 2% 정도가 살고 있지만, 인간의 어업 활동 중 90%는 습지와 관련되어 있다.

그러나 이처럼 절대적으로 중요한 습지는 전 세계적으로 간척이나 매립으로 인해 급속도로 사라지고 있는 것이 현실이다. 산업 발달과 인구 급증으로 많은 국가에서 습지가 난개발되고 있다. 이미 미국에서는 54%의 습지가, 뉴질랜드는 90%, 필리핀의 맹그로브는 68%의 습지가 사라졌다. 이렇게 **훼손되어가는 습지를 보존하기 위해 전 세계가 맺은 규약**이 람사르협약이다.

협약은 1971년 이란의 람사르에서 체결되었다. 습지를 보존하고 현명하게 이용하도록 유도해서 범국가적으로 습지를 체계적으로 보존하려는 것이 람사르협약의 목적이다. 애초에는 습지에 서식하는 물새를 보호하기 위한 협약이어서 공식적 이름이 '물새 서식지로서 국제적으로 중요한 습지에 관한 협약'이었지만, 점차 습지의 전방위적 중요성을 인식하게 되면서 간단히 '습지에 관한 협약'으로 불린다.

2016년 기준 169개국이 가입되어 있고, 약 2,200여 곳의 습지가 람사르 습지로 등록되어 있다. 우리나라는 1997년에 101번째로 가입해 창녕 우포늪, 강원 용늪, 전남 장도 습지, 전남 순천만 및 제주 물영아리 등의 장소가 람사르 습지로 등록되었다. 2008년 10월에는 경상남도 창원시에서 람사르 총회가 개최되기도 했다.

▸아마존 우림 개발 문제를 해결하기 위한 국제회의를 개최할 때, 회의에 꼭 초청해야 할 사람(또는 기관, 단체) 셋을 열거하고, 초청한 이유를 각각 설명하시오. (2019 서울대학교)

12 교토의정서·파리기후협약

▸ 정의 : 기후변화 협약에 따른 온실가스 감축 목표에 관한 의정서.

　남극의 거대한 빙하가 녹아서 무너져내린다. 모든 재앙은 거기에서 시작되었다. 녹아내린 빙하 때문에 바닷물의 순환이 멈춰버리고, 해수 순환이 정지되자 본격적으로 기상이변이 시작된다. 주먹만 한 우박이 쏟아지고 토네이도가 몰아치며, 해일이 도시를 삼킨다. 마침내 지구에는 빙하기가 찾아오고 문명은 종말을 맞이한다. 영화 〈투모로우〉가 예고하는 인류의 미래다.

　영화는 지구온난화가 불러올 끔찍한 재앙을 충격적 영상으로 보여준다. 인류가 당장 대책을 마련하지 않으면 이 재앙은 투모로우, 즉 내일이라도 벌어질 수 있다는 경고. 그러나 지구온난화는 한두 국가가 단독으로 해결할 수 없는 문제다. 지구라는 천체에 사는 모든 인류가 머리를 맞대고 해답을 찾아야만 한다. 1997년, 이 문제를 해결하고자 일본 교토에서 각국 대표가 모여 전 세계적 협력 체계를 구축하게 되는데, 이것이 교토의정서다. 의정서란 외교적 회의나 협상에 대한 공식 보고서에 관계국이 서명한 조약을 말한다.

　교토의정서는 기후변화의 주범을 온실가스로 규정하고, 이후 5년 단위의 공약 기간 동안 주요 선진국에 구속력 있는 온실가스 감축량을 설정한 것이다. 1차 공약 기간이 끝났을 때 종합적인 감축 목표는 초과 달성했지만, 다양한 측면에서 한계가 노출되었다. 가령, 온실가스를 가장 많이 배출하는 미국은 참여하지 않았고, 중국이나 인도는 개발도상국이라는 이유로 막대한 양의 온실가스를 배출하면서도 의무에서 면제되었다.

　이처럼 체제의 보완이 요구되어, 2015년 프랑스 파리에서는 이 문제에 대한 새로운 합의에 도달하는데 이것이 파리기후협약이다. 이를 통해 산업화 이전 수준 대비 지구의 평균온도가 2℃ 이상 상승하지 않도록 온실가스 배출량을 감축하기로 195개국이 결의한다. '21차 유엔기후변화협약 당사국총회협약'이나 '파리기후변화협약'이라고도 불린다. 교토의정서와는 달리 종료 시점이 정해지지 않았고, 교토의정서가 일부 국가들에게만 의무를 부담했던 것과 달리, 파리기후협약에서는 모든 나라가 감축에 참여하게 된다. 각 국가는 자국의 상황을 고려해 자발적 감축 목표를 설정하고, 5년마다 지속해서 목표치를 제출하는 것을 의무로 정했다.

　우리나라도 기후변화로 인한 여러 가지 징후를 실감하고 있다. 지난 100년간 우리나라의 연 평균기온은 1.7℃ 상승했고, 연 강수량도 19% 증가했다. 남쪽 지방에서는 아열대기후에서 재배되는 열대과일이 자라고 이상기온과 폭염, 홍수, 가뭄 등의 재해가 이어지고 있다. 한국은 2030년의 온실가스 배출 전망치 대비 37% 감축을 목표치로 제출했다.

2017년 미국의 트럼프 전 대통령은 파리기후협약 탈퇴를 선언하고, 파리기후협약에 따른 탄소세 도입을 백지화했다. 미국 우선주의에 입각한 주장이라지만 지구온난화라는 문제를 앞두고 이처럼 각 국가가 자국의 손익을 따지는 추세로 돌아선다면, 머지않은 내일에 마치 영화처럼 전 인류가 국경을 초월한 재난과 맞서야 할지도 모를 일이다.

13 대체 육류

▶ 정의 : 고기가 아닌 재료를 사용해서 고기의 맛을 구현한 가짜 고기.

육류를 섭취하는 것은 인류의 오랜 식습관이다. 하지만 최근 환경문제, 동물 복지, 채식주의 등에 대한 관심이 높아지며 동물성 단백질을 대신할 수 있는 대체 육류가 대안으로 떠올랐다. 대체 육류는 쉽게 말하면 가짜 고기이다. 고기가 아닌데 맛이나 식감은 고기와 흡사하기 때문에 대체 육류를 소비히면시 고기를 먹고 싶은 욕구를 대신 충족하는 것이다.

대체 육류는 식물성 고기와 동물세포 배양육 두 종류가 대표적이다. 식물성 고기는 식물의 단백질 성분에 밀가루와 감자전분을 더해 고기의 맛을 구현한다. 미국의 임파서블푸드에서 개발한 임파서블버거가 대표적 식품이다. 실제 고기와 맛이 흡사하고, 단백질 함량도 더 높은데, 글루텐, 환경호르몬, 항생제 등은 포함되어 있지 않아 소비자들의 인기를 끌기 시작했다. 게다가 다른 동물의 생명을 빼앗는 윤리적 가책으로부터도 자유로울 수 있다. 배양육은 소, 돼지, 닭 등과 같은 가축의 줄기세포를 배양해 고기의 색을 입힌 것이다. 미국의 맴피스미트가 개발에 성공했다.

2009년 설립되어 빌 게이츠의 투자를 받아 화재가 된 비욘드미트는 식물성 고기를 생산하는 대표적 기업이다. 그전까지도 콩고기나 밀고기 등은 있었지만, 냄새와 맛과 식감 모두가 고기와 달라 대중화는 실패했다. 비욘드미트는 맥도날드나 KFC 등과 협업하며 식물성 고기버거를 출시했다. 비욘드비트가 내놓은 햄버거 패티의 성공 이후로 대체 단백질은 유제품, 해산물 등으로 확대되고 있다. 대체 식품의 시장 규모는 2018년 이후 매년 10%씩 성장하고 있다.

2021년 5월 한국무역협회는 2030년에는 대체육이 전 세계 육류 시장의 30%, 2040년에는 60% 이상을 차지할 것으로 전망했다. 대체 단백질은 더 다양하게 개발되어 현재는 녹두를 원료로 한 달걀, 귀리로 만든 우유, 토마토로 만든 참치, 가지로 만든 장어, 당근으로 만든 연어 등 창의적인 상품들이 개발되고 있다.

초기에는 생산비가 높아 대체제로서의 상품성이 없었지만, 이후 설비투자가 확대되면서 낮은 가격으로 대량생산이 가능해졌다. 중국 시장의 수요가 증대되는 변화를 고려했을 때 대체 육류의 소비는 향후 더욱 확대될 것으로 전망된다.

기출문제

▸ 윤리적 소비란 무엇인가? (2018 서울대학교)

〈한걸음 더〉
대입 논술 만점을 위한 개념어휘

■ **가이아 이론** Gaia Theory : 생명체가 '살아 있다'라고 말할 때의 개념처럼 지구도 실제로 '살아 있다'고 생각한 개념이다. 1970년대 영국의 과학자 러브록(James Lovelock)이 주장한 가설이다. 가이아는 고대 그리스인들이 대지의 여신을 부른 이름으로, 지구를 은유적으로 나타낸 말이다. 역사를 돌이켜볼 때, 지구는 기후와 화학적 특성을 항상 생명체에게 최적의 상태가 될 수 있도록 유지해왔다. 러브록은 그런 관점에서 '지구가 스스로 균형을 조절할 수 있는 살아 있는 존재'라는 결론에 도달했다. 그는 생물, 대기권, 대양, 토양까지 포괄하는 신성하고 지성적이며 능동적인 지구를 '가이아'라 지칭했다. 비록 주류 생물학계에서는 인정받지 못하지만, 지구온난화와 같은 환경문제에 봉착할 때마다 가이아 이론은 끊임없이 화두가 되고 있다.

기출문제

▸ 인간이 지구온난화의 원인이 아닌 이유 세 가지를 말해보시오.
(2020 연세대학교)

■ **열역학** : 열과 역학적 일의 기본적인 관계를 바탕으로 열 현상을 포함한 자연계의 에너지 흐름을 통일적으로 다루는 물리학의 한 분야다. 힘이 작용하는 물체의 운동을 다루는 것이 역학이라고 할 때, 열역학은 열이 일로 전환되는 열과 일의 등가성을 탐구한다. 열과 에너지와 관련된 모든 현

상을 탐구하는 열역학법칙은 열이 분자운동에서 비롯되었다는 사실이 수용되면서 자리 잡기 시작했다. 흔히 '에너지보존법칙'이라 불리는 열역학 제1법칙, 엔트로피의 증가에 대한 열역학 제2법칙, 온도가 0으로 접근하면 계의 엔트로피가 일정한 값을 가진다는 열역학 제3법칙이 있다.

기출문제

▸ **열역학 제2법칙을 설명해보시오.** (2019 중앙대학교)
▸ **빛의 성질에 대해 설명해보시오.** (2019 건국대학교)

■ **쿼크** Quark : 물질을 쪼개고 쪼개 가장 작은 단위를 밝히고자 하는 시도는 끝없이 이어져 왔다. 1800년대 돌턴(John Dalton)의 원자론을 바탕으로 1900년대에는 원자의 구성 입자인 양성자, 중성자, 전자의 존재까지 발견했다. 쿼크는 양성자와 중성자를 만드는 더 작은 소립자를 말한다. 1964년 미국의 물리학자 머리 겔만(Murray Gell-Mann)이 최초로 발견하고 명명했다. 쿼크라는 이름은 제임스 조이스(James Joyce)의 소설에 나오는 바닷새의 울음소리에서 따온 것이다.

기출문제

▸ **나노와 펨토의 숫자 단위는 무엇인가?** (2019 건국대학교)

■ **싱크홀** Sinkhole : 다양한 이유로 땅이 꺼져 지표에 커다란 구멍이나 웅덩이가 생기는 현상이다. 토양이 단단한 우리나라에서는 흔하지 않지만,

다른 나라에서는 종종 발생한다. 싱크홀의 생성 원인은 토양의 성분에 따라 다양하다. 지표수나 빗물이 석회암을 녹이거나, 모래가 많이 포함된 토양이 서서히 침하하거나, 점토로 이루어진 토양이 어느 순간 붕괴하면서 나타난다. 원인에 따라 1m의 작은 구멍에서 수십 미터에 이르는 웅덩이까지 생겨난다. 한편 도시의 싱크홀은 지하수가 빠져나간 자리에 대형 건축물이 들어서거나, 연약한 지반에 도시가 개발되면서 발생한다.

■ 마하수 Mach Number : 음속보다 속도가 얼마나 빠른지를 나타내는 수다. 오스트리아 과학자 에른스트 마흐(Ernest Mach)의 이름을 땄고, 기호는 'M'으로 표시한다. 음속은 공기의 밀도 및 온도에 따라 변화하므로 속도가 일정하다 하더라도 공기의 역학적인 조건에 따라 마하수는 달라진다. 하늘을 나는 비행기처럼 물체가 유체 속에서 움직일 때 마하수는 유체에 대한 물체의 속도를 그 유체 속에서의 소리 속도로 나누어 구한다. 마하수 1은 대략 시속 1,200km에 해당한다. 마하수가 1보다 작으면 그 물체의 속도는 음속 이하를 의미하고, 1보다 크면 '초음속으로 움직인다'는 뜻이 된다.

■ 환경호르몬 : 인간의 산업활동 때문에 발생한 화학물질 중 인간이나 동물의 체내로 들어가 마치 호르몬처럼 작용하는 물질을 말한다. 생물체의 몸에서 자연적으로 분비된 것이 아니기에, 내분비계의 정상적인 기능을 방해한다. 1997년 일본 학자들이 NHK 방송에 출연해 "환경 중에 배출된 화학물질이 생물체 내에 유입되어 마치 호르몬처럼 작용한다"고 하여 '환경호르몬'이라는 용어가 생겨났다. 다이옥신, PCB, PAH, 푸란, 페놀, 그리고 살충제나 농약에 포함된 DDT 등이 잘 알려진 환경호르몬이다. 환경

호르몬은 생체 내 호르몬의 합성, 방출, 수송, 수용체와의 결합, 수용체 결합 후의 신호 전달 등 다양한 과정에서 온갖 교란을 일으킴으로써 생태계와 인간에게 영향을 주며, 다음 세대의 성장을 억제하고 생식 이상 등을 초래한다.

■ **피톤치드** Phytoncide ： **식물이 자신을 스스로 보호하기 위해 내보내는 항균 기능성 물질이다.** 특정 성분을 지칭하는 말이 아니라, 식물이 내뿜는 항균성의 모든 물질 전체를 통칭한다. 그리스어로 '식물의'라는 뜻을 가진 'phyton'과 '죽이다'를 의미하는 'cide'가 합쳐진 합성어. 특정 식물이 벌레나 동물로부터 자신을 보호하기 위해 분비하는 물질을 관찰하다가 처음 발견되었다. 피톤치드는 공격당하는 생명체에는 해롭지만, 사람에게는 이로운 천연 물질이다. 사람이 피톤치드를 흡수하면 스트레스가 완화되고 심리적 안정감을 느낀다. 면역력과 심폐 기능이 강화되며 호흡기 질환의 치료에도 도움이 된다. 편백나무, 소나무, 참나무 등에 피톤치드가 많이 함유된 것으로 알려져 있다. 숲이나 산길을 걸으며 피톤치드가 함유된 공기를 마시는 일을 '산림욕'이라 한다.

■ **힉스 입자** Higgs Particle ： **우주 탄생의 원리를 설명하기 위한 현대물리학의 가설 중 가장 유력한 '표준모형'에서, 물질을 구성하는 기본입자와 에너지를 전달하는 매개입자 사이에 작용하는 힘의 관계를 설명해주는 소립자가 힉스 입자다.** 모든 공간에 가득 차 있으며, 소립자와 충돌해 그 방해되는 정도로 소립자의 질량을 파악할 수 있다. '신의 입자'라고 불리는 힉스 입자는 존재가 예측된 이후 확인할 수 없어 가설로만 남아 있다가, 1912년 7월 마침내 그 존재가 증명되었다. 이로서 현대 이론물리학의

'표준모형'이 완성되었다.

■ 리튬폴리머 전지 Lithium Polymer Batteries : 외부 전원으로 충전해서 쓰는 2차 전지의 일종인데, 리튬이온 전지의 전해질을 고체나 젤 상태의 폴리머로 바꾼 것이다. 전해질이 고체나 젤 형태이기 때문에 전지가 파손되어도 발화하거나 폭발할 위험이 없다. 폭발 위험이 감소하니 외장 재질도 단단한 금속을 사용할 필요가 없어 무게를 혁신적으로 줄일 수 있다. 용도에 따라 대형 전지, 얇은 전지 등 다양한 모양으로 제조할 수 있다. 만드는 과정도 리튬이온 전지보다 쉬워 대량생산이 가능하고. 충전 후 재사용이 가능해서 환경오염에도 큰 도움이 된다. 무게가 가벼워 휴대폰, 노트북 컴퓨터 등과 같은 휴대용 기기에 많이 쓰이며, 2020년 이후 대부분의 전기 자동차나 하이브리드 자동차에 보편적으로 사용되고 있다.

〈확인 문제〉

주제어를 학습한 후 다음의 질문에 대답해보자.

❶ 다음의 주제어 중에서 새롭게 익힌 단어를 골라 √표를 하자.

01 줄기세포		02 유전자 변형 생물		03 유전자 가위	
04 트랜스 지방		05 라돈		06 다이옥신	
07 패러다임		08 엔트로피		09 카오스이론	
10 열섬 현상		11 람사르협약		12 교토 의정서·파리 기후협약	
13 대체 육류		14 가이아 이론		15 열역학	
16 쿼크		17 싱크홀		18 마하수	
19 환경호르몬		20 피톤치드		21 힉스 입자	
22 리튬폴리머 전지					

❷ 가장 흥미 있는 주제어를 정한 후 그 용어에 대한 정의와 관련된 확장 개념을 정리해보자.

❸ 수록된 〈면접, 논술 기출 질문〉 중 하나를 정해서, 면접관에게 답변한다고 가정하며 자신만의 논리를 전개해보자.

❹ 위의 주제어 중에서 과목별 에세이를 작성한다면 어떤 것을 선택할 것인가? 그 내용은?

9week

의학·보건 계열에
꼭 필요한 어휘

인체의 구조나 기능을 익히고 질병의 치료, 예방 등에 관한 방법이나 기술을 연구하는 학문 분야다. 의학은 사람의 몸에 대한 구조와 기능을 공부하는 해부학, 병리학과 같은 기초의학부터 약물 투여나 수술과 같은 실질적인 부분을 다루는 임상의학 등 다양한 세부 학문으로 나누어진다. 약학은 약품과 생명체의 상호작용에 관한 연구를 바탕으로 약물이 인체에 미치는 다양한 관계에 대해 연구한다. 수의학은 가축이나 동물의 질병을 다룬다.

▶ 관련 전공 학과

의학, 방사선학, 보건관리학, 응급구조학, 의료공학, 임상병리학,
물리치료학, 재활학, 치의학, 치기공학, 치위생학, 간호학, 약학, 수의학,
한의학, 한약학 등

▶ 나는 이 계열에 얼마나 어울리는 사람일까? 체크해보자.

☐ 과학이나 실험이 재미있다.

☐ 타인에 대한 배려심이 깊고 자기 통제력이 높다.

☐ 오랜 시간 끈기 있게 공부할 수 있다.

☐ 냉철한 판단력을 지니고 있다.

☐ 체력이 좋고 성실하다는 소리를 자주 듣는다.

☐ 암기력이 뛰어나다.

☐ 사람에 대한 애정이 있고, 사회에 이바지하고 싶은 마음이 크다.

☐ 피가 나거나 상처가 난 것을 상대하는 것에 극단적 거부감은 없다.

▶ **9주차에 나오는 학습 어휘이다. 한눈에 익히자.**

(＊기출문제 포함)

☐ 제대혈 *	☐ 제네릭 의약품	☐ 대증요법
☐ 플라시보 효과	☐ 바이오리듬	☐ 외상 후 스트레스 장애
☐ 프로포폴	☐ 안락사 *	☐ 호스피스
☐ 법정 감염병 *	☐ 구제역	☐ 조현병
☐ ADHD	☐ 루게릭병	☐ 슈퍼박테리아
☐ 코호트 격리 *	☐ 필수아미노산 *	☐ 전이
☐ 동종 요법 *	☐ 멜라토닌 *	☐ 사스 *
☐ 알츠하이머	☐ 뇌사	☐ 뎅기열
☐ 탄저병	☐ 조류독감	☐ 팬데믹 *
☐ 비대면 진료		

01 제대혈 Cord Blood

▶ 정의 : 태반과 탯줄에 있는 혈액.

연예인 장동건·고소영 부부가 제대혈 줄기세포 보관을 의뢰했다는 사실이 큰 이슈가 된 적이 있다. 이후 다른 유명인들도 연이어 자신의 아이들을 위해 제대혈을 보관했다는 기사가 보도되었다. 그때까지만 해도 낯설었던 '제대혈'에 대해 사람들의 관심이 쏠리기 시작했다.

'제대'는 탯줄의 의학 용어다. **산모가 아기를 출산할 때 태아와 함께 빠져나오는 태반과 탯줄에는 아직 혈액이 순환하고 있는데, 이것이 제대혈이다.** 학자들이 제대혈에 관심을 기울이는 이유는 이 혈액 속에 인간의 생명과 관련된 아주 중요한 세포가 함유되어 있기 때문이다. 줄기세포의 일종인 조혈모세포와 간엽모세포가 그것이다.

제대혈은 출산 시 탯줄에서 70~100mL 정도 채취된다. 산모나 아기에게는 별 지장이 없는 소량의 혈액이지만, 그 안에 포함된 조혈모세포의 양과 질은 성인의 골수에서 채취한 것보다 월등히 우수하다. 제대혈 조혈모세포의 이식은 1988년 프랑스에서 판코니 빈혈이라는 난치성 혈액질환을 앓고 있는 5세 남자아이에게 최초로 시도되었다. 이 시술이 성공한 이후 전 세계적으로 수천 건의 제대혈 이식이 시행되었다.

조혈모세포는 적혈구, 백혈구, 혈소판 등과 같은 혈구 세포를 생산할 수 있는 능력을 지니고 있다. 백혈병 같은 혈액질환 및 각종 암이나 유전병을 앓고 있는 환자들에게 조혈모세포 이식은 획기적인 치료법이 될 수 있다. 간엽 줄기세포는 관절, 뼈, 신경, 근육 같은 각종 장기를 만들어내며, 이 세포는 신경계 질환, 심근경색증, 간 질환 등을 치료할 수 있게 한다. 성인의 골수에서 채취한 조혈모세포는 조건이 맞는 기증자를 찾기 어려운 데 반해, 제대혈에 함유된 조혈모세포는 상대적으로 융통성 있는 기증이 가능하다.

제대혈은 출산 시점에만 채취할 수 있기에, 추후 필요한 시점에서 사용하려면 장기간 냉동 상태로 보관해야 한다. 이를 위해 제대혈 은행이 운영되고 있다. 그러나 제대혈을 장기간 첨단 장비에서 보존하려면 적지 않은 비용이 발생한다. 최근에는 고가의 관리비를 받던 제대혈 은행들이 비리와 부실 운영한 사실이 무더기 적발되어 제대혈의 효용성이 다시 논란의 중심에 서기도 했다.

▸ 백혈구의 종류와 역할에 대해 설명해보시오. (2019 건국대학교)

02 제네릭 의약품 Generic Drug

▶ 정의 : 특허가 만료된 오리지널 의약품을 그대로 복제한 의약품.

시장의 가격 균형은 수요와 공급의 원칙에 따라 조정된다. 그러나 의약품은 가격의 변화에 따라 판매량이 크게 달라지지 않는 대표적인 '비탄력재'다. 고등어 가격이 오르면 대체재인 다른 생선이나 고기를 먹으면 되지만, 특정한 병에 걸린 환자가 가격이 오른다고 약을 끊을 수 없는 노릇이기 때문이다. 따라서 의약품 가격이

〈복제약이 나와야 하는 이유.jpg〉

너무 높으면 국민의 기본권마저 위태로워질 수 있다.

조금씩 차이는 있지만, 일반적으로 새로운 약을 개발하는 데는 대략 10여 년의 세월과 약 1조 원의 투자비가 필요하다고 한다. 제약회사는 신약 개발이 끝나고 나면 그때부터 그 약을 팔아 본격적으로 투자 비용을 회수한다. 새로 출시된 약에는 높은 가격이 책정되고, 그 약을 개발한 제약회사가 한동안 신약에 대한 독점적 판매권을 보장받는다. 독점권은 보통 15년에서 20년 정도 유지된다. 이처럼 제약회사의 이윤을 보장해주어야, 제약회사는 그 자본으로 또 다른 신약 개발을 추진할 수 있다. 그러나 대체재가 없는 의약품이 오래도록 특허권을 독점할 경우 과중한 의료비는 고스란히 환자 부담으로 작용할 것이다.

따라서 정해진 기간이 만료되면 개발 기업의 약에 대한 독점권은 사라진다. 이후로는 다른 기업들도 개발된 신약과 동일한 물질로 다양한 제품들을 생산할 수 있다. 세상에 없던 물질을 개발하는 것이 어렵지, 일단 성분이 밝혀진 약을 똑같이 생산해내는 것은 쉬운 일이다. 회수할 투자 비용이 없기에 약값이 비싸질 이유도 없다. 따라서 약효는 같지만 가격은 월등히 싼 치료약의 유통이 가능해진다. 이처럼 특허 기간이 만료된 이후 원래 개발된 신약과 동일한 물질로 생산되는 의약품을 '제네릭 의약품' 또는 '복제약(Copy Drug)'이라고 한다. 원래의 신약은 '오리지널 의약품'이라고 한다.

진통제, 비염약, 고혈압 치료제, 당뇨병 치료제 등 우리가 일상에서 만나는 수많은 의약품은 대부분 제네릭 의약품이다. 주요한 의약품의 특허가 만료되면 국가 경제에서 의약품에 지출되는 비용이 획기적으로 절감되며, 환자들의 의료비 고통도 경감된다. 국가가 그 약에 지불하던 비용을 다른 복지 예산으로 돌리는 것도 가능해진다. 외국에서는 고가의 의료비 지출을 감당하지 못했던 환자들이 제네릭 의약품이 출시되자마자 비로소 치료를 시작한 사례들도 있다.

제네릭 의약품은 오리지널 의약품에 비해 개발에 있어 다양한 응용이 허용된다. 때문에 제네릭 의약품이 허용되면서 오히려 약효의 진보가 이루어지는 일도 발생한다. 지금처럼 고령화 시대로 전환되어 날이 갈수록 약품에 대한 수요와 의존이 커지는 사회에서는 제네릭 의약품이 공헌하는 바가 절대적이라 할 수 있다.

03 대증요법 Symptomatic Treatment

▶ 정의 : 어떤 질환의 환자를 치료하는 데 있어서 원인이 아닌 증세에 대해서만 실시하는 치료법.

감기에 걸려 병원에 가면 반드시 듣게 되는 주의사항이 있다. 물을 많이 마시고, 충분히 잠을 자며, 영양가 갖춘 식사를 하고, 스트레스를 받지 말라는 것이다. 너무 빤한 소리라고 헛웃음을 치며 귓등으로 흘려듣기 일쑤다. 하지만 어떤 의미에서 감기를 치료하기 위한 가장 근본적인 처방은 그 빤한 이야기들에 다 들어 있다. 병원에서 발급하는 처방전은 감기를 치료하는 근본 치료법이 아니다. 감기에 걸린 사람이 당장 아프지 않게 증상만 살짝 없애주는 미봉책에 불과하다.

이처럼 **병의 원인에 대해 정확히 파악하지 못한 채 겉으로 드러**

난 증상에 대해서만 임시방편으로 치료하는 방법을 대증요법이라 한다. 증상에 대한 치료법이라는 의미다. 보통 병에 걸렸을 때 겉으로 드러나는 증상들은 신체가 면역 시스템을 가동하면서 몸에 나타나는 변화들이다. 몸이 자신을 스스로 보호하기 위해 다양한 방식의 작동 체제에 돌입한 것이다. 하지만 환자는 그 반응들 때문에 고통을 느끼게 된다. 고통 그 자체가 병인 것도 아니고, 고통을 없앤 것이 꼭 병이 치료되었다는 의미도 아니다. 하지만 현실적으로 당장 고통을 없애야 환자가 안정을 찾고 일상적 생활이 가능하기에 많은 처방은 주로 그 고통을 제거하는 것을 목적으로 한다.

특히 감기에 대한 처방은 대부분 대증요법이다. 1950년대에 들어와 감기의 원인은 바이러스라는 것이 밝혀졌다. 하지만 원인이 되는 바이러스는 수백 가지가 넘고, 각각의 병균을 예방하거나 없애는 백신을 개발하는 것은 불가능하다. 감기의 메커니즘은 밝혀지지 않았고 정밀검사로도 뚜렷한 방안을 찾기 어려우며, 또 대부분 감기는 기다리면 자연치유가 된다. 하지만 감기의 여러 증상은 환자에게 견디기 어려운 고통을 유발한다. 결국 증상을 가라앉힐 수 있는 몇 가지 대증요법에 덧붙여, 면역력을 증가시켜 근본적인 치유가 가능하게 하는 운동과 식단, 스트레스에 대한 당부가 이어지는 것이다.

의학 용어인 이 말은 사회현상을 표현할 때에도 비유적으로 사용된다. 어떤 문제적 현상이 있을 때 근본적 원인을 찾아 해소하는 것이 아니라, 임시빙편식 탁상공론으로 처리하는 상황에 주로 쓰인다. 대증요법은 일상에서도 많이 접할 수 있다. 골치 아픈 일이 생겼다고 술을 마신다거나, 공부 스트레스를 풀기 위해 게임에 몰두한다거나 하는 행동들이 그것이다. 기분은 좀 나아질지 몰라도, 문제는 해결되지 않는다.

04 플라시보 효과 Placebo Effect

▶ 정의 : 의학 성분이 전혀 없는 약이라도 환자의 심리적인 믿음을 통해 치료 효과가 나타나는 현상.

영화 〈해리포터와 혼혈왕자〉에서 론 위즐리는 파수꾼으로 출전할 퀴디치 경기를 앞두고 긴장과 스트레스가 극에 달한다. 해리포터는 그런 론에게 '행운의 물약'을 건넸고, 그것을 마신 론은 게임에서 영웅적인 활약을 거둔다. 사실 그 물약은 가짜였다. 론은 '행운의 물약'을 마셨다는 생각만으로도 평소와는 다른 힘과 기량을 펼친 것이다.

플라시보 효과란 아무런 유효 성분이 없는 물질을 마치 어떤 병의 특효약인 것처럼 환자에게 믿게 했을 때, 실제로 약효가 발생하는 것을 말한다. 플라시보는 라틴어로 '기쁘게 해줄게'라는 의미다. '위약(僞藥, 가짜 약) 효과'라고도 한다. 가짜지만 사람이 그 약을 믿는 순간, 진짜 효과가 발생한다는 측면에서 일종의 자기 충족적 예언, 즉 자기암시에 속한다.

불면증에 시달리던 환자가 수면제로 처방받은 비타민을 먹고 숙면에 빠진다거나, 해열제라 일러주면서 식염수를 주사하니 체온이 내려갔다거나 하는 경우가 이에 해당한다. 환자의 병을 낫게 하는 데에는 환자가 접촉하는 모든 정보가 복합적으로 작용한다. 전문성을 암시하는 병원의 환경이나 의사의 말과 행동, 처방받은 약의 모양이나 색깔, 병실의 분위기 등도 때로 환자의 병세에 영향을 미친다.

플라시보 효과는 의학적인 현상뿐만 아니라 삶의 다양한 상황에서 발생한다. 러시아 철도국의 한 직원은 냉동차에 갇혀 실제로 동사했는데, 알고 보니 냉동차는 고장이 났었고 열차 내부의 온도는 13℃였으며, 벌어진 틈으로 산소도 충분하게 들어오고 있었다고 한다. 그를 죽음에 이르게 한 것은 자신이 냉동차에 갇혔다는 '생각'이었다. '엄마 손이 약손'이라는 믿음은 실제로 아이들의 배앓이를 멎게 한다. 특히 스트레스 등을 비롯한 심인성 질병에 플라시보 효과가 발휘되는 경우가 많다.

반대로 어떤 것이 해롭다고 암시하면, 아무것도 아닌 것에도 부정적 영향을 받는 현상을 '노시보(Nocebo, 라틴어로 '당신을 해칠 거야'라는 의미) 효과'라고 한다.

05 바이오리듬 Biorhythm

▶ 정의 : 사람의 생명 활동을 통해 신체, 감성, 지성 따위에 나타나는 일정한 주기적 변동.

특별한 이유도 없는데 다른 날보다 몸이 가볍고 기분이 좋은 날이 있고, 괜스레 미음이 가라앉고 몸이 찌뿌둥한 날도 있다. 19세기 말, 독일의 의사 프리즈(Wilhelm Fliess)는 환자에 대한 관찰과 연구를 토대로 사람의 몸에 이와 같은 상승과 하강의 리듬이 존재한다는 가설을 세웠다. 모든 인간은 태어난 날을 시작으로, 신체 (Physical)는 23일, 감정(Sensitivity)은 28일, 지성(Intellectual)은 33일을 주기로 마치 삼각함수의 사인, 코사인 곡선과 같은 상승과 하락을 반복한다는 것이다. 이처럼 **인체에 존재하는 패턴**을 바이오리듬이라고 하며, 앞의 세 단어를 약칭하여 'PSI 학설'이라고도 한다.

바이오리듬은 태어나는 날부터 시작해 일생 동안 주기에 변화가 없고, 출생하는 날을 출발점으로 삼아 동일한 사이클을 반복한다는 것을 전제로 한다. 에너지와 능력이 점점 상승하는 시기를 지나 최고점을 찍으면 다시 서서히 하강이 시작되고, 제로점을 지나 저조기에 들어서면 최저점에 도달한다. 이처럼 신체, 감정, 지성은 자기만의 주기에 따라 곡선을 그리며 상승과 하강을 반복하는데, 각 리듬이 고조되는 때와 하강하는 때, 혹은 상승과 하강의 변화가 일어나는 때에 따라 각각의 효율성이나 능력이 달라진다는 것이다.

바이오리듬을 신뢰하는 사람들은 신체와 감정과 지성이 최고에 도달한 시기에 맞춰 각 능력이 필요한 작업을 기획하거나, 혹은 각각이 최저에 도달했을 때 조심성 있게 행동하는 방법으로 그것을 활용한다. 그러나 전 세계에서 같은 날 태어난 수많은 사람이 모두 생체주기가 같다는 가정에서 출발하는 바이오리듬은 과학적으로 타당성을 획득하기에 턱없이 부족하다. 바이오리듬은 과학의 영역이라기보다는 사람들의 호기심을 유발하는 흥미로운 참고자료 정도로 인식하는 것이 적당할 것이다.

06 외상 후 스트레스 장애

PTSD, Post Traumatic Stress Disorder

▶ 정의 : 재해나 사고, 전쟁 등 스트레스의 한계를 넘는 경험을 한 후에 일어나는 심신장애.

외상 후 스트레스 장애는 **생명에 위협을 느낄 정도로 극심하고 집약된 스트레스 상황에 노출된 이후, 정신적 장애 현상이 발생하는 것을** 의미한다. 전쟁, 사고, 자연재해, 폭력 등과 같이 강도 높은 사건을 경험하게 되면, 인간은 실제로 신체 일부에 손상을 입기도 하지만 때로는 눈에 보이는 물리적 상처가 없더라도 극도의 스트레스로 인한 정신적 상해를 입기도 한다.

감당하기 어려운 스트레스에 노출된 이후 환자들은 꿈이나 환각을 통해 끔찍한 상황을 머릿속에서 반복적으로 재생하는 고통을 겪는다. 강력한 인상을 남긴 사건이 며칠 동안 뇌리를 떠나지 않는 경험은 누구나 있을 것이다. 사건의 압도적인 충격과 공포가 지속적으로 반복되면서, 환자들은 일상적인 삶을 살아가는 것이 불가능할 지경에 이르기도 한다.

이런 상황 속에서 환자들은 자율신경계에 이상이 발생해 과도한 각성 상태에 도달한다. 작은 소리에도 깜짝깜짝 놀라고, 잠을 이루지 못하며, 집중력이 떨어지고, 계속 안절부절못하며, 사소한 일에도 화가 치미는 정서 불안을 겪는다. 가장 좋지 않은 반응은 이 모든 고통을 회피하기 위해 마치 아무 일도 없었던 것처럼 자극으로부터 무감각해지는 것이다. 상처와 연관될 수 있는 상황들에 대해 기억을 잃거나, 정상적인 감정을 느끼지 못한 채 감각이 무뎌진 채 살아가는 것이다.

피부에 상처가 나면 몸이 치료를 위한 반응을 하고 얼마 후 정상을 되찾는다. 정신의 상처도 회복을 위해 필요한 과정이 있다. 자신에게 발생한 문제를 객관적으로 인식하고, 그 문제를 해결할 수 있는 실질적인 대안을 살피는 일이다. 그러나 이를 위해서는 그 문제에 대한 주관적 마음의 정돈이 선행되어야 한다. 어쩌면 그 일이 내 삶의 전부를 무너뜨릴 정도로 심각한 것은 아닐지도 모른다는 자기 나름의 합리화와 다독임이다. 사태의 객관적 심각성을 훨씬 얕잡아 볼 수 있게 만드는 마음의 면역력이 있어야, 본격적으로 상황의 객관적 심각성과 제대로 맞설 수 있게 되는 것이다.

같은 사건을 경험했다고 해서 모든 사람에게 같은 증상이 나타나는 것은 아니다. 사건이 발생했을 때 초기에 올바른 대응을 하지 못할 경우에 외상 후 스트레스 장애로 발전하게 된다. 심각한 증상에 시달리는 환자들은 주변에서 좀 더 세심하게 관찰해서 스스로 치유의 힘을 회복할 수 있도록 도와주어야 하는 이유가 그것이다. 증세가 심할 경우에는 공황 발작, 해리, 환각과 같은 정신장애를 경험하다가 자살에 이르기도 한다.

07 프로포폴 Propofol

▶ 정의 : 페놀계 화합물로 흔히 수면 마취제라고 불리는 정맥 마취제.

2009년, '팝의 황제' 마이클 잭슨이 갑작스럽게 사망하면서 전 세계 팬들이 큰 충격에 빠졌다. 직접적인 사인은 프로포폴 과다 투여였다. 2013년 한국에서도 유명 연예인들이 프로포폴 불법 투약으로 줄줄이 입건되었다. 2019년에는 신라호텔 이부진 사장이 같은 혐의로 조사를 받았다. 잊힐 만하면 다시 등장하는 프로포폴은 도대체 어떤 약품일까?

프로포폴은 1977년 영국 화학회사 ICI가 개발한 수면 마취제다. 하얀 색깔 때문에 '우유 주사'라고도 불리며, 주사를 맞으면 일시적 기억상실 증상이 나타나기에 '건망증 우유'라는 별명도 있다. 수면내시경 시술 때 주사하는 마취약이 프로포폴이다. 프로포폴을 맞으면 뇌에서 도파민이 분비되는데, 이 도파민이 프로포폴 중독을 야기하는 원인이다. 정상적인 의료 목적으로 프로포폴을 투여하는 경우에는 대부분 환자가 수면 상태에 있기에 도파민으로 인한 황홀감을 느낄 수 없다. 때문에 수면내시경으로 인해 프로포폴에 중독될 염려는 없다.

그러나 의식을 잃지 않을 정도로 투여량을 줄여 프로포폴을 투약하면, 환자는 비몽사몽 중에 환각증을 느낄 수 있다. 이 황홀감 때문에 주기적으로 프로포폴 주사를 찾게 되고, 결국 약물에 중독되고 마는 것이다. 병원에서 환자에게 프로포폴을 투여하는 것은 현행법상 불법이 아니기에, 마약류가 엄격하게 금지된 환경에서는 의료 행위를 가장해 프로포폴을 남용하는 사건들이 벌어진다. 한때 우리나라에서는 프로포폴이 다이어트에 도움이 된다는 소문이 퍼져, 강남을 중심으로 프로포폴 주사가 유행한 적도 있다.

프로포폴의 또 다른 부작용 중 하나는 무호흡증이다. 프로포폴은 환자의 무호흡을 유발하기 때문에 마취할 때에도 의사들은 환자의 무호흡 위험성을 살피며 시술에 임해야 한다. 마이클 잭슨의 경우처럼 과도한 양을 투약하거나, 전문가 없이 사적으로 약을 투여할 경우 종종 사망 사건이 발생하는 것도 이 때문이다. 우리나라는 2011년부터 프로포폴을 마약류로 지정해 관리를 시작했다.

08 안락사 Euthanasia

▶ 정의 : 극심한 고통을 받고 있는 불치의 환자에 대해, 본인 또는 가족의 요구에 따라 고통이 적은 방법으로 생명을 단축하는 행위.

2018년 2월 4일, 우리나라에서도 연명의료결정법이 시행에 들어갔다. 오랜 시간 첨예한 논란이 오가던 죽음에 대한 자기 결정의 문제는 이 법의 시행과 더불어 부분적으로 인정을 받게 되었다. 연명의료란 치료 행위에도 불구하고 회생 가능성이 없고 증상이 악화해 사망 직전에 이른 환자에게 심폐소생술, 혈액 투석, 항암제 투여, 인공호흡기 착용 등의 네 가지 의료 행위를 지속해 생명을 연장하는 것이다. 연명의료결정법은 환자가 스스로 결정하거나 가족의 동의를 얻어 연명치료를 받지 않는 것을 선택할 수 있도록 허용하는 법이다. '존엄사법'이라고도 한다.

안락사란 불치병 등의 이유로 더 이상 생명 유지가 무의미하다고 판단되는 생물에 대해 고통 없이 죽음에 이르도록 만드는 행위를 말한다. 2000년대 초반부터 스위스, 미국, 네덜란드, 일본 등의 국가에서 안락사를 선택적으로 허용하기 시작했다. 이것은 인간의 자유권에 대한 문제다. 자기 삶의 방식을 스스로 결정할 수 있는 인간의 권리에 죽음도 포함되는지가 쟁점이다. 이에 대한 윤리적, 종교적, 법적 논쟁은 시대와 국가를 막론하고 끊이지 않았다.

안락사를 찬성하는 입장에서는 '중병으로 인해 끔찍한 고통에 기약 없이 시달리는 환자가 스스로 그 고통을 멈출 자유가 있어야 한다'고 생각한다. 고액의 의료비로 인해 남아 있는 가족들의 삶마저 파탄에 이르는 현실도 안락사 허용을 찬성하는 이유 중 하나다. 장기 기증으로 다른 환자들에게 새 생명을 부여하고 싶다는 환자의 거룩한 의지도 안락사가 허용되어야만 실현할 수 있다.

한편, '어떤 이유로든 생명을 잃도록 방치하는 행위는 엄연히 살인에 해당한다'는 것이 안락사를 반대하는 논리의 근간이다. 인간의 존엄성을 훼손하는 이러한 행위가 합법화된다면 점차 생명을 경시하는 풍조가 만연될 거라는 우려도 있다. 게다가 과연 안락사를 선택한 것이 환자 자신의 진정한 의지인지, 아니면 교묘한 범죄에 악용된 것인지 밝히기 어려울 것이라는 점도 안락사를 반대하는 입장의 논리다.

대한민국에서 안락사와 관련된 최초의 판례는 1997년 일명 '보라매병원 사건'으로 알려진 재판을 통해 처음으로 등장했다. 이것은 가난한 할머니가 고액의 치료비를 감당할 수 없어 의사의 만류에도 불구하고 남편을 퇴원시킨 사건이다. 집으로 돌아간 환자는 곧바로 사망했고 가족들과 의사는 윤리적, 도덕적, 법적 심판을 받게 되었다. 대법원까지 갔던 이 사건은 결국 살인, 살인 방조 등의 죄목을 확정했다. 이 일로 인해 우리 사회에서는 존엄사에 대한 깊이 있는 논의가 시작되었고, 결국 2016년에 제한적인 조건에서 안락사를 허용하는 연명의료결정법이 시행되기에 이른다.

09 호스피스 Hospice

▸ 정의 : 임종이 임박한 환자들이 편안하고도 인간답게 죽음을 맞을 수 있도록 위안과 안락을 베푸는 봉사 활동, 또는 그런 일을 하는 사람.

인간은 모두 죽는다. 예외는 없다. 다만 어떤 방식으로 죽음을 맞이하느냐는 사람마다 제각각이다. 특별한 사고를 당하지 않는다면, 현대인은 질병에 걸려 병원에서 최후를 맞이하는 경우가 많다. 병원에서 태어나 병원을 들락거리며 살다가 병원에서 마지막 호흡을 거둔다. 병세가 악화되어 죽음에 가까워지면 병원은 병을 치료하기보다 환자가 조금이라도 더 목숨을 부지하는 쪽으로 목적을 변경한다. 산소호흡기와 기타 보조장비들이 동원된다. 이처럼 다양한 기기에 의존해 생명을 유지하는 것을 연명치료라 한다.

연명치료는 주로 중환자실에서 행해지는데, 죽음을 눈앞에 둔 말기 환자는 가족으로부터 고립되어 아무런 희망이 없는 시간을 고통 속에서 견디다가 고독한 죽음을 맞이한다. 의학적으로 말기 환자란 더 이상 완치하기 어려운 질병의 말기 상태에 도달해서 잔여 수명이 6개월에서 1년 사이의 환자를 의미한다. 호스피스는 죽음이 가까워져온 말기 환자에게 목숨연명술 대신 평안한 임종을 맞이할 수 있도록 도움을 주는 봉사 활동을 말한다. 호스피스는 목숨연명술이 인간의 존엄성을 훼손한다고 보고, 인간이 죽음을 맞이하는 다른 방식을 제안한다. 임종을 앞둔 노인이나 말기 환자들이 신체의 고통을 잠재우고 심리적, 영적으로 편안한 상태를 유지한 채 자연적 죽음에 이를 수 있도록 돕는 것이다.

호스피스란 '손님'이라는 의미의 라틴어 'Hospes'에서 유래한 말로, 원래는 중세에 성지순례자들이 하룻밤을 쉬어 가던 숙소였다. 그런데 십자군 전쟁이 발발하자 호스피스에는 많은 부상자가 머물게 된다. 그곳의 수녀들은 호스피스를 찾아온 부상자들이 편안한 죽음을 맞을 수 있도록 보살폈다. 현대의 호스피스 운동은 런던의 손더스(Cicely Saunders)로부터 시작되었다. 그는 현대의학이 죽음이 임박한 사람들을 대하는 방식에 문제의식을 느꼈다. 의학적 처치가 오히려 인간을 불행하게 만든다는 모순을 깨닫게 된 것이다.

1960년대부터 그가 전파한 호스피스 이론은 전 세계로 퍼졌고, 영국을 중심으로 말기 환자의 고통을 줄여주는 새로운 의학 개념인 완화의학이 제시된다. 완화의학은 신체적, 심리적, 존재론적 영역을 모두 포함해서 죽음이 임박한 환자의 포괄적 상태를 살핀다. 환자의 마지막 생존 환경은 동정과 위안을 주는 따뜻한 공간으로 꾸며지고, 다른 무엇보다 육체적 고통을 막는 것이 치료에서 가장 중요하게 강조된다. 직원이나 가족들은 환자가 심리적 안정을 유지할 수 있도록 세심하게 살피며, 환자의 정신적 복지를 위한 다양한 배려가 행해진다. 호스피스의 철학은 삶과 마찬가지로 죽음도 생의 자연스러운 일부분으로 받아들이는 것이기에, 인위적으로 삶을 연장하거나 단축하지 않는 것이다.

초창기의 대상은 주로 말기 암 환자였는데 이후로 만성폐질환, 간경화, 에이즈 등 호스피스를 이용할 수 있는 말기 환자의 범위가 확대되었다. 호스피스의 이용 가능 기간은 법적으로 60일 이내로 정해져 있지만, 대부분의 환자는 그 전에 생을 마감한다고 한다.

10 법정 감염병

▶ 정의 : 병의 예방, 감염 방지, 치료를 위해 국가가 법령으로 지정한 감염병.

인류는 역사적으로 세균과의 치열한 전쟁을 반복하며 대량 몰살과 갱생을 거듭해왔다. 최근에는 어떤 항생제에도 견딜 수 있는 슈퍼박테리아까지 출현해 또다시 눈에 보이지 않는 적과의 전쟁을 예고하고 있다. 이러한 미생물들은 사람이 주의를 기울여 연구하고 대비하지 않으면 그 어떤 천적보다 두려워할 만한 위력으로, 빠르고 광범위하게 인류의 생존을 위협한다.

전 세계 대부분 국가에서는 전염성이 강한 병원체를 국가 차원에서 관리하는 법 제도를 마련하고 있다. 법정 감염병은 '전염병 예방법' 등과 같은 법령으로 국가가 지정한 방역 대상의 전염병이다. 전염병이 아닌 감염병이라 명명하는 이유는, 일본뇌염이나 비브리오패혈증 등과 같이 국가 관리가 필요한 질병이지만 사람들끼리는 서로 전염되지 않는 것들도 포함되어 있기 때문이다.

우리나라의 경우 '감염병의 예방 및 관리에 관한 법률' 제2조에서 열거하고 있는 전염병을 법정 감염병이라 한다. 우리나라 법정 감염병은 병원체의 종류와 위험도, 긴급함, 전염성 등 여러 기준에 따라 1군부터 5군까지 나누어져 있다. 1군은 물이나 음식으로 인해 발생하며, 발생 즉시 대책을 세우지 않으면 대량 감염이 우려되는 콜레라, 장티푸스 등의 질병이다. 2군은 국가지정 예방접종의 대상이 되는 소아마비, 홍역, 풍진 등의 감염병이다. 3군은 간헐적으로 발생 위험이 있어 지속적인 감시가 필요한 말라리아, 결핵 등의 감염병을 말하고, 4군은 국내에 유입되어 발생 가능성이 있는 해외 전염병으로 흑사병, 뎅기열 등이다. 5군은 회충이나 촌충 같은 기생충으로 인한 질병이고, 그 밖의 지정 감염병은 유행에 따라 감시가 필요한 수족구병, C형 간염 등이다. 법정 감염병이 발생하면 의사는 질병이 발생하였음을 의무적으로 국가에

신고해야 한다.

기출문제

▸ 우리 몸속으로 들어오는 병원체에 대하여 어떠한 방어수단이 있는지 설명하시오. (2017 한국외국어대학교)

11 구제역

▶ 정의 : 소, 돼지, 양, 염소 및 사슴 등 발굽이 둘로 갈라진 동물(우제류)에게 감염되는 바이러스성 질병.

최근 몇 년 동안 매년 발생했던 구제역은 축산 농가를 덮치는 재앙과도 같은 비극이었다. 우리나라 축산 농가에 최악의 피해를 안겼던 2010년 이후 구제역은 매년 수십, 수백 건이 산발적으로 발생했고, 그때마다 수만 마리의 가축들이 끔찍하게 살처분되었다.

구제역은 소, 양, 염소, 돼지 등 우제류에게 발생하는 바이러스성 전염병이다. 우제류란 발굽이 짝수인 동물들이다. 구제역은 1879년 독일의 세균학자 뢰플러(Friedrich Loffler)에 의해 발견된 전염성이 높은 질병으로, 아직 인간에게 정복되지 않은 채 날이 갈수록 더 큰 위세를 떨치고 있다. 가축전염병 중 가장 위험한 A급 바이러스로 지정될 만큼 위험한 전염병이다. 주로 공기를 통해 호흡기로 퍼지고 잠복기도 며칠밖에 되지 않아, 무리 중 한 마리가 감염되면 다른 가축들에게도 빠르게 번진다.

구제역 바이러스에 감염된 동물은 혀, 잇몸, 입술, 젖꼭지, 발굽 등에 심한 물집이 생기고, 악성 구제역의 경우 감염된 동물의 50% 가량이 죽음에 이른다. 전염성이 높은 데다 아직 효과적인 치료 방법도 마땅치 않다. 백신이 개발되기는 했지만 완전하지 않고, 그나마 구제역을 예방하고자 백신을 접종하면 그 기록이 남아 구제역 청정국가의 지위가 박탈된다. 그렇게 되면 육류 수출에 제약이 걸려 다시 축산 농가에 피해가 돌아간다. 이러한 경제적 이유로 예전에 우리나라도 구제역이 발생하면 백신 접종을 막고 살처분과 매몰 정책만으로 대응했었다.

구제역으로 인한 사회적 파장도 적지 않다. 당장 육류 가격이 올

요즘 밖에 구제역이 나돌고 있대.
듣자 하니 발굽이 두 개 있는
동물에게 걸린다나 봐.

라 국민의 식생활과 관련 산업에 지장이 생긴다. 뿐만 아니라, 생명을 지닌 가축들이 떼죽임당하는 현장을 지켜봐야 하는 작업자들의 정신적 트라우마도 생각보다 심각하다. 현재 구제역을 예방하기 위해 가장 좋은 방법은 올바른 방법으로 백신을 접종하는 것뿐이다.

12 조현병 Schizophrenia

▶ 정의 : 사고의 장애, 망상 · 환각, 현실과의 괴리감, 기이한 행동 등의 증상을 보이는 정신 질환.

2016년 발생한 이른바 '강남역 살인 사건'은 강남역 근처 공중화장실에서 한 남성이 일면식도 없는 여성을 흉기로 살해한 사건이다. 가해자는 조현병을 앓고 있는 것으로 밝혀져, 형량이 무기징역에서 징역 30년으로 감형되었다. 2019년 진주시에서 방화 및 흉기 난동으로 인근 주민을 무차별적으로 살해한 범인 안인득 역시 조현병을 주장하고 있다. 이 사건을 계기로 인근 보호기관에 정신 질환자에 대한 정보를 제공하는 '안인득 방지법'이 발의되기도 했다.

조현병은 **사고, 감정, 지각, 행동 등 인격의 여러 측면에 걸쳐 광범위한 임상적 이상 증상을 일으키는 정신 질환**을 말한다. '조현'이란 현악기의 줄을 고른다는 뜻이다. 조현병은 조율되지 않은 현악기처럼 뇌의 신경 다발이 혼란을 겪는 상태를 뜻한다. 그전까지는 정신분열증으로 칭했으나, 정신적 분열 증상이라는 이름으로는 복합적 증상을 다 담을 수 없을 뿐만 아니라 단어가 지나치게 부정적 이미지를 내포하고 있다는 여론이 많아 2011년 조현병으로 개명되었다.

가장 대표적인 증상은 망상이며, 이에 동반하는 환청과 환시가 있다. 가령, 누군가 자신을 지켜보고 있다든가, 텔레비전에서 자신에게 어떤 메시지를 전달하고 있다든가, 자신이 실제로는 다른 사람이라거나 하는 기괴하고 비합리적 망상에 사로잡혀 있는 것이다. 사고 과정의 합리성도 소실되어 타인이 이해하기 힘든 혼잣말을 반복하기도 하고, 타인의 감정을 전혀 감지하지 못한 채 괴상한 행동을 일삼는다.

조현병은 생각보다 흔하다. 전 세계 인구의 1%가 이 병을 앓고 있으며, 우리나라에도 약 50만 명 정도의 조현병 환자가 있다고 한다. 절망과 죽음을 섬뜩할 만큼 날 선 언어로 그려낸 최승자 시인도 10년이 넘도록 조현병으로 투병했음을 고백했다. 그녀는 어느 인터뷰에서 조현병 증상을 "귀에서 환청이 들리고, 헛소리를 마구 내뱉고, 어느 해에는 여섯 달쯤 잠을 못 잤고, 아무런 음식도 먹지 못했고, 잠을 못 자면 술을 마시고 쓰러져 잤는데, 나중에는 술을 마셨던 것조차 생각나지 않았다"라고 묘사했다.

조현병의 원인은 복합적이어서 뚜렷한 한 가지를 지목하기는 어렵다. 그러나 뇌세포들이 서로 소통하도록 하는 도파민이나 세로토닌과 같은 신경전달물질의 균형이 깨진 것이 주요 원인 중 하나로 밝혀졌다. 원인이 다양한 만큼 치료법도 뚜렷하지는 않지만, 가장 중요하고 효과적인 방안은 약물 치료다. 조현병은 그 증상이 신체적 고통이 아니라 인격적 이상행동으로 비쳐 타인으로부터 비난받을 위험이 크지만, 엄연히 뇌의 이상에서 발생하는 뇌 질환, 뇌 장애로 해석해야 한다.

13 ADHD

Attention Deficit Hyperactivity Disorder · 주의력결핍 과잉행동장애

▶ 정의 : 아동기에 주로 나타나는 장애로, 지속적으로 주의력이 부족해 산만하고 과다한 활동성, 충동성을 보이는 상태.

알약만 꿀꺽 삼키면 저절로 공부를 잘하게 되는 기적 같은 일이 벌어진다면 얼마나 좋을까? 이렇게 말도 안 되는 욕심을 부리는 사람들이 최근 5년간 급증하고 있다. 그들이 의지하는 '공부 잘하는 약'은 '메칠페니데이트'다. 중추신경 자극제 계열의 치료제로 주로 주의력결핍 과잉행동장애 ADHD의 치료에 처방되는 약이다. ADHD 치료약이 공부 잘하는 약으로 둔갑해 정상적인 학생들에게 남용되고 있는 것이다. 하지만 이 약은 엄연히 의사의 처방전이 필요한 향정신성 의약품이다. 따라서 건강한 사람이 이 약을 먹으면 각종 부작용이 발생할 수 있다.

ADHD는 말 그대로 주의력과 집중력이 매우 약하고, 충동적인 행동을 보이는 정신 질환이다. 소아들의 정신 질환 가운데 발생 빈도가 가장 높으며 보통 7세 이전에 나타난다. 주의 집중과 행동 억제 기능을 하는 뇌전달물질이 제대로 작동하지 않아서 발생한다는 연구 결과도 있지만 유전적 요인, 환경적 요인 등이 복합적으로 작용할 뿐 ADHD의 정확한 원인은 밝혀지지 않았다.

ADHD의 가장 대표적인 증상은 건망증, 산만함, 불안, 과잉행동, 초조함, 주의력 부족 등이다. ADHD 아동은 무엇에든 집중하는 시간이 매우 짧고 자신과 관계없는 모든 자극에 일일이 참견하면서 교사의 말에도 불쑥 끼여드는 등의 충동적 행동을 한다. 계속 몸을 움직이다 보니 실수도 잦아 물건을 잃어버리거나 깨뜨리고, 끊임없이 자잘한 사고를 일으킨다. 자신의 행동이 어떤 결과를 불러올지에 대한 상황 파악이 불가하기에, 충동적이고 폭력적인 행동을 보여 단체 생활이나 인간관계에 어려움을 겪기도 한다. 수업에 집중할 수 없으니 점차 학업 성취도가 떨어지고, 주변 사람들로부터 '버릇없는 문제아'로 낙인찍히기도 한다. 이런 환경 속에서 성장하다 보면 열패감과 우울감이 누적되고, 결국 다양한 중독에 탐닉하는 경우도 많다.

우리나라는 전체 초등학생 중 약 3~8%가 ADHD인 것으로 추정하고 있다. 특히 남자아이가 여자아이보다 발생 확률이 3배 이상 높다. ADHD에 대한 치료법으로는 약물 치료와 심리 치료가 있다. 적절한 약물 복용은 증상에 대한 호전을 도와주지만, 심리 치료도 병행하는 것이 좋다. 그러나 ADHD 증상을 과연 정신적 장애로 볼 것인가, 아니면 심리적 기질의 차이로 볼 것인가에 대해서는 나라마다 아직 의견의 통일을 이루지 못했다. 한쪽에서는 치료가 필요한 질병으로 규정하지만, 일각에서는 특정한 방식으로 두뇌가 발달한 변종이라고 생각한다. 현대사회와 다른 환경에서는 오히려 ADHD의 정신적 특징이 장점으로 발휘될 수도 있다는 것이다.

하지만 많은 경우에 ADHD는 정신적 병증의 하나로 규정하고 있다. 장애로 판단할 경우, 더는 ADHD 환자들을 문제를 일으키는 어리석고 난폭한 개인으로 비난하기 어렵다. 아동기에 ADHD에 대한 적절한 치료가 이루어지지 않으면 성인이 되어서까지 다양한 증상 때문에 정상적인 사회 적응이 어렵게 된다. 성인은 아동보다 주변 사람들이 제어할 수 있는 폭이 좁아 훨씬 위험한 결과가 초래될 수 있다. 반드시 전문가에게 도움을 요청해야 한다.

14 루게릭병 근위축성측색경화증

▶ 정의 : 근위축증의 일종으로 근육이 위축되는 질환.

2018년, 세계적인 물리학자 스티븐 호킹(Stephen Hawking) 박사가 별세했다. 21세에 루게릭병이 발병해 시한부 5년을 선고받았지만, 55년간 생존했다. 그는 병이 진행되는 동안에도 연구를 지속해 상대성이론과 양자역학 분야에서 빼어난 성과를 남겼다.

그가 앓았던 루게릭병의 정식 명칭은 '근위축성측색경화증'이며, 대뇌 및 척수의 운동신경이 선택적으로 파괴되는 질병이다. 근육운동을 조정하기 위한 운동신경이 파괴되기 때문에 온몸의 근육이 운동을 멈추고 서서히 약해지면서 위축되어간다. 환자는 발병된 줄도 모르고 있다가 양손의 힘이 빠지는 증상에서 병증이 시작되어 결국 호흡근의 위축으로 사망에 이른다.

1930년대 미국 메이저리그 뉴욕 양키스의 4번 타자였던 루 게릭(Lou Gehrig)이 이 질병의 진단을 받은 후 2년 뒤 사망한다. 그때까지 사람들에게 생소했던 이 희귀병은 그 이후 그의 이름을 따서 루게릭병으로 유명해졌다.

루게릭병의 원인은 알려지지 않았다. 다양한 원인을 추측할 뿐 명확하게 규정하지는 못한다. 가끔은 부모가 루게릭병을 앓은 경우에 자식에게서도 발병하는 예도 있다. 주로 40대 이후 남성에게 나타나며, 남성이 여성보다 더 흔하다. 일단 발병되면 치유될 가능성은 크지 않고 경과도 매우 나빠서 환자 대부분은 병을 진단받은 후 2~5년 이내로 사망한다.

루게릭병 진단 후에도 55년이나 생존하며 과학사에 길이 기억될 혁혁한 연구 실적을 남긴 스티븐 호킹 박사의 사례는 동일 질병을 앓고 있는 다른 환자들에게 희망이 되어준다. 최근에는 줄기세포를 이용한 치료 방법을 연구하고 있지만, 아직 뚜렷한 치유법은 개발되지 않았다.

15 슈퍼박테리아 Superbacteria

▶ 정의 : 강력한 항생제에도 죽지 않는 박테리아.

2009년 2월, 세계적인 팝스타 마이클 잭슨이 슈퍼박테리아에 감염되었다는 소식이 알려져 전 세계가 충격에 빠졌었다. 슈퍼박테리아는 기존 항생제로는 치료할 수 없는 박테리아의 일종이다. 보통 인체가 병원균에 감염되면 항생제를 복용해서 감염증을 치료한다. 처음에는 항생제에 약하던 병원균들은 항생제에 자주 노출될수록 점점 강한 저항력을 키운다. 어쩔 수 없이 항생제의 종류도 바꾸고, 양도 늘린다. 하지만 박테리아는 바뀐 환경에도 곧 적

응하고, 갈수록 강력한 박테리아가 생겨난다. 이런 악순환이 거듭
되다가, 마침내 어떤 강력한 항생제에도 죽지 않는 슈퍼박테리아
가 탄생하는 것이다.

현재 가장 강력한 항생제는 반코마이신으로 황색포도상구균에
대한 중증 감염증을 치료하는 데 사용된다. 그런데 1966년 이 항생
제에조차 내성을 보이는 반코마이신 내성 황색포도상구균(VRSA)
이 발견되었다. VRSA에 감염된 환자는 관절염, 폐렴, 골수염, 피부
감염, 장염 등 다양한 염증을 일으키다가 결국 패혈증으로 사망에
이른다. 한국에서는 법정 전염병 지정전염병으로 지정하고 있다.

MRSA(메티실린 내성 황색포도상구균)는 세계적으로 가장 널리 퍼진
슈퍼박테리아로 '슈퍼버그'라고도 불린다. 생존력이 매우 강하고
전염성도 높아, 병원이나 학교가 이 세균에 감염되면 기관 운영을
포기해야 할 정도로 심각한 상황이 벌어진다. 미국에서 이 박테리
아에 의한 사망자는 에이즈로 인한 사망자보다 많다고 한다.

박테리아는 주로 감염된 환자가 만졌던 물건을 만지거나 환자
와 직접 접촉해서 감염되는 경우가 대부분이다. 주된 감염 장소는
병원이다. 병원에는 암 환자를 비롯한 각종 감염 환자들이 모여 있
는 곳이기 때문이다. 전 세계적으로 슈퍼박테리아를 죽일 수 있는
유전자에 관한 연구를 거듭하고 있지만, 항생제 오남용은 갈수록
심해져, 슈퍼박테리아 한 종류를 퇴치한다고 해도 또 다른 슈퍼박
테리아가 출현할 가능성이 크다. 미국에서는 1년에 약 200만 명이
슈퍼박테리아에 감염되는 것으로 조사됐다. 전 세계적으로는 연간
70만 명이 슈퍼박테리아 감염으로 사망한다.

우리나라에서도 병원을 중심으로 감염 환자가 늘고 있다. 한 해

에 만 명도 넘는 환자들이 슈퍼박테리아에 감염되는 것으로 알려졌다. 그러나 슈퍼박테리아에 감염된 환자들은 마지막에 패혈증이나 폐렴으로 사망하는 경우가 많아 공식적 사인이 세균성 폐렴 등으로 기록되는 것이 일반적이다. 이런 현실을 고려하면 슈퍼박테리아 감염자 수는 알려진 것보다 훨씬 더 많을 것으로 추정된다.

16 코호트 격리 Cohort Isolation

▶ 정의 : 감염병을 막기 위해 특정 집단이나 건물 등을 통째로 봉쇄해 격리하는 방역 조치.

"그는 자신의 발 아래에 펼쳐진 이 도시, 이 도시가 만들어놓은 갇힌 세계, 이 도시가 어둠 속에서 억누르고 있던 끔찍한 울부짖음을 아주 예민하게 지각할 수 있었다."

알베르트 카뮈의 〈페스트〉는 전염병으로 봉쇄된 알제리의 '오랑'이라는 도시를 배경으로, 페스트로 폐쇄된 도시에서 죽음이라는 극한의 문제와 맞서는 인간의 존엄을 그리고 있다.

전염병이 퍼진 한 지역이나 공간을 다른 곳과 완벽하게 분리하는 것은 인간이 질병에 대응하는 최초의 방법이자 최후의 방법이다. 의학적 지식이 부족했던 예전에는 질병이 발생한 지역을 피하는 것이 가장 기본적인 대처법이었다. 현대에도 집단 자체를 격리하는 것은 방역 조치 중에서도 매우 높은 최후의 방역법에 해당한다. 이처럼 특정 전염병의 전파를 방지하기 위해 환자와 의료진을 폐쇄된 공간에 격리하는 의료적 방법을 코호트 격리라 한다. 우리

말로는 '동일 집단 격리'다. 코호트(cohort)는 고대 로마의 군대 조직인 코호스(cohors)에서 유래한 말이다. 비슷한 특질을 지닌 집단을 가리키는 사회학 용어로 더 많이 쓰인다.

코호트 격리가 발효되면 폐쇄된 병원이나 집단의 환자와 의료진은 외부로 이동하는 것이 일절 금지된다. 바이러스 전파성 질병일 경우, 비말을 통한 감염을 우려해 물품 이동까지 엄격하게 제한된다. 일반적으로는 병원이나 건물의 격리를 뜻하지만, 경우에 따라 지역단위의 봉쇄를 의미하기도 한다.

일본은 3천700여 명이 탑승한 크루즈선을 코로나19 환자의 잠복기가 끝날 때까지 선상 고립했다. 중국은 아예 우한시 전역을 봉쇄했는데, 이는 역사상 가장 큰 규모의 코호트 격리로 기록되었다. 2020년 2월 청도 대남병원에 대한 격리는 코로나로 인한 국내 최초의 코호트 격리였다. 당시 전체 환자의 98%인 108명이 감염되어 당국은 해당 병원을 격리 조치했다. 코호트 격리는 그 자체가 감염을 막아주는 수단은 아니며, 단지 물리적으로 2차 감염을 막기 위한 방어선 정도의 역할을 할 뿐이다. 코호트 격리가 발효되면 비감염자도 이탈이 불가하기에, 제대로 관리가 되지 않으면 오히려 구역 내 감염자가 증가할 수도 있다. 실제로 2020년 코호트 조치가 내려졌던 부천의 한 요양병원의 경우, 시설 내에서 의료진과 비감염자가 추가적으로 전염되는 최악의 사태가 발생했다.

기출문제

▸ 전염병은 왜 반복해서 나타나는가? (서울대학교)

〈한걸음 더〉

■ **필수아미노산** : 사람이나 동물의 세포 내에서 단백질 합성이 원활하게 이루어지기 위해서는 단백질을 이루는 필수아미노산이 필요한 만큼 존재해야 한다. 하나라도 부족하면, 전체 단백질 합성은 가장 부족한 아미노산 종류의 함량만큼만 이루어진다. 자연적으로 존재하는 20종의 아미노산 가운데 인체에서 합성하기 힘들어 반드시 음식으로 섭취해야 하는 아미노산을 필수아미노산이라 한다. 발린, 류신, 이소류신, 트레오닌, 페닐알라닌, 트립토판, 메티오닌, 리신, 히스티딘, 아르기닌이 알려져 있다.

기출문제

▸ **펩타이드결합에 대해 설명해보시오. (2019 건국대학교)**

■ **전이** : 악성종양이 처음 생겨난 장기에서 다른 조직으로 퍼져나가, 같은 종류의 종양을 다시 퍼뜨리는 현상이다. 암으로 인한 사망은 대부분 전이 때문이다. 암세포는 다른 세포와 다르게 주변 조직으로 무한정 퍼져나갈 수 있지만, 한편 주변 세포들과의 응집력이 부족해서 쉽게 분리된다. 분리된 종양 세포는 림프관이나 혈관을 타고 다른 조직으로 이동하거나, 장막을 뚫고 복막이나 흉막에 파종되는 방식으로 전파된다.

■ **동종 요법** Homeopathy : 고통의 원인이 되는 물질로 고통을 치유하는 민간요법이다. 환자 자체의 치유력을 높이기 위해 어떤 병이 걸리기 전

에 그 비슷한 병에 살짝 걸리게 하거나, 미량의 독극물을 처방하는 치료법을 말한다. '같다'라는 의미의 그리스어 'Homoios'와 고통을 뜻하는 'Pathos'의 합성어다. 동서양을 막론하고 널리 유행했다. 이열치열도 결국 동종 요법의 원리를 따르고 있다. 18세기 독일에서는 열병과 말라리아에 치료 효과가 있는 물질을 먹으면, 실제 열병에 걸린 것 같은 효과가 발생한다는 사실을 발견하고 동종 요법에 대한 이론적 근거를 마련했다. 종두법은 천연두에 걸린 소의 고름으로 백신을 만들어 사람에게 접종하는 것이다. 동종 요법은 현대의학의 면역 치료와 유사한 면도 있지만, 각각의 사례들에 대한 과학적 검증을 거치지 않았기 때문에 위험한 것이 많다.

기출문제

▸ 어떤 질병을 예방하기 위하여 미리 예방접종 주사를 맞는다. 그 주사가 병을 예방하는 원리는 무엇인가? (2017 한국외국어대학교)

■ 멜라토닌 Melatonin : 잠을 유도하는 것으로 알려진 호르몬 물질이다. 인체는 일몰이 되면 멜라토닌 생성이 증가해 졸음을 느끼고, 새벽이 되면 멜라토닌 생성이 중단되어 잠에서 깬다. 멜라토닌은 밤에 훨씬 많이 생성되고, 어른보다 어린이에게 더 많이 분비된다. 청소년들이 어른보다 잠이 많은 이유도 멜라토닌 분비량과 관련이 있다. 수면에 도움을 주기 때문에 불면증 환자를 위한 보조제로 개발되었다. 한국에서는 전문의약품으로 분류되어 의사 처방이 있어야 구매할 수 있다.

▶ 사람에게는 피부가 왜 있는가? (2019 건국대학교)

■ **사스** SARS, Severe Acute Respiratory Syndrome : **중증급성호흡기 증후군.** 2002년 중국에서 발병해 동남아와 유럽을 거쳐 전 세계로 확산한 전염병이다. 32개국에서 8만 3,000여 명이 감염되었으며, 이들 중 10%가 사망했으나 특별한 치료법은 없다. 변종 코로나 바이러스가 병원체인데, 독감과 비슷한 증세를 보이며 고열과 폐렴을 동반한다. 한국에서는 2003년 당시 감염자가 발생했지만 사망자 없이 잦아들어 사스 예방 모범국으로 평가받았다. 사스는 한 지역에서 발생한 전염병이 얼마나 빠른 속도로 전 세계에 퍼질 수 있는지를 보여주어 세상을 충격에 빠뜨렸다.

▶ 호흡기 마스크에 붙는 'KF'가 무슨 의미인지 알고 있는가? (명지대학교)

■ **알츠하이머** Alzheimer's Disease : **치매의 가장 흔한 형태**이며 75%의 치매 환자가 알츠하이머병이다. 1906년 독일 의사인 알츠하이머 박사에 의해 처음 알려졌다. 초기에는 이름이나 날짜 같은 것을 잊어버리는 단기 기억상실을 겪는데, 노화나 스트레스로 인한 단순 증상으로 착각하는 경우가 많다. 하지만 점점 병이 악화하면서 언어장애, 혼란, 과격한 행동, 조울증, 장기 기억상실 등의 증상이 나타난다. 환자는 신체 기능이 점점 상실

되다가 결국 죽음에 이른다. 현대의학에서는 치료법이 없어 증상에 대한 대처만 가능하다. 병의 원인은 아직 밝혀지지 않았지만 70% 정도는 유전적 요인이 연관되어 있다고 추정한다.

■ 뇌사 : 심각한 사고를 당해 뇌간을 포함한 전반적인 뇌 기능이 완전히 정지된 상태다. 뇌사 환자는 모든 자극에 대해 반응할 수 없고, 호흡을 비롯해 자체의 움직임이 없으며, 손상된 뇌의 회복이 불가능하다. 식물인간과 뇌사 환자는 조금 다르다. 식물인간은 뇌 기능은 망가졌지만 호흡, 소화, 순환, 혈압과 같은 그 밖의 대사 기능은 정상적으로 작동해 인공호흡기 없이 스스로 호흡하는 경우가 많다. 따라서 식물인간 상태의 환자는 수주 내로 의식을 회복하거나, 의식이 돌아오지 않더라도 장기간 살아 있는 경우가 많다. 하지만 뇌사는 뇌 생체기능이 영구적으로 훼손되어 뇌간에 의해 조절되는 호흡과 동공반사를 포함한 반사작용이 정지되고, 뇌파는 '0'을 가리킨다. 최근에는 뇌사도 사망의 정의에 포함해야 한다는 의견이 제시되고 있다. 뇌사 상태에서 깨어난 사람은 아직 아무도 없다.

■ 뎅기열 : 고열을 동반한 급성 질환으로, 뎅기 바이러스를 가지고 있는 모기가 사람을 물어 전파된다. 동남아시아 지역에서 시작되었는데 다른 열대, 아열대 지방으로 널리 퍼져 말라리아와 함께 대표적인 열대병으로 꼽힌다. 열증 외에도 관절이 매우 심한 통증과 함께 뻣뻣하게 굳어지기에 영어로는 'Break Bone Fever'라고도 부른다. 치명적이지는 않지만 아직 백신이 없어 예방만이 최선이다. 우리나라에서는 발생하지 않았지만, 유행 지역을 여행한 후 감염되는 경우도 종종 있다.

■ 탄저병 : 토양의 탄저균을 섭취해 주로 소, 양, 말, 염소 등과 같은 반추동물에게 일어나는 전염성 질환이다. 급성으로 감염된 경우 경련과 호흡기 마비를 거쳐 사망에 이르기도 한다. 초식 포유류에게 치명적이고, 사람에게도 전염된다. 균에 오염된 물질을 취급하거나 감염된 동물의 사체를 다루는 농부들이 감염될 가능성이 크다. 탄저균은 내장에 종창을 일으키며, 혈관 내에서 빠르게 증식하는 것이 특징이다. 18, 19세기에 유럽 남부에 퍼져 동물과 사람의 목숨을 많이 앗아갔는데, 1881년 파스퇴르가 백신을 개발했다. 탄저균은 피부뿐만 아니라 호흡기나 소화관으로 침범할 수 있어 생물학적 무기로도 쓰인다. 2001년 9·11 테러 이후에 우편물을 이용한 탄저균 테러가 발생했는데, 11명이 균을 흡입해서 그중 5명이 사망했다.

■ 조류독감 AI, Avian Influenza : 닭, 오리와 같은 조류에게 유행하는 전염성 호흡기 질병이다. 1900년대 초, 이탈리아에서 보고된 이후 전 세계적으로 확산하는 추세다. 감염된 조류의 콧물이나 호흡기 분비물, 대변 등에 접촉한 조류들이 다시 감염되는 방식으로 퍼진다. 특히 여기저기 이동하는 철새들이 병을 옮기는 경우가 많다. 조류독감은 사람도 감염될 수 있기에 위험하고, 고병원성 조류독감이 발생하면 가축 대부분은 폐사시킨다. 한국에서 조류독감은 2003년 이래 거의 매년 발생하고 있다. 규모도 점점 확산하는 추세여서, 조류독감은 구제역과 함께 축산 농가에 가장 큰 타격을 주는 주요 전염병으로 손꼽히고 있다. 2016년에는 축산 농가에 역대 최고의 AI 피해를 기록했다.

■ 팬네믹 Pandemic : 세계보건기구(WHO)는 감염병의 위험도를 6단계로 분류했는데, 팬데믹은 이 중 최고 경고 등급인 6단계에 해당한다. 전염병

이 두 대륙 이상으로 확산되어 창궐하는 것을 말한다. 광범위하게 퍼지고, 환자가 죽음에 도달할 정도로 치명적이면서도 강력한 전염성을 지녀야 팬데믹이라 할 수 있다. 암은 전 세계적으로 퍼져 있지만 전염되지 않으며, 감기는 치명성이 떨어져 팬데믹으로 간주되지 않는다. 역사상 팬데믹에 속한 대표적 질병은 중세의 흑사병, 1918년 발생한 스페인 독감 등이다. 1948년 설립한 WHO가 지금까지 선언한 팬데믹은 1968년 홍콩독감, 2009년 신종플루, 2020년 코로나19, 단 세 차례에 지나지 않았다. 팬데믹이 아니라 지역별 감염병의 유행에는 '에피데믹(Epidemic)' 선언을 한다.

기출문제

▸ 인류는 어떻게 팬데믹 전염병들을 헤쳐나온 것 같은가? (서울대학교)

■ 비대면 진료 : 코로나19의 유행이 장기화되면서, 병원을 이용하는 환자가 병원에서 전염병에 감염되는 것을 방지하기 위해 2020년 12월 15일부터 법률로 인정한 특례 진료를 말한다. 코로나19의 위기대응 단계가 심각단계 이상부터 적용하며, 이 경우 환자가 전화나 화상 통신을 통해 의사와 상담하고 처방까지 받을 수 있다. 진료가 끝나면 환자가 지정하는 약국으로 처방전이 발송된다. 코로나 사태 이전의 원격진료는 장비를 갖춘 대형병원으로 환자가 몰려 의료 영리화가 심화될 것을 우려해 금지됐었다. 이전까지 법으로 금지되었던 '원격의료'와의 구별을 위해 이번 법안은 '비대면 진료'로 명칭을 달리했다.

〈확인 문제〉

주제어를 학습한 후 다음의 질문에 대답해보자.

❶ 다음의 주제어 중에서 새롭게 익힌 단어를 골라 √표를 하자.

01 제대혈		02 제네릭 의약품		03 대증요법	
04 플라시보 효과		05 바이오리듬		06 외상 후 스트레스 장애	
07 프로포폴		08 안락사		09 호스피스	
10 법정 감염병		11 구제역		12 조현병	
13 ADHD		14 루게릭병		15 슈퍼박테리아	
16 코호트 격리		17 필수아미노산		18 전이	
19 동종 요법		20 멜라토닌		21 사스	
22 알츠하이머		23 뇌사		24 뎅기열	
25 탄저병		26 조류독감		27 팬데믹	
28 비대면 진료					

❷ 가장 흥미 있는 주제어를 정한 후 그 용어에 대한 정의와 관련된 확장 개념을 정리해보자.

❸ 수록된 <면접, 논술 기출 질문> 중 하나를 정해서, 면접관에게 답변한다고 가정하며 자신만의 논리를 전개해보자.

❹ 위의 주제어 중에서 과목별 에세이를 작성한다면 어떤 것을 선택할 것인가? 그 내용은?

색인